서양
정치사상사
산책

서양
정치사상사
산책

소크라테스에서 샌델까지

우노 시게키 지음 | **신정원** 옮김

교유서가

차례

프롤로그

이 책은 고대 그리스에서 탄생한 민주주의에서 출발해 자유주의나 사회주의 같은 무슨무슨 '주의'(굳이 말하자면 '이데올로기')라는 여러 사상이 펼쳐지는 19세기까지의 정치사상사를 다룬 것이다. 분량은 적지만 20세기도 다룬다.

정치사상사인 만큼 책의 구성 또한 역사적 순서에 따랐다. 말하자면 먼 과거의 이야기로 시작해서, 계속 읽어나갈수록 새로운 시대의 이야기와 마주하는 것이다. 사상가 한 사람 한 사람과 그들의 저작물을 기본 대상으로 삼았으므로, 앞부분부터 읽다보면 대학의 '서양 정치사상사' 강의에서 다룰 법한 주요 사상가들에 관해서 얼추 일별할 수 있을 것이다.

그러나 여러 사상을 역사순으로 소개하는 일에 과연 어느 정도의 의미가 있을까? 이 책을 펼쳐든 독자는 어쩌면 다음과 같이 생각할지도 모르겠다. "모름지기 정치사상가란 정치에 관한 근원적 고찰을 통해 모종의 정치적 '진리'를 발견한 사람일 것이다. 그러나 본래 '진리'라는 것은 역사를 초월해 타당한 것을 가리키지 않는가. 한 시대에 '진리'였던 것이 다른 시대에는 '진리'가 아닐 수도 있는가? 만일 그런 경우가 있다면 그것은 처음부터 '진리'가 아니었던 것이다"라고 말이다.

이는 분명 일리 있는 생각이다. 실제로 이 책에서 다루는 사상가들 중에도 그런 생각을 품은 사람이 있다. 정치를 둘러싼 '진리'는 수학적 진리와 마찬가지로 어떤 상황에서도 언제나 일의적으로 증명 가능하며, 정치에 남겨진 과제는 그것을 어떻게 실현하느냐일 뿐이라는 것이다.

그런 점에서 보자면, 다양한 정치사상가의 생각을 역사순으로 검토하는 이 책은 참으로 무용지물일 것이다. 이런 생각도 있고 저런 생각도 있다며 장황하게 설명한들, 뒤엉킨 이야기로 독자는 혼란에 빠지기만 할 것이기 때문이다.

반면에 정치를 둘러싼 본질적 문제(진리)는 수학적 증명 같은 것이 아니라는 생각도 존재한다. 정치는 구체적 시대상황이나 사회배경이 전제되어야 비로소 의미를 지닌다. 따라서 구체적 역사의 전개를 제쳐두고 정치를 이야기하기란 도무지 불가능하다고 주장한 사상가도 있는 것이다.

더욱이 인간이나 사회를 둘러싼 진리는 역사가 진행되는 과정을 통해 실현된다고 주장한 헤겔(☞제8장) 같은 사상가도 있다. 각각의 시대에 속한 개인이나 집단은 눈앞의 과제를 달성하는 것만으로도 벅차다. 그러나 돌이켜보면 저마다의 행위는 반드시 역사적 의미를 지닌다. 헤겔이 "미네르바의 올빼미는 황혼녘에야 날아오른다"고 표현했듯이, 시간이 흘러서야 의미를 알 수 있는 일도 있는 것이다.

'자유'의 발전으로서의 역사?

그런 의미에서 보자면, '정치사상사'라는 과목이 있다는 것 자체가 헤겔식의 사고법에 가까운 것일지도 모른다. 하지만 현대에 들어 헤겔식의 역사관이 커다란 도전에 직면한 것 또한 사실이다.

이를테면 헤겔은 인류의 역사를 자유의 발전으로 파악했다. 역사를 거슬러올라가면, 황제 한 사람만 자유로울 뿐 나머지 사람들은 노예에 지나지 않은 사회도 있었다. 반면에 폴리스라 불린 고대 그리스의 도시국가처럼 특정 도시국가 시민의 아들로 태어난 모든 성인 남성에게 동등한 자유를 인정한 사회도 있었다(다만 여성과 노예는 시민 자격을 누리지 못했다). 그렇기 때문에 모든 인간의 동등한 자유를 실현하는 일이 그후 역사의 과제가 되었다는 것이 헤겔의 관점이다.

이처럼 헤겔에게는 '자유'가 키워드였는데, 마찬가지로 역사란 '민주주의'가 실현되어가는 과정이라는 식의 이해도 있을 수 있다(이 대목에서 '자유'란 무엇이며 '민주주의'란 무엇인가 하는 의문을 품을 수도 있을 것이다. 다만 그런 의문을 해소하려면 먼저 이 책 전체를 다 읽어야 할 것이다).

아울러 인류의 역사를 인간 이성이 개화하는 과정, 경제활동과 산업이 발전하는 과정으로 이해하는 이도 있었다(지금도 있을 것이다). 어느 쪽이든 여기에는 '역사란 어떤 것이 실현되어가는 과정이다'라는 인식이 공통으로 깔려 있다. 이 '어떤 것'에는 무엇을 관련지어도 상관없다. 어쨌든 역사에는 모종의 실현되어야 할 목표 또는 이념 같은 것이 있다는 말이다.

그러나 역사란 그러한 것인가 하는 의문도 당연히 있을 수 있다. 요컨대, 역사를 진정 하나의 목표나 이념을 지닌 '이야기'로 풀어낼 수 있는가에 대해 다시금 생각해볼 필요가 있는 것이다.

'이야기'를 만들고자 할 때 당연히 중요한 것은 시나리오와 캐스팅이다. 이야기의 줄거리가 와닿지 않으면, 독자는 당황하고 만다. 그래서 주된 스토리라인에 놓일 수 없는 것은 되도록 제쳐두는 편이 낫다. 주인공은 누구이고 적은 누구인지, 또 조역은 누구인지도 생각해둬야 한다. 배역의 수에는 제한이 있는 만큼 엑스트라로도 낄 수 없는 이도 있을 것이다. 그러나 인류의 역사란 정말로 그러한 종류의 것일까?

애당초 '자유'나 '민주주의' 같은 이념이 더는 예전만큼의 광채를 띠지 않게 된 것이 문제일지도 모르겠다. '역사란 민주주의가 실현되는 과정이다'라고 한들, '민주주의가 그렇게도 좋은 것이냐'라거나 '민주주의가 무엇인지 도무지 감이 안 잡힌다'고 말하는 사람들이 늘어나고 있는 것이 현실이다.

헤겔처럼 인류의 역사를 하나의 목표나 이념을 향해 나아가는 장대한 '이야기'로 그리는 데는 아무래도 저항감을 갖는 이들이 있다. 이와 같은 감각이야말로 현대라는 시대가 지닌 특징 가운데 하나다.

'글로벌 히스토리' 시대의 정치사상사

헤겔식의 역사관에는 다른 문제도 있다. 앞에서 캐스팅이라는 표현을 썼는데, 인류 역사에는 각 시대마다 주역을 맡는 개인이나 민족이 존재한다고 헤겔은 생각했다.

앞에서 언급한 '자유'를 들어 살펴본즉, 오직 한 사람만이 자유로웠던 시대의 주역이 '동양적'oriental 제국이었다면, 소수의 사람만이 자유를 누리는 시대를 열었던 것은 고대 그리스이며, 그후 고대 그리스 문명을 계승한 유럽이 역사의 주역을 차지했다는 것이다.

오늘날에는 이와 같은 헤겔의 캐스팅에 대한 비판의 목소리가 여기저기서 나오고 있다. 우선 '동양적'이라는 개념이 그러한 예인데, 헤겔은 '동양적 전제'oriental despotism라는 말을 종종 썼다. 거기에는 '동양'=전제專制, '서양'=자유라는 이항대립적 사고방식이 전제되어 있다. 그러나 대체 '동양적'이라는 것이 무엇인가 하는 질문을 포함해서, 지금은 이런 식의 이해에 대한 비판이 거센 편이다.

또한 유럽이 고대 그리스 문명을 계승하며 유럽인이 인류 역사의 주역을 차지했다는 역사관에 대해서도 이의를 제기하는 이들이 적지 않다.

물론 고대 그리스나 로마 문명이 후대의 인류 역사에 막대한 영향을 끼친 것은 사실이다. 그러나 이 고대 문명을 계승했다는 관점에서 보자면, 중요한 것은 오히려 이슬람 쪽이다. 유럽은 상당한 시간이 흐른 뒤에야 이슬람권을 통해 고대 문명을 다시 익혔기 때문이다. 헤겔식의 역사관에는 이 대목이 쏙 빠져 있다.

중국 문명에 대한 이해에도 문제가 있다. 오늘날의 역사연구에서 드러난 것처럼, 근대 유럽은 중국의 영향을 줄곧 받아왔다. 그럼에도 헤겔의 역사관에서 중국 문명은 '동양적 전제'로 치부될 뿐이다.

근래 들어 '글로벌 히스토리'라는 말이 곧잘 등장하곤 한다. 지금까지 '역사'라 하면 대개는 현재의 국경을 근거삼아 엮은 각국사各國史를 가리키는 것이었지만, 이제는 그와 같은 틀을 벗어나 새로운 눈으로 다시금 살펴볼 필요가 있지 않을까. 고대 그리스를 근대 유럽에 직선적으로 이어놓고 이를 역사의 본류mainstream로 파악하는 역사관도 재검토해야 할 대상이다.

정치사상사 역시 재검토에서 예외일 수 없다. 지금까지의 정치사상사 연구가 유럽 중심 사관의 영향 아래 발전해온 것도 사실이다. 과연 21세기에 걸맞은 정치사상사가 가능하긴 한 것일까?

‘정치적 인문주의’와 ‘공화주의’

이러한 시대의 요청에 부응하는 것이 이 책 나름의 과제다. 물론 쉬운 과제는 아니다. 진정한 의미에서 ‘21세기의 정치사상사’는 이제부터 시작이라고 말할 수밖에 없다.

이 책은 몇 가지 방침에 따라 집필되었다.

첫째로, 현재의 정치사상사 연구에서 활발히 논의되고 있는 ‘정치적 인문주의’나 ‘공화주의’라는 사고법을 도입하고자 했다. 각 개념에 관해서는 뒤에 가서 상세히 논하겠지만, 중요한 점은 읽기를 중시한다는 사실이다.

정치사상사에는 ‘고전’classic이라 불리는 일련의 텍스트들이 존재한다. 이 경우에 ‘고전’이란 단순히 ‘오래된 책’이라는 의미가 아니다. ‘시대를 초월해 부단히 읽히며, 줄곧 참조의 대상이 되어온 텍스트’야말로 진정한 의미에서의 ‘고전’이다.

그런 의미에서 보자면, 정치사상사란 ‘고전’을 끊임없이 읽어온 역사라 하겠다. 이 책에서 다룰 사상가들은 하나같이 저마다의 기준에 따라 ‘고전’을 선택했고 그것을 깊이 읽어나가는 과정에서 자기 나름의 사상을 형성했다. 다시 말해 ‘고전’을 읽고 거기에서 얻은 관점이나 사고법을 바탕으로 자신의 눈앞에 있는 현실과 겨루고자 했던 것이다. 그리고 그들의 저작은 새로운 ‘고전’의 대열에 합류하게 된다.

‘인문주의’humanism란 본래 이처럼 ‘고전’을 독해하는 지적 영위의 전통을 가리키는데, ‘정치적 인문주의’civic humanism란 특히 정치에 초점을 두는 것이다. 앞서 지적했듯이, 거기에서는 고대 그리스나 로마가 극히 중요한 위치를 차지한다.

이 경우에 '자유'나 '민주주의' 같은 개념을 낳은 고대 그리스를 당연히 중시하지만, 로마가 지닌 중요성도 그리스 못지않다. 특히 공화정republic 시대의 로마가 지닌 권위는 막강했으며, 거기에서 강조된 '공공의 이익'이라는 이념을 계승하는 지적 조류는 흔히 '공화주의'republicanism라 일컬어진다.

오늘날에는 '정치적 인문주의'나 '공화주의'에 관한 많은 연구서가 나와 있는데, 이 책은 그러한 성과들을 가능한 한 반영하고자 했다. 왜냐하면 정치사상사를 곧장 '자유'나 '민주주의'가 발전한 역사로 단정지으려는 것이 아니라, 오히려 구체적 '고전'이 어떠한 배경에서 꾸준히 읽혀왔는가를 중시하기 때문이다.

유럽의 '지역성'

둘째로는, 앞서 언급했듯이 글로벌 히스토리의 시대에 걸맞은 정치사상사를 구상하는 것이다. 하지만 차례에서도 드러나듯이, 아쉽게도 이 책의 서술 또한 고대 그리스에서 출발해 중세 유럽을 거쳐 근대 유럽과 미국으로 향한다.

다만 이러한 방식이 고대 그리스에서 근대 유럽에 이르는 역사를 직선적 발전으로 파악하고 이를 곧바로 보편적인 것으로 여기는 발전사관을 그대로 계승했음을 의미하지는 않는다. 오히려 이 책에서는 유럽 사회가 지닌 역사적 개성에 주목하고자 했다. 좀더 강하게 말하자면, 유럽의 '지역성'locality을 중시하려는 것이다.

이렇게 말하는 이유인즉, 유럽의 역사를 돌이켜보면 세계의 다른 지역에서는 보이지 않는 무척 흥미로운 특징을 발견할 수 있기 때문인데, 한

가지 예를 들자면 '유럽'의 일체성이다. 지금도 유럽연합EU을 확대하려는 움직임이 진행중이고, 어디까지가 '유럽'인지에 관한 논의도 계속되고 있다. 그렇지만 '유럽'이라는 지역이 엄연히 있고, 그곳에 역사적·문화적 일체성이 존재함을 의심할 이는 그리 많지 않을 것이다.

그러나 사실 '유럽'의 역사에서 극히 짧은 예외적 시기를 제외하면 정치적 통일이 이루어진 적은 거의 없었다. 오늘날 '유럽'이라 불리는 곳은 일찍이 로마제국이 지배했던 영역의 일부인데, 이 지역을 정치적으로 통일한 권력은 두 번 다시 나타나지 않았다. 대신에 가톨릭교회가 이 지역의 일체성을 오래도록 지켜왔다.

세속의 권력과는 별개로 종교조직이 발전하고 둘 사이의 관계가 팽팽한 긴장을 보였다는 점이 유럽의 특징이다. 이는 그곳에서 생긴 '정교분리'라는 원칙과도 밀접하게 관련되어 있다. 그런 까닭에 지금도 이슬람권을 중심으로 이 원칙에 반대하는 움직임이 일고 있다.

더없이 역사적인 개성과 '지역성'을 띤 유럽. 그곳에서 등장한 정치적 이념 가운데 무엇이 어느 정도나 '보편성'universality을 획득할 수 있을까? 이 책을 통해 분명히 하고 싶은 대목이기도 하다.

유럽에서 일어난 일이나 그곳에서 탄생한 이념이 곧바로 보편적 의미를 지닌다고는 단정할 수 없다. 그러나 21세기 글로벌 사회에서 근대 유럽의 정치사상은 여전히 인류에게 가장 일반성 있는 틀을 제공하고 있는 듯하다. 이 책은 그와 같은 인식을 전제로 한다.

정치철학과의 가교

마지막으로는, 정치사상사와 정치철학 사이의 가교 역할을 목표로 한다는 것이다. 정치철학이란 무엇이고 정치사상사란 또 무엇인지에 관해서는 지면상의 제약도 있어서 길게 이야기할 수가 없다.

그러나 지금까지 논한 것에서도 알 수 있듯이, 정치사상사의 전통에서 무엇보다 중요한 것은 과거의 고전을 읽고 거기서 얻은 관점이나 사고법으로 자기 눈앞의 현실에 맞서는 일이다. 그런 만큼 정치사상사 연구가 현대사회에서의 정치의 양상에 대한 철학적 고찰과 연결되는 것도 당연하다 할 수 있다.

다만 정치사상사와 정치철학이 온전히 같을 리는 없다. 정치사상사에는 정치사상사의, 정치철학에는 정치철학의 고유한 사고법이 있기 마련이다. 양자를 안이하게 연결시키려는 데는 신중을 기해야 할 것이다.

적어도 정치사상사 연구에서는 고전의 위치에 있는 문헌에 대한 정밀한 독해, 그리고 그 고전이 쓰인 시대상황이나 사회배경을 이해하는 일이 반드시 필요하다. 이러한 작업 없이 고전에서 읽은 것을 자기 눈앞의 현실에 그대로 적용하려 든다면 시대착오anachronism라는 비판을 피하기 어려울 것이다.

이와 달리 정치철학 연구에서는 현실의 정치적 과제에 대해 철학적 기초를 지닌 해답을 제시하는 일이 중시된다. 이 경우에는 현실을 읽어낼 몇 가지 개념이 필요한데, 그러한 개념은 대개 정치사상사 연구에서 가져오게 된다. 물론 경제학을 포함해 그 밖의 전문분야에도 유효한 개념이 있다면 얼마든 가져다 쓸 수 있다.

이처럼 정치사상사와 정치철학은 그 자체로 한덩어리라고 할 수는 없겠으나, 양자를 따로 떼어놓고 논의를 전개하는 것 역시 생산적이지는 않을 것이다. 이 책에서는 현대 정치철학에서 논하는 여러 테마나 개념이 정치사상사 속에서 어떻게 등장했고 또 어떻게 변화해왔는가를 탐색한다. 아울러 현대 정치철학에서도 강조하는 여러 개념에 대해서는 특히 '키워드'로 구분해 해설을 곁들였다. 따라서 이 책은 정치철학을 공부하는 이들에게도 유익한 시사점을 안겨줄 것이다.

현대를 살아가는 인간에게 정치사상사는 결코 마를 길 없는 앎의 원천이다. 매혹적인 고전의 세계로 독자 여러분을 안내하는 것이야말로 이 책의 가장 큰 목표이자 바람이다.

제1장

고대 그리스의 정치사상

정치를 말하고자 할 때 쓰이는 개념의 대부분은 고대 그리스에 그 기원을 둔다. 애초에 '정치'politics라는 단어 자체도 도시국가를 뜻하는 폴리스에서 유래한 것이다. 고대 그리스에서는 과연 무슨 일이 일어났던 것일까? 가장 중요한 것은 민주주의가 실현되었다는 점이다. 모든 시민이 민회에서 의사결정을 하고, 공직에 오를 사람은 하나같이 추첨으로 정했다. 민중재판에서 판결을 내리고, 시민들은 스스로 무기를 들고 국가를 지켰다. 물론 민주주의에 문제가 없었던 것은 아니다. 철학자 소크라테스는 아테네의 민중재판에서 사형을 선고받았다. 이에 그의 제자 플라톤은 충격을 받고 이상국가理想國家를 구상한다. 철학자가 국가를 지배하거나, 아니면 지배자가 철학을 배워야만 한다. 플라톤은 그렇게까지 생각을 굴렸던 것이다. 이와 달리 아리스토텔레스는 고대 그리스의 민주주의의 실천을 높게 평가하는 한편 다양한 정체政體를 비교했다. 정치사상의 역사는 바로 여기에서 시작되었다.

1. 고대 그리스의 정치와 철학

폴리스의 탄생

정치사상사를 둘러싼 이 책의 지적인 모험은 기원전 8세기의 고대 그리스에서 출발한다. 세계사 교과서를 펼쳐보면 알겠지만, 중국의 황하 유역이나 이집트의 나일 강 유역을 비롯한 세계 여러 곳에서는 장대한 고대 문명이 일찍부터 발달했다. 그리스는 이집트 문명이나 메소포타미아 문명이 발달한 지중해 세계의 주변부에 지나지 않았다. 그런데 왜 그리스일까?

국가라는 것은 인류 역사에서 고대 그리스보다 훨씬 앞선 시대에 등장했다. 국가들은 서로 다투었고 때로는 피로 얼룩진 전쟁을 치르면서 마침내 거대한 제국으로 통합되었다. 그러한 제국에 비해서 그리스는 한낱 보잘것없는 존재였다. 게다가 그리스 본토에서 에게 해의 섬들, 그리고 소아시아에 이르는 그리스 문명을 통일할 만한 국가는 나타나지 않은 채, 그저 폴리스라 불린 도시국가들이 병존하는 형국이었다.

이와 같은 상황을 고려한다면, 이야기를 그리스에서 시작하는 것이 다소 이상하게 다가올 수도 있다. 그러나 여기서 유의할 점은 '정치'politics라는 말 자체가 고대 그리스의 도시국가, 즉 폴리스polis에서 유래한다는 사실이다. 아무래도 고대 그리스인은 뭔가 새로운 사회구조를 발명했던 것 같다. 정치라 하면 권력을 둘러싼 투쟁이나 국가에 의한 지배를 상상하는 이들도 많을 테지만, 그러한 의미에서 보자면 정치는 고대 그리스 이전부터 있었다. 고대 그리스인들이 시작한 것은 그것과는 다른 무엇이었다.

그렇다면 폴리스란 과연 어떠한 사회였을까? 이 지역에서는 일찍이 미케네 문명이 꽃을 피웠으며, 호메로스가 서사시 『일리아스』나 『오뒷세이아』에서 그리고 있는 것처럼 여러 왕국이 흥망의 길을 걸었다. 이들 서사시에서 중심이 되는 줄거리는 그리스 연합군이 소아시아의 트로이로 원정에 나선 뒤 벌어지는 공성전과 그 후일담이지만, 전사들이 자신의 명예를 걸고 싸우다가 누군가는 스러지고 다른 누군가는 살아남는 운명이라는 것이 기본 주제이다.

그러나 미케네 문명이 결국 무너지면서 그리스는 동란의 시대를 맞이한다. 혼란과 이동 속에서 전사들은 자위를 위한 집단을 형성했고, 기원전 8세기에는 성벽으로 둘러싸인 도시국가에 정주하게 된다. 그중에서도 아테네와 스파르타가 유명한데, 이 폴리스들은 서로 비슷한 제도를 두었고 그후의 역사적인 경로도 대체로 궤를 같이한다. 중심부에는 아크로폴리스로 불리는 성채와 아고라로 불리는 광장이 자리잡고 있었으며 성벽 바깥에는 전원지대가 펼쳐져 있었다.

민주주의의 성립

동방orient의 대제국에 비해서 폴리스는 인구와 영역 모두 비교도 안 될 정도로 작은 국가였지만, 그래도 뚜렷한 개성을 지니고 있었다. 신화화된 왕 아래에 신관과 관료로 이루어진 거대 조직이 존재했던 고대 제국과 달리, 폴리스에서는 시민 한 사람 한 사람이 정치적 의사결정에 참여하고 전투가 있을 때면 저마다 무기를 들었다. 요컨대 폴리스에는 왕도 없고 직업적 군인도 없었던 것이다. 시민들은 공공의 광장인 아고라에 모여 민회를 열고서 폴리스의 운명을 스스로 결정했다.

KEY WORD 1

정치politics

본문에서도 언급했듯이 '정치'라는 단어에는 폴리스 특유의 사회상태가 짙게 반영되어 있다. 폴리스는 또 '정치적 공동체'politike koinonia라고도 일컬어졌는데, 어디까지나 시민 사이의 평등한 관계를 지향했으며, 주인이 노예를 지배하는 것이나 가장이 가족을 지배하는 것과는 구별되었다. 훗날 아리스토텔레스는 인간을 '폴리스적 동물'zoion politikon이라 정의했는데, 신 혹은 동물과 달리 언어를 써서 공동으로 의사결정을 하는 인간의 행위를 강조한 것이었다. 그럼에도 이같은 '정치'의 함의는 결국 모호해졌고, 오늘날에는 오로지 인간집단, 특히 국가나 국가 간의 권력 배분 그리고 그것을 둘러싼 다툼을 가리키는 말로 이해될 때가 많다. 하지만 현대에 들어와 정치사상가 한나 아렌트는 다시금 '정치'의 본래 의미를 파고들어, 인간의 복수성複數性에 대응하는 인간의 활동으로 정치를 재정의했다(☞종장).

이러한 폴리스에서는 힘에 의한 강제는 있을 수 없었다(처음부터 직업군인도 경찰관도 존재하지 않았다). 언어를 통해 상대를 설득하는 것만이 유일한 수단이었다. 서로 자유롭고 평등한 시민들이 순전히 언어만을 매개로 의사결정을 하고, 그 결정에 자발적으로 복종하는 것이야말로 폴리스에서 가장 중요한 덕목이었으며, '정치'라는 단어에는 이런 이념이 담겨 있었다.

물론 폴리스의 이런 특징이 하루아침에 생겨났을 리는 없다. 여기서 스파르타와 더불어 대표적 폴리스로서 사료도 가장 충실하게 남아 있는 아테네의 사례를 더듬어볼 필요가 있다.

아테네의 경우에도 초기에는 왕이 존재했다. 그러나 일찍부터 군사·정치·제사의 권한이 분할되고 드디어 귀족이 일정 기간 최고직을 유지할 수 있게 되면서 귀족정으로 옮겨간다. 귀족들은 종신제인 아레오파고스 평의회를 거점으로 힘을 행사했는데, 나중에는 평민들이 직접 비용을 들여 무장한 병사(重裝步兵)가 됨에 따라 이들의 발언권이 높아졌다.

그러다가 기원전 594년 솔론의 개혁으로 상황은 크게 바뀐다. 아테네는 당시 심각한 사회위기에 봉착하여, 빚을 지고 토지를 압류당하거나 노예로 전락하는 농민들도 나타나기 시작했다. 이는 곧 중장보병이 되어야 할 시민이 감소한다는 것을 의미하는 만큼, 귀족들로서도 방치할 수 없는 사태였다.

이때 입법자 솔론이 등장한다. 솔론은 채무를 탕감해주어 시민이 노예로 전락하는 일을 막았다. 그 결과 시민과 노예가 뚜렷하게 나뉘는 한편, 시민 차원의 자유와 평등이 보장되기에 이른다(이와 반대로, 노예는 경제활동을 주로 담당했는데도 정치적 의사결정에서 배제당했다. 여성도 마찬가지다).

이어서 기원전 508년에는 클레이스테네스의 개혁이 일어났다. 그전까지는 혈연적 공동체로 유지되고 있었으나, 이 개혁으로 지연적 원리에 따른 집단조직인 데모스demos 제도가 도입되었다(민주주의라는 말도 여기에서 유래한다). 귀족에 의한 은고恩顧 관계도 청산되었고, 데모스 제도를 통해서 마침내 장군 이외의 모든 관직이 시민들의 추첨으로 선출되기에 이르렀다. 여기에 정치적 의사결정을 하는 민회뿐 아니라 시민이 참여해서 판결을 내리는 민중재판까지 이루어지면서 아테네 민주주의가 완성되었던 것이다.

자유, 정의, 법

이러한 고대 그리스의 폴리스 세계에서 보자면, 기원전 492년에 시작된 페르시아 전쟁은 그야말로 일대 사건이었다. 아테네와 스파르타를 중심으로 뭉친 그리스 연합군은 동방의 페르시아 제국 황제 다레이오스 1세가 보낸 원정군에 맞서 마라톤 전투에서 승리를 거두었고, 그후 살라미스 해전에서도 크세르크세스의 원정군을 물리쳤다.

이 폴리스 연합군이 페르시아 제국에 승리할 수 있었던 비결은 무엇일까? 그에 대해 그리스인들은 이렇게 이해했다. 무엇보다 소중한 것은 자유다. 따라서 한 사람의 황제가 휘두르는 공포의 힘에 이끌린 다수의 군사보다는 자유롭고 평등한 시민들이 조국을 지키려는 기개로 충만한 폴리스 쪽이 최종적으로는 우위에 선다고 말이다. 시민으로서 정치적 의사결정에 참여하고, 스스로의 힘으로 독립을 지키는 것이야말로 그들에게는 곧 자유였다.

아테네 민주주의가 전성기를 맞이했을 때의 지도자로 알려진 페리클레스는 조국을 지키려다 전사한 시민들을 기리는 장례 연설에서, "국가에 뭔가 기여를 할 수 있는 사람이라면 그 가난 때문에 이름도 없이 헛되이 죽는 일도 없다. 우리는 자유롭게 공직에 종사하고, 서로 일상생활에 힘쓴다. 서로 질투에 찬 감시를 하는 것과는 거리가 멀"다고 강조했다(투퀴디데스, 『펠로폰네소스 전쟁사』 제2권 37절).

여기서 중요한 것은, 시민에게 소중한 것은 어디까지나 폴리스였다는 점이다. 폴리스를 위해 시민이 있는 것이지, 그 역은 성립되지 않는다. 개인의 자유와 권리를 지키기 위해 국가가 있다고 보는 근대 사회계약론(☞제7장)

과는 이질적인 발상이 엿보인다. 그리스인에게 의미 있는 인생이란 폴리스의 정치나 군사 영역에서 활약하고 공공의 이익에 공헌하는 것이었다. 현대인이 소중히 여기는 사생활 등의 감각과는 거리가 멀었다.

고대 그리스인은 세계를 혼돈이 아닌 질서cosmos로 파악했다. 만물을 가로지르는 신성한 질서가 존재하며, 인간은 그 법칙themis을 따라야만 한다. 그리스 신화에서 정의正義를 의미하는 여신 디케는 주신 제우스와 테미스 사이에서 태어났는데, 이 정의에 반항하는 것은 인간의 오만hybris이었다(참고로, 그리스 비극은 뛰어난 능력을 지닌 영웅이 오만 때문에 규범에서 일탈하고 운명에 의해 패배해서 몰락한다는 테마를 거듭 다룬다).

그런 의미에서 보자면 고대 그리스인에게 자유란 어디까지나 법nomos 아래에서 살아감을 뜻했다. 권력을 지닌 특정 개인이 아닌, 누구에게나 공통으로 적용되는 규칙인 법에 자발적으로 복종하는 것이 그들의 긍지이자 이상이었다.

민주주의와 철학

고대 그리스인은 다양한 것들을 '발명'했는데, 이 책에서는 특히 민주주의와 철학을 중요하게 다룬다. 민주주의란 '민중의 지배', 철학이란 '앎을 사랑하는 것'을 의미하는 고대 그리스어에서 유래하는데, 그렇다면 이 둘은 무슨 연유로 그리스 땅에서 생겨났던 것일까? 양자의 탄생에는 모종의 관계가 있었던 것일까?

앞서 지적했듯이, 일찍이 아테네 같은 폴리스에서도 귀족이 권력을 독점했다. 그러나 점차 평민의 지위가 향상되면서 나중에는 자유롭고 평등한 시민들이 논의를 거쳐 정치적 의사결정을 하게 되었다. 이는 의사결정의 방식이 소수인의 독점에서 공적인 논의로 변화했음을 뜻한다. 이처럼 열린 사회적 경험이 민주주의를 통해 실현된 것이다.

민주주의의 경우 누군가에게 지배당하는 것이 아니라 자기 스스로를 지배하는 것이 중요했듯이, 철학에서는 변화를 거듭하는 세계에서 그저 부유하는 것이 아니라 자신의 앎을 통해 세계의 이면에 존재하는 불변의 원리를 찾아내는 일이 중요했다. 만물은 서로 무관한 채 무질서하게 존재하는 것이 아니다. 철학자들은 현상現象을 관통하는 법칙이나 궁극의 원리를 발견하고자 했다.

철학은 그리스의 이오니아 지방에서 탄생했다. 기원전 6세기경에 그리스인은 식민 활동을 활발하게 펼쳐 새로운 폴리스를 건설하고 무역을 했는데, 그 과정에서 형성된 네트워크가 철학의 앎의 원동력이었다. 그후 아테네는 정치적·경제적 발전을 토대로 지적으로도 주된 거점이 되기에 이른다.

아테네 민주주의가 완성을 향해 나아가던 무렵, 소피스트라 불리는 부류의 활동이 두드러지기 시작했다. 민주주의가 발달하면서 귀족이 아닌 시민에게도 정치적으로 활약할 수 있는 기회가 열리자, 소피스트들은 그런 사람들이 활약하는 데 필요한 능력이라고 하면서 정치적 변론을 비롯한 폭넓은 지식을 제공했던 것이다. 물론 공짜는 아니었다.

소피스트들은 윤리의 기초나 국가의 근거 등 기존의 온갖 제도와 장치, 가치관과 규범을 재검토하기 시작했으며, 이는 실로 민주주의의 발달과 궤를 같이하는 것이었다. 하지만 그것이 사회질서를 위협했던 것도 사실이다. 이로써 아테네는 전에 없던 지적 동요기에 접어드는데, 이때 등장한 인물이 소크라테스였다.

2. 플라톤

법은 절대적인가?

그리스인은 이 세계에 어떤 신성한 질서가 존재한다고 여겼다. 그러므로 인간은 세계의 질서에 합치되는 정의 아래에서 살아가야 하며, 법에 복종하는 것은 자유에 어긋나는 것이 아니었다. 그럼에도 소피스트라 불리는 일군의 지적 혁신자들은 이같은 법조차 자명한 것으로 보지 않았다.

법이란 무엇인가? 아무리 신성한 것이라 해도 어차피 인간이 만든 것이 아닌가? 인간이 만든 것이라면 절대적인 것일 리 없다. 소피스트들은 그렇게 주장했다. 소피스트를 대표한다고 볼 수 있는 프로타고라스는 "만물의 척도는 인간이다"라고 말한 바 있는데, 요컨대 모든 것은 인간이 하기 나름이라는 뜻이다. 때와 장소가 다르면, 적용되어야 할 법도 당연히 달라지기 마련이다.

그러나 폴리스의 정치에서 중요한 것은, 시민이 인간이 아닌 법에 따라 사는 것이었다. 게다가 어떤 강제에 의해서가 아니라 자발적으로 법에 따르는 것이 긴요했다. 따라서 법의 근거가 위태로워지면 곧 모든 질서를 뒤흔드는 사태가 벌어질지도 몰랐다. 그리스인은 영원한 질서에 관심을 두었는데, 법과 영원한 질서가 서로 무관한 것이라면 과연 법에 따를 필요성이 있기는 할까?

한편으로는 사회적 배경도 작용했다. 페르시아 전쟁에서는 일치단결하는 모습을 보인 그리스였으나, 시간이 지나면서 아테네와 스파르타 사이의 반목이 두드러지게 된다. 다수의 폴리스가 아테네와 스파르타 양 진영으로 갈라져 싸운 펠로폰네소스 전쟁(기원전 431~404)은 각 폴리스의 내정에도 어두운 그림자를 드리웠다. 친아테네파와 친스파르타파가 서로 번갈아가며 권력을 빼앗았고, 그때마다 각 폴리스의 법이 바뀌었다. 그 결과 실로 '모든 것은 인간이 하기 나름'이라 할 만한 사태에 빠진 것이다.

소포클레스가 쓴 그리스 비극 『안티고네』는 이런 맥락에서 상징적이다. 주인공 안티고네는 비극적인 최후를 맞이한 오이디푸스 왕의 딸이다. 안티고네의 두 오빠는 왕위를 다투던 끝에 둘 다 죽는데, 특히 한 사람은 국법을 어겼다는 이유로 제대로 묻히지도 못하고 들판에 버려지는 신세가 된다.

이에 반발한 안티고네는 죽은 오빠를 땅에 묻어주는 일은 가족으로서의 자연스러운 정이라고 주장한다. 그것이 법에 어긋나는 행위라면 법이 잘못되었다고 말이다. 결국 안티고네는 망설임 없이 오빠를 장사지낸 후 왕의 명령에 따라 죽게 되지만, 국법을 지키는 입장에 있던 크레온 왕 또한 비극적인 사건들에 휩싸인다. 국법과 인간의 자연법이 서로 극명하게 맞서는 국면을 선명하게 묘사한 작품이다.

소크라테스의 등장

이와 같은 지적 동요기에 소크라테스가 나타났다. 참고로, 소크라테스는 단 한 권의 저작도 남기지 않았으며, 그의 언행은 플라톤 등에 의해 전

소크라테스(기원전 470/69~399)

아테네에서 태어난 소크라테스는 펠로폰네소스 전쟁에 종군하기도 하면서 스스로가 훌륭한 시민임을 믿어 의심치 않았다. 그러나 정작 그의 생애는 아테네와의 긴장감으로 가득찼다. 어느 날 그는 델포이 신전에서 '소크라테스를 능가하는 현자는 없다'는 신탁을 받는다. 자신이 무지하다는 것을 아는 소크라테스는 이 신탁의 수수께끼를 푸는 일을 천명이라 보았다. 그는 당시 지식인이라 불린 사람들을 찾아가 대화를 시도해보지만, 현명하다고 여겨지는 사람도 실은 아무것도 모른다는 사실을 깨닫는다. 이에 소크라테스는 자신의 무지를 아는 것의 중요성을 자각한다. 이같은 소크라테스의 활동은 수많은 아테네 젊은이들의 지지를 받는 한편 유력자들의 반발을 샀고, 결국 '신을 믿지 않고 청년들을 타락시킨다'고 해서 재판에 회부된다. 재판에서 사형판결을 받은 소크라테스는 망명을 권하는 친구 크리톤의 조언을 뿌리친 채 독배를 든다. 아테네의 훌륭한 시민으로 살아온 자기 생애의 일관성을 존중하기 때문이었다.

해질 따름이다. 그는 단지 스스로가 믿는 바에 따라 살았고, 자기 인생을 걸고서 거대한 윤리 혁명을 일으켰다고 할 수 있다.

소크라테스는 어떠한 연유로 그토록 큰 영향력을 지닐 수 있었을까? 그는 다만 델포이의 신탁에 따라 참으로 안다는 것이란 무엇인지를 대화를 통해 분명히 하고자 했을 뿐이다. 권력도 재력도 없는 소크라테스는 정말이지 빈주먹으로 폴리스의 질서와 정면으로 맞서야 했다. 그의 비극적인 죽음은 그 점을 여실히 드러낸다.

소크라테스에게 산다는 것은 그저 사는 것이 아니라 '잘 사는' 것을 의미했다. 그럼, 어떻게 하면 '잘 사는' 것이 가능할까? 그는 자신의 영혼에 대한 배려가 가장 중요하다고 강조했다.

그렇다면 영혼이란 무엇인가? 소크라테스는 이렇게 말한다. 설령 권력자에게 박해를 받아 죽는다고 해도 영혼은 상처받지 않는다. 그러나 스스로에게 거짓말을 하는 것, 스스로의 신념에 어긋나는 행동을 하는 것은 영혼을 다치게 한다. 따라서 부정을 행하지 않는 것이 중요하다. 타인에게 부정을 끼치며 자신의 영혼을 돌아보지 않는 독재자만큼 가련한 존재도 없다.

이와 같은 소크라테스의 주장은 그리스인의 기존 가치관을 180도 바꿔 놓는 것이었다. 그도 그럴 것이, 그리스인에게 가치 있는 인생이란 동료 시민들의 눈앞에서 정치적·군사적으로 활약하며 불후의 명성을 후세에 남기는 것이었기 때문이다. 그러나 소크라테스는 사회적 성공이나 명성보다도 내면이 더 중요하다고 주장했다. 영혼에 대한 배려와 비교하면, 성공이나 명성은 한낱 부질없는 것이었다.

소크라테스를 비판하는 사람들이 보기에 그는 소피스트 가운데 가장 악질적인 소피스트였다. 왜냐하면 소크라테스의 사고방식은 법으로 대표되는 폴리스의 전통적 가치관을 부정할 위험성을 내포하고 있었기 때문이다. 하지만 소크라테스는 소피스트와 달리 '모든 것은 인간이 하기 나름'이라 여기는 상대주의자는 아니었다. 그는 영혼에 대한 배려라는 새로운 가치를 제시했으며, 기존 철학자들이 오로지 자연 속의 불변의 원리를 탐구했던 것과는 달리, 인간 윤리의 새로운 원리를 모색했던 것이다.

그러나 소크라테스는 조국 아테네에 의해, 그것도 아테네의 민주주의에 의해 죽음을 맞이했는데, 이 사건의 의미를 파고든 이가 제자 플라톤이었다.

『고르기아스』와 『국가』

자기 스스로 '잘 사는' 것을 지향한 소크라테스는 어째서 죽음으로 내몰렸을까? 이렇게 자문한 플라톤은 폴리스 자체를 개혁하는 일에 나서야 한다는 결론에 이른다. 소크라테스는 정치에 관여하지 않았지만 그의 윤리적 모색은 결국 기존 질서와 충돌할 수밖에 없었다. 그런 만큼 혼에 대한 배려를 가능케 할 국가를 새로 건설하는 것 말고는 달리 길이 없다고 플라톤은 생각했다.

플라톤은 우선 『고르기아스』에서 변론술을 검토한다. 앞에서도 언급했듯이 폴리스에서는 시민들이 서로 설득하는 일이 중요했으므로 변론술은 반드시 갖추어야 하는 능력이었다. 그러나 플라톤이 보기에 그런 변론술은 사람들을 자기 뜻대로 조종하고자 하는 욕망과 결합되기도 한다. 상대의 영혼을 진정으로 개선하기보다는 오히려 그에 영합하고 허점을 노리려 한다는 점에서 변론술은 참된 정치술이라 할 수 없다.

진정으로 중요한 것은 자신의 욕망조차도 통제하는 것이 아닐까? 플라톤은 이러한 관점에서 이상적인 국가론을 펼친 『국가(폴리테이아)』라는 저술을 남겼다. 『국가』의 부제는 '정의正義에 관하여'인데, 플라톤은 영혼에서의 정의를 알려면 더 큰 대상인 폴리스에서의 정의에 대해 생각해볼 필요가 있다고 말한다.

플라톤이 보기에 폴리스는 두 부류의 사람들로 구성된다. 하나는 쾌락

KEY PERSON 2

플라톤(기원전 429~348)

아테네의 명문가에서 태어난 플라톤은 젊어서부터 정치에 관심이 많았다. 그런 그에게 큰 충격을 준 일이 스승 소크라테스의 사형이다. 아테네의 정치가 부패했음을 직시한 플라톤은 그후 이탈리아 시칠리아 섬을 방문해 피타고라스 학파와 교유하기도 하면서 여행을 계속했다. 아테네로 돌아온 플라톤은 학교를 세우고 아카데메이아라는 이름을 붙인다. 그는 소크라테스에게 배운 대화 형식을 중시했고, 천문학이나 기하학에서 시작해 철학과 정치학까지 가르쳤다. 플라톤은 나중에 다시 시칠리아의 시라쿠사이로 가서 자신이 생각하는 철인왕哲人王의 이상을 실현하고자 했지만 실패로 끝났다. 20세기에 활약한 철학자 화이트헤드가 "서양철학의 역사란 플라톤에 대한 방대한 주석이다"라고 평한 것처럼, 플라톤이 후세에 끼친 영향은 실로 지대하며, 고대 로마 말기에서 르네상스기에 걸쳐 일어난 신플라톤주의를 비롯해, 20세기의 사상에도 뚜렷한 각인을 남기고 있다.

을 추구하는 대다수의 사람들로, 경제활동에 전념해야 한다. 또 하나는 이들을 지키며 지도하는 수호자층이다. 수호자층은 다시 군사軍事에 전념하는 보조자층과, 정치에 종사하는 본연의 수호자층으로 나뉜다. 이런 세 부류의 계층이 각각의 임무를 다하며 좀더 상위의 계층을 따를 때 정의가 실현된다고 플라톤은 생각했다.

수호자층을 양성하려면 소질이 뛰어난 인간을 교육해야 한다고 여긴 플라톤은 그에 필요한 프로그램을 구상하는 한편, 이 계층에 선발된 사람들은 사유재산과 가족을 가져서는 안 된다고 못박았다. 진정으로 사사로

국가republic

본문에서도 언급했듯이, 플라톤의 주된 저작은 『국가』라고 할 수 있다. 그러나 이 경우의 국가란 오늘날 우리가 이해하는 그런 국가와는 다르다. 나중에 소개하겠지만 현대어인 국가는 영단어 'state'를 옮긴 것이고, 원래는 통치기구를 뜻한다. 이와 달리 플라톤이 말하는 국가란 그리스어로 폴리테이아이며, 오히려 시민들의 집합체를 의미했다. 고대 그리스에서 토지는 국가의 본질적 요소라고는 여겨지지 않았으며, 시민이 다른 장소로 이주하는 경우에는 국가도 또한 이동하는 것이라고 여겨졌다. 로마의 키케로 역시 정의와 공동선으로 결합된 시민의 모임이라고 국가를 정의했다. 고대 그리스어인 폴리스나 폴리테이아, 나아가 라틴어인 레스 푸블리카res publica와 같이, 국가를 공통의 유대로 결합된 시민의 단체라고 보는 국가관이야말로 고대 그리스나 로마가 공통으로 지닌 이해방식이었다고 할 수 있을 것이다.

움이 없는 사람만이 정치에 관여해야 한다고 본 것이다.

이와 같은 폴리스의 얼개를 인간의 영혼에 적용해보자면 경제계층은 욕망에, 보조자층은 기개에, 그리고 본연의 수호자층은 이성(지성)에 해당한다. 폴리스의 경우와 마찬가지로, 욕망이 기개와 이성을 순순히 따름으로써 정의에 부합하는 영혼의 상태가 실현된다고 플라톤은 생각했다.

이러한 맥락에서, 욕망만이 비대해진 인간, 혹은 용기는 있지만 이성이 부족한 인간이 있듯이, 부자와 가난한 자가 저마다의 욕망을 추구하는 폴리스(과두정, 민주정)나 가장 열악한 인간이 지배하는 폴리스(참주정)가 있을 수 있고, 심지어는 군인이 지배하는 폴리스도 있을 수 있다. 플라톤이 이상으로 여긴 것은 어디까지나 이성과 지성이 지배하는 폴리스(왕정, 귀족정)였다.

이데아와 철인왕

플라톤은 '철학자가 지배하거나, 아니면 지배자가 철학을 배워야 한다'고 주장했다. 이른바 '철인왕'이라는 구상이다. 철학과 정치가 떼려야 뗄 수 없는 관계에 있는 한, 최종적 해결은 양자의 통일 말고는 없다는 것이 플라톤의 생각이었다.

그렇다면 철인왕은 어떠한 원리에 기초하여 지배해야 하는가? 플라톤은 이 대목에서 이데아론을 펼친다. 인간은 감각적인 세계에 살고 있다. 그러나 손으로 만져 알 수 있는 현상現象의 세계는 진정한 실재가 아니라고 플라톤은 말한다. 그는 마음의 눈으로만 볼 수 있는 '사물의 참모습'을 이데아라 불렀다. 아울러 다양한 이데아를 통괄하는 궁극의 이데아를 '선의 이데아'라 명명하고, 통치하는 자리에 오르는 인간이 최종적으로 배워야 하는 것이라고 규정했다.

플라톤이 이데아를 설명하기 위해 제시했던 것이 '동굴의 비유'이다. 감각적인 세계에 사는 인간은 동굴에 갇혀 있는 것과 다름없는 존재로, 불빛을 받아 동굴 안의 벽에 어렴풋이 비친 그림자를 볼 뿐이다. 그러나 일단 동굴을 벗어나면 눈부신 빛 아래에서 사물의 참모습, 즉 이데아를 볼 수 있다. 이데아를 알게 된 사람은 다시 동굴로 돌아가, 그림자를 보고 있는 다른 이들에게 진정한 실재를 가르쳐줘야 한다. 이것이 플라톤의 생각이었다.

플라톤의 논의에서 눈에 띄는 것은, 변해가는 현상적 세계와 진정한 실재인 이데아의 세계를 정면에서 서로 비교하는 사고이다. 이러한 사고법은 자칫하면 현실을 모조리 부정하는 이상주의와 결합되기 쉽다. 통치에 임하는 인간이나 집단이 진리를 파악하고 있다면, 그다음은 진리를 실현하는 것만이 분명 정치의 과제라고 할 수 있다. 그러나 역사상 숱하게 나타난 독재자들을 정당화는 데 이러한 사고방식이 동원된 사실도 부정할 수 없다.

실제로 플라톤도 말년에는 자신의 정치관을 상당히 수정했던 것으로 보인다. 『정치가(폴리티코스)』나 『법률(노모이)』 같은 후기 저작을 보면 『국가』에서 그렸던 이상적인 폴리스를 단념하고 가족이나 사유재산제를 부활시킨다. 현실정치에서는 사람들의 자기애를 전제하는 수밖에 없는데, 플라톤은 오히려 복잡하고도 치밀한 정치기구에 기대를 품기에 이른다. 나아가 정치 참여의 평등함을 강조하는 점에서도 그리스 폴리스의 실제 상태에 좀더 가까워졌다.

다만 철인왕을 대신할 '새벽회의' 같은 것을 논하고 있듯이, 플라톤은 어디까지나 이성과 지성으로 지배해야 한다는 전제를 포기하지 않았다. 정치란 영혼에 대한 배려를 최고의 가치로 삼는 것이라는 그의 생각은 마지막까지 유지되었던 것이다.

3. 아리스토텔레스

형이상학

우리가 살아가는 이 세계에서는 모든 것이 끊임없이 변화한다. 그러나 진정으로 실재하는 것이란 변하지도 움직이지도 않고 시간을 초월해 단일한 것이 아닐까? 플라톤이 말하는 이데아론의 배경에는 이러한 사고방식이 깔려 있었다. 그렇다면 불안정한 감각에 의지하지 않고 순전히 이성의 힘으로 사물의 본질을 이해해야 하지 않을까? 예컨대 이 세상에 순수한 삼각형 따위는 존재하지 않지만, 삼각형의 이데아(삼각형인 것)는 있다. 플라톤의 이데아론은 피타고라스 학파의 영향을 받았다고 하는데, 그의 논의에는 분명 수학적인 면이 있다.

이와 달리 플라톤의 제자 아리스토텔레스는 오히려 생물학에서 많은 것을 배운다. 식물의 씨앗에는 잎이나 꽃의 모양 등 그 식물의 미래의 모습이 감춰져 있다. 그런 의미에서 보자면 식물이 생장한다는 것은 처음부터 잠재되어 있던 그 식물의 본질이 실현되어가는 과정이라 할 수 있다. 여기에서 아리스토텔레스는 인간을 포함한 모든 존재는 나름의 목적을 실현하기 위해 존재한다고 생각했다.

이와 같은 발상은 근대과학과는 사뭇 다르다. 모든 현상은 인과관계에 의해 발생하지만, 모종의 목적이 실현된 듯한 결과는 존재하지 않는다. 각각의 사물 속에 본질이 잠재하는 것도 아니다. 이렇게 사고한 근대과학은 목적론을 추방하고자 했던 것이라고 볼 수 있다. 그러나 지금도 'end'라는 영단어에는 '끝'이라는 의미와 함께 '목적'이라는 의미도 들어 있듯이 아리

아리스토텔레스(기원전 384~322)

소크라테스나 플라톤과 달리, 아리스토텔레스는 아테네 태생이 아니다. 그리스 북쪽의 마케도니아 출신으로, 나중에 알렉산드로스 대왕의 가정교사가 되었다고 한다. 플라톤이 세운 아카데메이아에서 공부했고, 스승이 타계하자 그곳을 떠나 마케도니아로 돌아갔다. 고대 그리스의 폴리스 세계를 대표하는 사상가라 일컬어지지만, 실은 아테네를 비롯한 폴리스들과는 복잡한 관계에 있었다. 그도 그럴 것이 필리포스 2세 시대에 그리스의 폴리스 연합군을 쳐부순 마케도니아는 알렉산드로스대왕 시대에 이르러 그리스뿐만 아니라 멀리 페르시아까지도 정복하여 대제국을 건설했기 때문이다. 다시 말해 아리스토텔레스는 폴리스 세계에 종언을 고한 대왕과 가까운 처지였던 셈이다. 훗날 아리스토텔레스는 아테네에 뤼케이온이라는 이름의 학교를 세운다. 『정치학』이나 『니코마코스 윤리학』 같은 저작은 뤼케이온에서 이루어진 연구와 교육의 성과이다.

스토텔레스식의 목적론적 사고가 남아 있다. '○○란 결국 무엇인가'와 같은 본질적 물음을 완전히 떨쳐버릴 수는 없는 것이다.

참고로, 아리스토텔레스는 사물의 변화나 운동을 네 가지 원인, 즉 질료인質料因, 형상인形相因, 작용인作用因, 목적인目的因으로 설명하고자 했다. 대리석으로 만든 어떤 인물상을 떠올려보자. 여기서 재료인 대리석이 질료인hyle이고, 그 인물의 형태가 형상인eidos이다. 대리석이 없다면 인물상도 존재할 수 없지만, 그것을 만든 사람의 머릿속에 어떤 인물의 이미지가 없다면 대리석은 한낱 돌 자체에 지나지 않는다. 이어서 인물상 제작을 시작하는 것이 작용인arche이고, 완성된 인물상이 목적인telos이다. 아리스토텔레스는 사물 하나하나에 의미를 부여하고, 끊임없이 활동하며 발전해간다는 개념으로 세계를 설명하려고 했다.

감각적인 세계의 저편에서 이데아의 질서를 추구한 플라톤과 달리, 아리스토텔레스는 눈에 보이는 사물 속에서 그 본질과 목적을 발견했다. 플라톤은 현실과 이데아의 세계를 날카롭게 대비하여 파악하고자 한 것과 달리, 아리스토텔레스는 어디까지나 현실에 내재하는 본질을 규명하고자 했다. 두 사람의 사고가 보여주는 차이는 학문의 체계나 정치학에도 영향을 미친다.

학문의 체계

그리스 문명이 획득한 인식과 경험한 활동을 집적하고 체계화했다는 아리스토텔레스는 실로 온갖 학문에 정통한 인물이었다. 그는 『니코마코스 윤리학』에서 학문을 세 종류로 나누었는데(학문 분류는 우리의 앎의 방식을 규정하므로 아주 중요하다), 이 분류는 그후 2천 년에 걸쳐 서양사상에 영향을 주었다.

첫째는 이론학theoria이다. '그 이외의 방법으로는 있을 수 없는 것'을 대상으로 한다. 관찰하는 쪽과 관계없이 엄밀한 인식이 가능한 학문이다. 구체적으로 들어보자면 수학이나 자연학, 그리고 신학(신의 존재방식은 인간이 바꿀 수 있는 것이 아니므로)이 있다. 둘째는 실천학praxis이다. 이론학과는 반대로 '그 이외의 방법으로도 있을 수 있는 것'을 다룬다. 지식을 통해 대상 자체를 변화시킬 수 있는 학문으로, 인간의 선한 행위와 관련된다. 구체적으로는 정치학, 윤리학, 가정학家政學이 여기에 해당한다. 셋째는 제작학poiesis인데, 변화하는 소재를 사용해 일정한 결과를 낳는 것으로, 수사학이나 시학, 의학 등이 그 예이다.

아리스토텔레스의 학문 분류론에서 가장 중요한 것은 이론학과 실천학을 나누었다는 점이다. 플라톤은 양자를 구별하지 않았다. 다시 말해 정치에 관해서도 엄밀한 인식은 가능하며, 다음에는 이를 실현하는 일만 남는다고 본 것이다(따라서 이론학과 제작학이 있으면 된다). 이와 달리 아리스토텔레스는 엄밀한 인식이 가능한 앎episteme과, 때와 장소 등 구체적인 상황에 좌우되는 사려phronesis는 다르다고 주장했다.

정치란 인간에게 걸맞은 행복을 실현하고자 하는 활동이며, 행복은 이성logos에 의해 정념pathos을 통제하는 것과 관계가 있다. 그러한 능력이야말로 윤리적 탁월성arete이며, 거기에서는 습관ethos이 중요하다. 아리스토텔레스는 이와 같은 상태를 중용이라 부르며 강조했는데, 정치를 윤리와 관련지은 소크라테스나 플라톤의 전통을 이 대목에서 발견할 수 있다. 그렇지만 선은 결코 단일하지 않으며, 그러므로 언제나 다툼이 생긴다고 강조한 점이야말로 아리스토텔레스의 특징이다. 다툼이 생기는 만큼 현명한 상황판단이 중요하며, 이때 요구되는 사려는 경험 없이 배울 수 있는 것이 아니다.

그런 의미에서 아리스토텔레스는 인간의 본질에 합치되는 선을 실현할 학문으로서 실천학을 특히 중시했다. 그는 또 이를 한층 세분화해서, 폴리스를 대상으로 하는 정치학, 개개인에 관계되는 것으로서의 윤리학, 그리고 가정oikos을 경영하기 위한 가정학으로 분류했다(참고로, 경제학의 어원

민주주의democracy

민주주의란 고대 그리스의 정체론政體論의 한 분류로 탄생한 것이며, 원래 민중의 지배나 권력을 가리키는 말이었다. 다시 말해 어느 한 사람이나 소수자에 의한 지배가 아니라 자유롭고 평등한 시민의 상호 지배가 바로 민주주의의 본질이었다. 그러므로 모든 시민이 모인 민회에서 이루어지는 의사결정은 물론이고 공직을 추첨으로 선출하거나 민중재판에 시민이 참가하는 일이 중시되었다. 그런 의미에서 보자면 선거는 도리어 귀족정의 성격을 띤 제도이고, 선거로 뽑은 대표자의 의사결정에 크게 좌우되는 근대의 민주주의도 역시 민주주의라 불러야 하는가에 관해서는 문제가 남는다. 아리스토텔레스가 말했듯이 민주주의에서 중요한 것이 지배와 복종 둘 다를 경험하는 것이라고 한다면, 전적으로 국회의원에게 정치를 맡기는 근대의 민주주의는 차라리 자유로운 과두정oligarchy이라 할 수도 있겠기 때문이다. 그럼에도 시민에 의한 자기 통치로서의 민주주의라는 이념은 현대에도 한층 중요한 의미를 지닌다.

'oikonomike'는 가정학에 있다).

폴리스 세계와 『정치학』

현실의 폴리스 세계와 맺는 관계에 대해서도 플라톤과 아리스토텔레스의 견해에 차이가 있다. 소크라테스의 사형에 충격을 받은 플라톤이 아테네의 민주주의를 격렬하게 비판한 것과 달리, 아리스토텔레스는 현실을 정면으로 응시하며 자신의 정치학을 구축하고자 했다. 아리스토텔레스에게 정치란 폴리스를 떠나서는 있을 수 없었던 것이다.

아리스토텔레스는 '인간은 폴리스적 동물이다'라고 했다. 요컨대 인간이 인간으로서 지닌 본질을 실현하고 좋은 삶을 영위하려면 폴리스가 필요하다는 말이다. 인간과는 달리 스스로 충족된 존재인 신들에게 폴리스는 필요하지 않으며, 언어를 갖고 있지 않은 동물은 선악을 알지 못하며 본능에 의지해 무리를 지을 뿐이다.

그러나 인간이 아무것도 하지 않고도 좋은 방향으로 갈 수 있는 것은 아니다. 바깥에서의 작용이 있어야 하고, 폴리스 안에서의 습관도 빠뜨릴 수 없는 요소이다. 이것이 정치술이며, 아리스토텔레스는 그 방법을 가르치기 위해 『정치학』을 썼다. 이런 의미에서 그에게 윤리학과 정치학은 이어져 있었다.

아울러 생각해보자면, 아리스토텔레스는 어떠한 폴리스를 최선이라고 여겼을까? 그는 서로의 얼굴을 알고 있는 사회가 이상적이라 생각했다. 인구나 영토 면에서 지나치게 거대한 것은 바람직하지 않다. '국토는 한눈에 들어오는' 것이 조건이었다. 또한 자급자족이 가능하지 않은 경우도 좋지 않다. 폴리스에는 식량을 생산하는 농민, 도구를 만드는 직인, 물품을 거래하는 상인 외에 군인, 신관, 그리고 통치나 재판을 담당할 사람들이 필요했다.

그렇다면 폴리스를 폴리스답게 만드는 것은 무엇일까? 아리스토텔레스는 덕 있는 시민의 상호 지배가 중요하다고 보았다. 서로 평등한 시민이 어떤 때는 지배하고, 또 어떤 때는 지배를 받는다. 아리스토텔레스는 이러한 상호 지배를 정치적 지배라고 불렀다. 바꾸어 말하면 평등한 이들 사이의 상호 지배와는 다른 지배도 있을 수 있다는 것이다.

이를테면 폴리스에는 노예가 존재했는데, 아리스토텔레스는 주인이 노예를 지배하는 행위를 뛰어난 자가 뒤떨어지는 자를 지배하는 것이라고 이해했다. 다만 이 경우에 지배는 뛰어난 자의 이익을 목적으로 한다. 이와 반대로 부모가 자식을 지배하는 것처럼 뒤떨어지는 자의 이익을 위한 지배도 있다. 아리스토텔레스는 전자를 주인적 지배, 후자를 왕정적 지배라고 불렀다.

폴리스의 시민인 가장은 집안에서는 가족이나 노예를 지배했다. 그렇다면 폴리스의 공적인 공간에서는 정치적 지배를, 가정이라는 사적인 공간에서는 주인적 지배나 왕정적 지배를 하는 셈이다. 이처럼 아리스토텔레스는 공간마다 달라지는 지배원리를 생각했다. 플라톤과 달리 아리스토텔레스는 가족과 사유재산을 인정했지만, 덕 있는 시민은 경제활동에 종사해서는 안 된다고 주장한 데서도 엿보이듯이 재화를 추구하는 경제활동에 대해서는 경계하는 태도를 보였다.

정체론

그리스의 여러 폴리스는 통일되는 일 없이 저마다의 국제國制를 발달시켰다. 고대 그리스는 마치 다양한 국제의 실험장 같았다. 이 경우에 국제politeia란 갖가지 내용을 포함하는 개념이다. 재물을 각인各人의 가치에 따라 어떻게 분배할 것인가?(아리스토텔레스는 이를 분배적 정의라 불렀으며, 가해에 대한 변상과 원상복구로서의 교정적矯正的 정의와 구별했다.) 공민公民의 범위를 어떻게 정하고, 권한 설정이나 인사 결정 방식을 어떻게 규정할 것인가? 이런 요소들을 규정하는 넓은 의미에서의 국가의 근본 원리나 제도가 바로 국제이다.

아리스토텔레스의 6정체론

	한 사람의 지배	소수의 지배	다수의 지배
공공의 이익에 적합	왕정basileia	귀족정aristokratia	국제politeia
공공의 이익에 부적합	참주정tyrannis	과두정oligarchia	민주정demokratia

아리스토텔레스는 이들 여러 국제의 분류를 시도했는데, 형식 면에서는 지배자의 수와 통치 내용의 적합성 여부를 조합해 6정체론을 제시한다. 한 사람이 지배하며 공공의 이익에 적합한 정체는 왕정, 그렇지 않은 정체는 참주정이고, 소수가 지배하며 공공의 이익에 적합한 정체는 귀족정, 그렇지 않은 정체는 과두정이며, 나아가 다수가 지배하며 공공의 이익에 적합한 정체는 '국제', 그렇지 않은 정체는 민주정이라 했다. 일반적 개념인 '국제'를 다수가 지배하며 공공의 이익에 적합한 정체를 가리키는 것으로 사용하고 있어 다소 혼란스럽다.

왕정과 귀족정은 덕망 있는 한 사람 또는 소수의 인물에게 권력을 부여하는 정체인데, 실제로는 좀처럼 쉽지 않은 경우이다. 오히려 소수의 부자에 의한 지배인 과두정(그 폐쇄성 때문에 붕괴) 아니면 다수의 빈자에 의한 민주정(빈부 격차의 확대로 붕괴)이 당시 그리스에서 일반적인 정체였다. 한 사람이 지배하는 경우에도 다른 이들보다 뛰어나기는커녕 오히려 뒤떨어진 자가 자기 이익을 위해 타인을 제멋대로 지배하는 최악의 참주정일 수 있었다.

아리스토텔레스가 현실적으로 가능한 범위에서 최선이라 여긴 것은 '국제'였다. 이 경우의 '국제'란 과두정과 민주정을 혼합한 것이라고 여겨진다.

바꾸어 말하면 부자와 빈자의 대립을 조정하는 데 주안점을 둔 정체로, 선거와 추첨을 병용하는 식이었다. 또한 지배와 복종 둘 다를 경험한 중간계층의 역할이 중시되어, 이 '중간계층의 두께가 정치체제 안정의 열쇠'라는 견해는 이후 정치학의 상식으로 자리잡는다.

아리스토텔레스의 정체론은 법과 중용을 중시하는 점에서 전통적 폴리스의 모습에 좀더 가깝다. 따라서 그의 이론은 소크라테스나 플라톤의 철학에 이어지는 것이라 할 수 있다.

제2장

로마의 정치사상

정치사상사에서 로마는 그리스 못지않게 중요하다. 역시 도시국가에서 출발한 로마는 끝까지 통일되지 않았던 그리스와 달리 마침내 거대한 제국을 형성한다. 그 차이는 어디에서 온 것일까? 어떤 사람은 정복한 국가의 사람들에게도 로마 시민권을 부여한 개방성에서 그 이유를 찾는다. 또 어떤 사람은 왕정의 요소와 귀족정의 요소, 민주정의 요소를 절묘하게 조합한 공화정의 독특한 구조야말로 로마가 구현한 강대함의 비밀이었다고 본다. 하지만 그 공화정은 로마가 지중해를 정복하면서 더 큰 국가로 성장한 후 사라졌다. 키케로를 비롯한 이론가들은 이 변화를 파악하고자 고심했다. 한편, 로마제국의 변경에 자리한 유대 지방에서는 예수 그리스도가 등장하여 가난한 사람들에게 가르침을 널리 전한다. 마침내 기독교의 영향은 로마의 중심에 이르렀고, 이로써 지상과 천국이라는 두 국가가 정면 대결을 펼치게 된다.

1. 헬레니즘과 로마

폴리스 세계의 황혼

민주주의는 고대 그리스 땅에서 개화했으나 그 전성기는 오래가지 못했다. 폴리스는 페르시아 전쟁 당시 연합군을 조직해 싸웠는데, 얼마 안 있어 주도적 위치에 있던 아테네와 스파르타의 대립이 격화되어 급기야 펠로폰네소스 전쟁이 벌어졌다. 이와 같이 폴리스들 사이의 내분이 계속되는 동안에 대두한 것이 북쪽의 마케도니아였다.

결국 기원전 338년 벌어진 카이로네이아 전투를 기해서 폴리스들은 마케도니아에 항복했다. 이는 폴리스들끼리 연합하여 세력을 형성하기보다도 마지막까지 폴리스 자체의 독립과 폴리스에서의 정치참여를 우선시한 데 따른 결과이기도 했다. 폴리스의 농밀한 정치공동체가 대제국에 패배한 것이다. 그러나 그리스인들이 동방으로 이주함에 따라 고대 그리스 문화는 드넓은 오리엔트 세계로 퍼져나가 각지의 문화와 융합한다. 헬레니즘 문화는 이렇게 해서 탄생했다.

이는 폴리스가 정치적 위기뿐 아니라 사상적 위기에도 봉착했음을 의미했다. 고대 그리스의 민주주의는 어디까지나 폴리스라는 공간을 전제로 한다. 그러나 폴리스가 독립과 자유를 잃어버림에 따라 시민의 활동무대도 사라졌다. 폴리스와는 매우 이질적인 대제국 안에서 사람들은 새삼 인간이 살아가는 의미를 되묻게 되었다. 철학은 비정치적 공간으로 향했던 것이다.

한 예로 퀴니코스 학파를 들 수 있다. 퀴니코스라는 학파의 이름은 고대 그리스어로 '개'(犬)를 뜻하는 단어에서 생겨났는데, 퀴니코스 학파의 지도자인 시노페의 디오게네스는 사회의 관습적 가치보다 동물의 자연스러운 행동을 찬미했다고 한다. 그에게 폴리스나 그 법은 구속 이외의 아무것도 아니었다. 정치에 참여하는 데서 자유를 찾기보다는 어떻게 하면 정치세계로부터 개인의 자유를 지킬 수 있는지가 중요했던 것이다. 'Cynical'이라는 말도 이 학파에서 비롯된바, 그들은 문명의 비판자였다.

둘째 예로는 에피쿠로스 학파를 들 수 있다. 인간에게 진정으로 본성적인 것은 육체적 쾌락이 아니라 정신적 쾌락이라고 했던 에피쿠로스는 고통 없는 영혼의 평정ataraxia을 추구했다. 어떤 일에도 얽매이지 않은 채 살아가려면 자신의 욕망을 제어하고 신과 인간에 대해 깊이 사색해야 한다. 에피쿠로스 학파는 그저 추상적으로 정치제도를 거부하는 데서 그치지 않았으며, 스스로의 내면을 도야하기 위한 외적 조건에 대해 고찰하고 새로운 비정치적 가치를 제시하고자 했다.

셋째로는 스토아 학파가 있다. 이 학파의 창시자인 제논은, 모든 인간은 자연의 법에 지배당하는 보편적 세계cosmopolis의 일원이라고 주장했다. 폴리스에서의 정치참여가 제지당함에 따라, 이를 좀더 높은 차원에서 회복하려고 했던 것이다. 스토아 학파는 자신의 정념을 억제하고apatheia 세계의 섭리에 따를 것을 설파했는데, 이 학파로부터 'stoic'이라는 단어가 생겨났다. 또한 그들이 주장한, 노예도 포함시킨 인간의 평등과 자연법은 후세에 큰 영향을 끼쳤다.

공화정 로마의 발전

여기에서 로마로 눈을 돌려보자. 로마는 나중에 대제국으로 발전하게 되지만 처음에는 그리스와 마찬가지로 도시국가에서 출발했다. 고대 그리스어로는 도시국가를 폴리스라 하지만, 로마의 언어인 라틴어로는 키비타스civitas이다. 이 키비타스가 영어 'civil'이나 'civic' 같은 단어의 어원인 데서 엿볼 수 있듯이 고대 로마가 법이나 정치 영역에서 갖는 권위는 고대 그리스에 뒤지지 않는다('민법'의 'civil law'나 '시민사회'의 'civil society'도 여기에서 유래한다).

정치란 무엇인가에 관한 이론화 작업은 고대 그리스에서 이루어졌고, 로마에서는 좀더 구체적이면서 실천적인 정치제도를 둘러싼 고찰이 진행되었다. 그리스의 폴리스가 끊임없이 내부의 당파 대립에 의한 분열로 고심한 것과 달리, 로마는 오히려 여러 특수한 이해利害를 경합시키면서 하나의 제도로 통합하려 했다. 다원성과 보편성을 독특한 형태로 매개한 고대 로마의 공화정은 이렇게 해서 이루어졌다.

앞에서도 언급했듯이 이러한 로마 공화정은 이후 오래도록 정치적 예지의 원천으로 여겨졌다. 뒤에 가서 이야기할 마키아벨리나 몽테스키외 같은 인물은 공화정 로마의 역사를 논함으로써 그들 나름의 정치학을 세우고자 했다. 미국 또한 새로운 국가로서 첫발을 내딛을 때 로마 공화정을 참조했는데, 이는 상원上院을 'Senate'(로마의 원로원)라 일컫는 점에서도 엿볼 수 있다.

이러한 공화정 로마의 발전 경위를 살필 때 큰 도움이 되는 것이 역사가 티투스 리비우스가 쓴 『로마 건국사』이다. 공화정이 종말을 맞이한 시

리비우스(기원전 59~기원후 17)

티투스 리비우스는 공화정 로마 말기에서 제정 초기에 걸쳐 활약한 역사가이다. 『로마 건국사』는 총 142권에 이르는 방대한 저작이지만 현존하는 것은 첫 10권을 포함한 35권뿐이다. 훗날 마키아벨리는 『로마사 논고』(정확하게는 『티투스 리비우스의 첫 10권에 관한 논고』이며 『리비우스론』이나 『디스코르시Discorsi』라고도 부른다)를 집필했는데, 날마다 해 질 무렵이면 옷차림을 바로한 채 서재에 틀어박혀 리비우스의 책을 읽었다고 한다. 아우구스투스 황제의 비호 아래 공화정 로마의 역사를 쓴 역사가와, 르네상스 시기의 피렌체에서 외교를 담당했던 서기관을 이어준 것은 무엇이었을까? 제정 초기에 살았던 리비우스는 사라져가는 공화정을 안타까워했고, 마키아벨리 또한 공화정 피렌체에서 메디치가가 대두하는 상황을 눈앞에서 지켜봤다. 『로마 건국사』는 늑대가 키웠다는 로물루스와 레무스 형제의 대결이나, 왕정을 무너뜨린 계기가 된 루크레티아의 능욕 등을 오늘에 전해준다.

기에 이 책을 집필한 리비우스는 공화정의 역사를 안타까워하면서, 그것이 어떻게 성립되었고 또 어떤 어려운 국면과 마주하는 가운데 발전해왔는지를 분석한다.

로마가 처음부터 공화정이었던 것은 아니다. 전설의 건국자인 로물루스에서 헤아려 7대째 왕인 타르퀴니우스 수페르부스가 추방당하면서 비로소 공화정이 성립되었다. 참고로 공화정을 의미하는 'res publica'는 말 그대로 '공공의 것'이라는 뜻이다.

여기에서 중요한 것은 왕을 추방한 뒤 어떠한 정치제도를 채택했는가하는 점이다. 왕을 대신하여 로마의 지도자 자리에 오른 것은 두 명의 집정관consul이었다. 임기가 1년인 집정관은 선거로 뽑혔고, 귀족patricii과 평민plebs으로 각각 구성된 원로원과 민회가 집정관 아래에 놓이는 이원제를 갖추었다. 평민은 귀족에 맞서서 점차 발언권을 늘려갔으며, 마침내 원로원에 대항하기 위해, 평민의 권리를 옹호할 호민관이라는 직책을 신설하는 데도 성공했다.

이처럼 로마 공화정은 나름의 일체성을 유지하면서도 내부에 다양성과 대립을 끌어들여 제도화한 데 특징이 있다. 내부에 서로 경합하는 사회이익이 존재함을 인정하고, 이를 정당한 존재로 보면서 제도적 표현을 부여했던 것이다. 또한 귀족이 법 지식을 독점하고 있는 것에 대해서는 성문법인 12표법을 제정하여 귀족이 법을 자의적으로 운용하지 못하도록 억제했다.

폴리비오스의 혼합정체론

드디어 이탈리아 반도를 통일하는 데 성공한 로마는 지중해 서쪽의 패권을 두고 카르타고와 맞붙게 된다. 세 차례에 걸쳐 100년 넘게 계속된 포에니 전쟁(기원전 264~146)에서는 카르타고의 명장 한니발 장군을 상대로 고전하면서도 결국에는 로마가 승리한다. 로마는 지중해 주변 각지에 속주를 두는 대국이 되었다.

그렇다면 이러한 로마의 확대 움직임을 어떻게 봐야 할까? 로마를 지탱한 정신은 역설적이게도 로마의 성공에 의해 훼손되었다고 리비우스는 본다. 가난한 소국이었던 시대에 로마를 떠받친 질박하면서도 강건한 기풍은 로마가 대국으로 거듭나면서 속주에서 물자가 대거 유입됨에 따라 사라져버렸다는 것이다. 이처럼 어디까지나 공화정의 정신에 주목한 리비우스와 달리, 오히려 제도론에 주목한 사람이 폴리비오스(기원전 200?~120?)이다.

로마와 마케도니아 사이에 낀 작고 약한 그리스 메갈로폴리스의 정치가였던 폴리비오스는 그리스, 카르타고, 마케도니아를 정복한 로마에 인질로 끌려갔다. 그러나 소小스키피오(스키피오 아이밀리아누스)라는 지기를 얻은 폴리비오스는 로마의 정치를 관찰할 기회를 확보했고, 그리스로 돌아간 후 어째서 로마가 짧은 기간 내에 패권을 쥘 수 있었는지에 대해 분석한 『역사』를 집필했다.

자유로운 공화국에서 모든 사회계급은 자기 이익을 활발히 추구한다. 그러나 이익 추구가 지나치면 정치적 평등을 해치게 된다. 그렇다면 정치적 자유를 해치지 않으면서 무질서를 피할 수는 없는 것인가? 이에 대한 답을 폴리비오스는 정치제도에서 발견했다.

정치체제에는 세 종류 즉 왕정과 귀족정, 그리고 민주정이 있는데, 이들 체제는 오래 지속되면 부패하거나 제도가 노후해짐에 따라 각각 참주정과 과두정, 그리고 중우정衆愚政으로 전락한다. 사람들을 억압하는 참주정은 소수의 귀족에게 타도당하고, 자신들의 이익만을 우선시하는 과두정은 민중의 봉기로 무너진다. 그리고 중우정에 처한 민주정은 결국 독재자를 불러들이고 만다. 이처럼 이 여섯 종류의 정체는 영원히 순환을 거듭한다고 폴리비오스는 주장했다.

그런데 로마인은 6정체가 계속해서 돌고 도는 데서 벗어나기 위해 스파르타의 전설의 입법자 뤼쿠르고스의 지혜를 빌렸다고 폴리비오스는 말한다. 다시 말해 단일한 원리에 바탕을 두는 한 어떠한 국제도 결국 쇠퇴하리라고 생각한 로마인은 집정관과 원로원, 민회라는 세 기관에 각각 왕정과 귀족정, 민주정의 요소를 담당하게 한 정치체제를 구축함으로써 정치의 안정을 실현했다.

아리스토텔레스도 과두정과 민주정을 혼합한 국제를 구상했지만, 그의 논의의 핵심은 부자와 빈자 간의 균형에 있었다. 이에 비해 폴리비오스는 여러 기관의 균형을 강조했다. 이렇게 해서 확립된 혼합정체론은 이후 정치론의 중요한 모델로 자리잡는다. 다만 홉스처럼 혼합정체론에 도전하는 이도 등장한다(☞제5장).

그리스와 로마의 차이

여기에서 그리스와 로마의 차이를 정리해보자. 양국은 똑같이 도시국가에서 출발했으나 그리스에서는 통일 권력이 나타나지 않은 채 여러 폴리스가 병존한 상태로 지속된 것과 달리, 로마는 이탈리아 반도를 통일했을 뿐만 아니라 지중해 주변에서 동방에 이르는 대제국으로 확대되었다.

이같은 차이를 가져온 원인 중 하나는 그리스와 로마의 시민이 서로 다른 방식으로 존재했다는 데서 찾을 수 있다. 그리스에서는 폴리스의 시민을 아버지로 둔 성인 남성에게만 시민의 지위를 부여했으며, 외국인은 아무리 오래 거주하더라도 시민이 될 수 없었다. 하지만 로마는 정복한 나라의 시민에게도 로마 시민권을 부여함으로써 자국의 군사력을 강화했다.

이러한 차이를 좀더 거슬러올라가서 보면 각각의 공동체관 역시 달랐

제국empire

제국이란 무엇인가? 황제가 다스리는 나라라는 정의로는 충분하지 않다. 지중해 세계를 제패한 공화정 로마도 제국이라 불렸던 만큼, 제국이 반드시 황제라는 존재를 전제하고 있지는 않기 때문이다. 제국이라는 말 자체는 명령권이나 통치권을 의미하는 '임페리움' imperium에서 온 것으로, 나중에는 그 지배가 미치는 영역도 의미하게 되었다(황제란 본래 '임페리움을 보유한 자'를 의미한다). 그러면 왕국과 제국의 차이는 무엇일까? 왕국이 다른 왕국의 존재를 전제하는 것과 달리, 제국은 하나의 문명 아래 통합된 세계 전체를 가리킨다. 따라서 제국은 그 아래에 여러 민족이나 국가를 두며, 광대한 영역을 일원적으로 지배한다. 이와 반대로 제국 바깥은 문명이 미치지 않는 야만의 땅으로 여겨진다. 참고로, 오늘날 미국 뉴욕 주의 별명은 '엠파이어 스테이트'인데, 물론 이곳에 황제는 존재하지 않는다.

음을 알 수 있다. 그리스의 경우 시민에게 중요한 것은 폴리스의 정치에 참여하는 일이었다. 폴리스에서 고도의 민주주의를 실현한 것도 그들이 농밀하며 폐쇄적인 공동체를 형성한 일과 무관하지 않다.

그러나 로마에서는 공화정의 전성기에도 귀족과 평민은 계속해서 대립하고 있었으며, 그리스처럼 한달음에 민주주의를 실현하는 일은 일어나지 않았다. 로마에 병합된 국가의 사람들도 로마 시민권을 부여받음으로써 일정한 법적·사회적 권리를 보장받았으나 로마의 정치에 직접 참여하지는 않았다.

이처럼 그리스와 로마는 이후의 서양 정치사상사에 두 가지 중요한 정치 모델을 남겼다고 할 수 있다. 하나는 폐쇄적인 도시국가의 민주주의로,

시민의 정치참여와 자유로운 결정을 중시했다. 또 하나는 개방적인 제국으로, 뒤에 가서 다시 언급하겠지만 보편적인 로마법 아래에서 타국의 시민을 통합하고 이를 오히려 확대의 원동력으로 전환시켰다. 그러나 훗날의 이야기를 하기 전에, 공화정 로마의 종언과 제국의 개시에 관해 이야기해 보자.

2. 제정 로마의 정치사상

제정으로의 이행

도시국가에서 출발한 로마는 이탈리아 반도를 통일하고, 나아가 지중해 주변 지역을 지배하기에 이른다. 로마는 이 지역에 거주하는 다양한 인종과 민족, 종교를 포괄하는 통일적 세계를 창출했던 것이다. 로마의 지배권imperium이 미치는 범위를 가리키는 말이었던 'Imperium Romanum'은 나중에 로마제국을 의미하게 되었다.

그러나 로마의 확대는 로마 사회의 존재방식에도 영향을 주었다. 우선 정복전쟁에는 소규모의 토지를 가진 농민들이 동원되었는데, 출정 기간이 길어짐에 따라 궁박해진 그들은 토지를 유력자에게 팔아넘긴 채 무산계급으로 몰락해갔다. 이러한 사태에 위기감을 느낀 그라쿠스 형제는 농지개혁을 단행해 새로운 토지 재분배를 꾀했지만 성급한 개혁은 실패로 끝났다.

무산계급으로 전락한 시민들은 이윽고 무기와 함께 급여를 지급받는 지원병이 된다. 그들은 퇴역한 후에도 비호해줄 장군들에게 의존하게 되며, 결국 국가보다도 장군에게 충성을 맹세하기에 이른다. 유력 정치가들은 이런 비호민을 사병처럼 만들어 무력항쟁을 벌였다. 특히 명문 귀족의 벌족파에 맞서며 '신인'新人이라 불린 마리우스가 민중파를 결성한 후, 양자의 대립은 로마 내부를 철저히 갈라놓았다.

한편, 시민권을 가진 주민이 비약적으로 늘어난 결과, 로마의 민회는 사실상 최고의결기관으로서 기능하지 못하게 되었다. 이탈리아 반도 바깥에서 로마가 획득한 땅은 속주라 불리는 행정조직으로 재편되었으나, 속주에서 힘을 키운 정치가들은 원로원과도 대립하기에 이른다. 이처럼 공화정이 위기에 봉착한 시기에 대두한 이가 바로 율리우스 카이사르이다.

갈리아 원정(기원전 58~51)을 성공적으로 마쳐 명망을 높인 카이사르는 기원전 45년에 군사를 이끌고 루비콘 강을 건넜다. 카이사르는 유력 정치가들 사이의 항쟁에서 승리하고 종신 독재관이 된다. 이는 어느 면에서는 권력을 한몸에 모아 독재를 실시하여, 실체도 없이 공허해진 공화정을 대신해서 로마를 분열로부터 구해낸 것이라 할 수 있다. 그러나 공화정을 지지하는 사람들에게 카이사르는 공화정의 존속을 위협하는 존재였다.

기원전 44년, 카이사르는 공화정을 지지하는 브루투스에게 암살당한다. 카이사르의 후계자가 된 양자 옥타비아누스는 내란을 종식시키고, 원로원으로부터 '아우구스투스'라는 존칭을 받는다. 아우구스투스는 기원전 28년에 '제1인자, 원수'를 뜻하는 프린켑스가 되었으며, 이로써 로마는 실질적인 제정으로 이행한다.

키케로(기원전 106~43)

기원전 1세기의 로마 정치가이자 지식인이었던 키케로는 그후의 서구문화를 일관하는 하나의 정신적 지주 역할을 했다. 이 책에서도 거듭 이야기하겠지만, 서구문화는 축적된 과거를 토대로 한다. 프란체스코 페트라르카(1304~1374)가 키케로를 재발견하면서 르네상스의 막을 올린 데서도 보이듯이, 키케로는 언제나 그 중심에 있었다. 수사학의 전통은 키케로와 함께했으며, 고전고대古典古代의 문화를 부흥하고자 한 인문주의자들은 앞다투어 키케로의 문헌을 찾아 나섰다. 키케로의 전기는 새로운 문헌의 발견과 더불어 거듭 고쳐쓰였고, 이는 오늘날에도 계속되고 있다. 살아 있을 때에는 유력 정치가들이 벌이는 각축에 휘둘리다가 덧없게도 공화정의 종언을 눈앞에 두고 암살당한 키케로. 그러나 사상적 영향이라는 면에서는 불후의 존재로 자리잡는다. 메이지 이래로 고대 그리스를 동경하며 로마를 다소 부당하게 취급해 온 일본의 지적 전통에도 최근 변화가 일고 있다.

키케로

이러한 전환기를 대표하는 지식인이자 정치가였던 인물이 마르쿠스 툴리우스 키케로이다. 카이사르와 동시대인이었던 키케로는 명문가 출신은 아니었으나 뛰어난 언변으로 점차 두각을 나타냈으며, 이윽고 집정관의 지위에까지 올랐다.

그러나 키케로가 재건하려고 했던 공화정의 이념은 이미 과거의 것이 되어가는 중이었다. 유력 정치가들의 대립에 이리저리 휘둘리다 카이사르의 대두를 막지 못했던 키케로는 결국 실각하여 비참한 죽음을 맞이했다.

그럼에도 『국가론』(기원전 51?), 『법률론』(기원전 52~43?), 『의무론』(기원전 44?) 같은 그의 저작은 후세에 지대한 영향을 끼쳤다.

키케로의 정치사상은 로마의 정치적 전통을 계승하면서 그것을 헬레니즘의 스토아 학파 사상과 연결하는 것이었다. 키케로는 『국가론』에서 국제론國制論에 대한 비교 검토를 통해 기본적으로 폴리비오스의 관점에 서서 로마의 역사를 재해석한다. 어디까지나 공화정의 이념을 유지하려는 데 목적이 있었다.

하지만 그러한 전통이 바야흐로 사라지고 있음을 자각한 키케로는 스토아 학파의 자연법 사상으로 이를 보강하려 했다. 그것이 『법률론』의 과제였다. 우주 전체를 지배하는 것이 자연법이지만, 인간은 이성에 의해 이를 인식할 수 있다. 따라서 이성을 매개로 인간은 신과 연결되며, 개개의 국가가 아닌 전 인류를 포괄하는 이성의 공동체야말로 정의의 기반이 된다는 것이 키케로의 주장이었다.

이성의 공동체와 현실의 법·정의를 단절적으로 논하기 일쑤였던 전기 스토아 학파와 달리, 키케로는 양자를 연결하고자 했다. 인간에게는 정의를 실현할 능력이 내재되어 있으며, 이를 눈에 보이도록 하는 것이 정치가이다. 도덕 없이 공화정은 존속할 수 없고, 공화정 없이 도덕은 실현될 수 없다. 키케로는 어디까지나 스토아 학파류의 공화주의자였다.

그런 의미에서 국가res publica란 법이나 정의에 대한 합의와 공공의 이익에 기초하는 인적 집합이고, 이와 같은 조건을 충족시키지 않는 국가는 밤도둑 무리와 다를 바 없다. 그러나 현실의 로마가 폭력이 난무하는 상태였음은 키케로 자신도 잘 알고 있었다. 그럼에도 키케로는 영원한 자연법

공화정republic

오늘날 공화정을 사전적으로 정의한다면, 세습 군주를 받들지 않는 정치체제라 할 수 있을 것이다. 그렇다면 군주가 존재하지 않는 한 공화정인 셈이며, 귀족의 존재와 모순되지 않는다. 실제로 로마 공화정에서 귀족의 힘은 마지막까지 강했으며 원로원의 역할도 컸다. 그러나 공화정의 개념은 훨씬 까다로운 함의를 지닌다. 어원에서도 나타나듯이 공화정이란 'res publica'(공공의 것)이며 군주 등의 특수한 이익이 아니라 어디까지나 공공의 이익이 지배하는 정치체제였다. 또한 폴리비오스가 분석한 것처럼 로마 공화정은 집정관(왕정의 요소를 체현), 원로원(귀족정의 요소를 체현), 민회(민주정의 요소를 체현)로 이루어진 복잡한 것이었다. 미국은 건국 당시 로마 공화정을 강하게 의식했으며, 현재도 양대 정당 중 하나가 공화당이라 불리고 있듯이 민주정과 미묘하게 다른 공화정의 함의를 견지하고 있다.

의 관점에서 현실의 실정법을 계속해서 논했다.

시민의 직접적 정치참여를 중시한 그리스의 민주주의와 달리, 로마 공화정에서는 법을 통한 사회참여를 중시했다. 키케로의 생각 역시 로마의 이같은 법적 참여의 이념을 제시한 것이다. 로마 공화정은 실로 로마법의 발전과 궤를 같이했는데, 이 로마법은 스토아 학파의 코스모폴리스와 자연법의 발상이 결합되어 발전한 것이었다.

타키투스

결국 키케로와 같은 이들의 노력에도 불구하고 로마 공화정은 종언을 맞이했다. 아우구스투스에 의한 원수정이 시작된 후에도 원로원 같은 공화정의 여러 제도는 남아 있었으나, 실질적으로는 황제에게 권력이 집중되었다. 그후 로마는 점차 오리엔트식의 지배로 옮겨갔으며 시민이 황제를 떠받드는 전제정치로 탈바꿈한다.

이러한 변화를 가장 잘 보여주는 것이 역사가 코르넬리우스 타키투스(56~120)의 저작이다. 속주인 갈리아에서 태어나 원로원을 거쳐 집정관 자리에까지 오른 타키투스는 당시 게르만인의 모습을 담은 『게르마니아』(98?) 외에 『연대기』(109?), 『동시대사』(105~108?) 같은 역사서를 통해 당대 로마의 황제정치가 어떠했는지를 적나라하게 그렸다.

타키투스는 로마가 제정으로 이행하면서 로마인, 구체적으로는 로마인의 정치적 가치관이 어떻게 달라졌는지를 보여준다. 공화정에서는 자유 이념이 중심에 놓여 있었다. 정치에 참여하여 자유롭게 발언할 자유야말로 로마 시민의 긍지이자 자존심의 원천이었다.

그러나 이와 같은 긍지나 자존심은 마침내 사라지고 말았다. 황제의 권력 아래에서 사람들은 연약해져 기꺼이 예종의 길을 걷게 되었다. 장기간 지속된 내란기에 로마인은 공화정이나 자유보다 평화를 택했던 것인데, 이런 상황에서 정치의 중심적 가치가 바뀌었다고 타키투스는 생각했다.

타키투스는 이와 같은 로마인과 대조적인 부류로 게르만인을 묘사한다. 평화보다 전쟁을 선호하는 게르만인은 용감할 뿐 아니라 소박하게 생활하며 돈 욕심도 없다. 왕은 세습되지 않고 특정 가문에서 선출된다. 게다가 왕의 권력은 절대적이지 않다. 오히려 전투에 참여한 모든 부족의 구성원이 모인 회의에서 중요한 결정을 내렸다.

이처럼 게르만인을 묘사하는 타키투스의 머릿속에는 과거 공화정 로마의 모습이 어른거렸을 것이다. 오히려 공화정 로마에 대한 그의 향수가 게르만인을 묘사하는 데 반영되었으리라고 봐야 할 것이다. 타키투스는 바야흐로 자유의 주체가 로마에서 게르만의 숲으로 옮겨가고 있다고 여겼다.

타키투스의 저작 대부분은 그후 사라졌지만 르네상스기 유럽에서 재발견되어 정치사상가나 역사가들 사이에서 널리 읽혔다. 그가 묘사한 냉혹한 정치의 현실은 역시 그가 묘사한 '자유로운' 게르만인의 모습과 함께 유럽인의 정치인식이나 자기인식에 큰 영향을 끼쳤다.

세네카

키케로가 중기 스토아 학파를 대표했다면, 후기 스토아 학파를 대표한 인물은 철인정치가 루키우스 안나이우스 세네카(기원전 4?~기원후 65)이다. 원로원 의원이며 뛰어난 언변으로 유명했던 세네카는, 폭군으로 악명 높은 황제 네로의 어릴 적 가정교사이기도 했다. 세네카는 황제 네로를 잘 보좌하여 영향력을 지녔으나 이윽고 시작된 황제의 방종을 제지하지 못하고 오히려 배척당해 정계를 은퇴했으며, 종국에는 자살 명령을 받았다.

세네카는 자연법이 지배하는 우주와, 현실 속 로마 정치 사이의 거리를 키케로 이상으로 중요하게 생각했다. 그런 결과로 세네카의 사상에는 탈정치화한 지적 귀족주의의 색채가 짙다. 원수정의 현실은 엄연히 존재하며, 바뀌기 어렵다. 로마의 정치를 변화시킬 방도도 보이지 않는다. 황제의 측근이었던 세네카는 이러한 사실을 누구보다도 뼈저리게 느꼈을 것이다.

상황이 이러하다면, 스토아 학파의 철인으로서 어떻게 살아야 할 것인가? 『인생의 짧음에 관하여』, 『마음의 평정에 관하여』 등을 비롯한 세네카의 도덕적 고찰은 그의 이런 고충 속에서 구상된 것이었다. 몽테뉴나 디드로 같은 후세의 여러 사상가들도 세네카의 저작을 즐겨 읽었다.

세네카는 자연의 질서와 눈앞의 국가를 이원론적으로 사고했다. 이는 '신의 나라'와 '인간의 나라'라는 구별에서 잘 드러난다. 현자처럼 뛰어난 사람들이 모여 있는 곳이 '신의 나라'라면, '인간의 나라'는 현실에 존재한다. 일찍이 황금시대의 인간은 욕망이나 죄에서 벗어나 있었으나, 마침내 타락하여 사유재산과 권력을 갈구하게 되었다.

악덕과 욕망이 기승을 부린 결과, 그것을 억누르기 위한 권력이나 법이 필요해졌다. 국가는 실로 그 산물이다. 아리스토텔레스 같은 고대 그리스의 사상가들이 인간성을 구현할 장소로 묘사한 국가, 키케로가 법과 정의, 그리고 공동선에 의해 정의한 국가는 이제 인간의 악덕에 근거를 둔 필요악으로까지 격하된 것이다.

세네카가 인간에게 바란 덕목은 자비, 동정, 친절이었다. 한때 로마인이 중시한 용기 같은 군사적 덕목은 자취를 감추었다. 네로의 곁을 지키던 세네카는, 하다못해 이런 덕목들이라도 갖추고 통치에 임해주기를 바랐을 것이다.

아울러 세네카의 논의는 현실의 국가를 인간의 죄의 산물이라 여기고, 국가에 적극적 가치를 두지 않은 점에서 차라리 기독교 사상과 가깝다. 아니면 이처럼 정치의 가치가 떨어지고 사람들이 현실세계의 바깥에서 구원을 찾는 그런 시대의 정신적 토양 위에서 기독교의 영향력이 커졌다고 봐야 할 것이다.

3. 기독교의 탄생

유대교라는 기원

로마가 원수정으로 이행하고 얼마 지나지 않았을 때, 로마제국의 주변부인 유대 땅에서 기독교가 탄생했다. 갈릴리라는 곳에서 활동한 '나사렛의 예수'라는 인물을 구원자로 여긴 사람들이 만든 종교로, 유대인 공동체의 외부로까지 퍼져나가 마침내 로마제국의 국교가 되었다.

그렇다면 이미 헬레니즘이나 로마 문화가 침투해 있던 이 지역에서 기존의 그것과는 완전히 이질적인 기원을 둔 기독교는 어떻게 사람들의 마음을 사로잡을 수 있었을까? 이를 이해하려면 먼저 기독교의 모태인 유대교에 관해 살펴봐야 한다.

유대교의 성전인 『구약성경』에 따르면, 가나안(팔레스티나) 땅에 흘러든 유목민의 족장 아브라함은 신의 축복을 받은 자였다. 신은 그에게 민족의 번영을 약속했고, 또 아브라함의 손자 야곱에게 가나안 땅을 그와 그의 자손들에게 줄 것이라고 약속했다. 야곱은 그 땅을 이스라엘로 고쳐 불렀다.

그러나 이집트로 이주한 유대 사람들은 그곳에서 박해를 받았고, 지도자 모세는 그들을 이끌고 이집트를 탈출한다(출애굽). 약속의 땅 가나안을 향해 사막을 헤매던 그들은 마침내 유일신 여호와와 계약을 맺은 선민選民이 바로 자신들임을 깨닫게 된다.

여호와에게서 받은 십계를 지키면, 신은 유대 사람들을 보호한다. '신과의 계약'이라는 이 독특한 사상은 여호와 이외의 신은 조금도 인정하지 않는 일신교로서의 성격과 함께 이후 유대교의 큰 특색이 된다.

하지만 그후 유대인의 발자취를 보면, 신과의 약속은 배반의 연속이었다고도 할 수 있다. 다윗 왕이나 솔로몬 왕 시대에 전성기를 구가한 이스라엘 왕국은 시간이 흐르면서 주변의 대제국에 침략당하여 남북으로 분열되었다. 포로 신세가 된 유대인은 강제로 이주해야 하는 등 고난을 겪는다(바빌론 유수). 그러다가 135년에 결국 로마제국의 식민지가 되면서 왕국은 멸망한다.

유대인은 조국을 잃고 디아스포라(이산)를 경험하는 고난에도 굴하지 않은 채 오히려 이를 신이 내린 시련으로 받아들였다. 신과의 약속을 잊지 않는 일이야말로 유대교의 정신적 핵심이 된 것이다.

이처럼 유대의 신이 민족의 윤리적 타락을 계속해서 엄하게 탄핵하는 '의로운 신'이었던 것과 달리, 예수가 설파한 것은 사람들에게 구원의 손길을 내미는 '사랑의 신'이었다.

예수 그리스도의 출현

『신약성경』에서 4복음서라 불리는 마태복음, 마가복음, 누가복음, 그리고 요한복음은 모두 예수의 생애와 죽음, 부활을 기록하고 있는데, 관점은 저마다 미묘하게 다르다(이 4복음서가 '정전'으로서 『신약성경』으로 편찬되기까지는 수 세기가 걸렸다). 소크라테스와 마찬가지로 예수도 그의 제자들에 의해서만 언행이 전해진다.

예수는 유대교의 율법주의를 비판했다. 당시 유대교에서는 율법학자나 바리새인이라 불리는 이들의 지도 아래 엄격한 윤리적 덕목의 준수를 중시했다. 그러나 신의 구원을 받는 데서 중요한 것은 율법을 지키는 일이 아니라 오히려 스스로의 행위를 회개하고 신의 용서를 구하는 일이라고 예수는 주장했다.

결과적으로 예수의 가르침은 율법을 지키고 싶어도 지키지 못하는 피차별민을 포함한 평민에게 널리 받아들여졌다. 유대교의 율법 중심의 종교체제로부터 소외당한 사람들을 상대로 선교활동을 펼친 것이다. 스스로 올바르게 행동하고 있고 더러움과는 무관하다며 자만하는 이들보다도 오히려 자신들의 죄를 자각하는 가난한 사람들이야말로 구원받을 수 있다고 예수는 가르쳤다.

예수의 이런 가르침을 잘 드러내주는 것이 '선한 사마리아인' 이야기이다. 어느 유대인이 여행길에서 강도를 만나 몸을 다친 채로 방치되었다. 유대교의 성직자인 랍비조차도 눈길을 피해버린 이 유대인을 돌본 사람은 당시 유대인에게 차별을 받던 사마리아인 장사꾼이었다. 자기 역시 괴로운 처지에 있는 사람으로서, 눈앞에 있는 버려진 이의 고통을 이해하며 함께 짊어지고자 한 이 정신이야말로 예수가 설파한 '사랑(인간애)'agape이었다.

이러한 예수의 활동을 당시 유대교 지도자들은 위험시했다. 예루살렘으로 간 예수는 이윽고 로마제국의 반역자로 몰려서 십자가에 매달려 처형당한다. 그러나 이 일은 오히려 예수야말로 신의 아들이라는 신념을 신자들 사이에 불어넣는다. 신의 아들인 예수는 인간의 죄를 한몸에 짊어지고 처형당했으며, 부활했다. 이와 같은 신념이 기독교를 탄생시켰던 것이다.

유대교의 신과 마찬가지로 예수의 신 역시 인격신이었다. 그러나 유대교의 신이 어디까지나 선택된 백성인 유대인을 구원하는 존재였던 것과 달리, 예수의 신에게 민족의 차이는 무의미했다. 헬레니즘이 보편주의적 경향을 띠고 있었던 것과 비슷하게, 기독교 또한 현실의 정치질서가 가진 틀을 부정했던 것이다. 예수의 가르침은 오히려 낮은 곳에 있는 사람들에게 정신적 에너지를 주었다.

바울

이러한 예수의 가르침을 유대인 공동체를 넘어 지중해 세계에 널리 전하면서 초기 기독교 교회 발전의 기초를 다진 인물이 바울이다. 그는 직접 각지의 교회를 방문하고 신도에게 편지를 쓰는 등 지도적 역할을 수행했다.

바울은 로마 시민권을 가진 유대인이었다. 원래 바리새파에 속한 열성적인 유대교도였던 그는 율법을 지키지 않는 죄인이라도 구원받을 수 있다는 예수의 가르침을 좀처럼 인정하지 못했고, 또한 초기 기독교도를 박해한 이들 가운데 한 사람이기도 했다. 그러나 다마스쿠스에서 회심回心한 바울은 '나 같은 자에게도 그리스도가 나타나셨다'며, 율법의 준수가 아니라 전 인류의 죄를 대속하며 죽은 예수를 믿어야만 구원받을 수 있다고 설파하기에 이르렀다.

이처럼 바울은 기독교 전통에 원죄原罪 사상을 불어넣었다. 이 사상에 따르면 인간은 육욕에 사로잡힌 죄 많은 존재이며, 스스로의 힘으로는 구원의 길로 나아가지 못한다. 인간에게 남은 유일한 길은 신의 사랑을 있는 그대로 받아들이는 것뿐이다. 이 대목에서 스토아 학파와 같은 헬레니즘 사상에서 드러나는 자력주의는 명확히 부정당한다.

바울(?~65?)

바울은 예수의 직계 제자는 아니었으며, 말하자면 '사후의 제자'로서 활약했다. 만일 그가 없었다면 기독교의 역사는 크게 달라졌을지도 모른다. 그만큼 바울은 초기 기독교 교회에 큰 영향을 끼쳤지만, 그도 처음에는 기독교 박해자였다. 엄격한 유대교도 가정에서 태어난 바울은 성실하지만 융통성 없는 성격 때문에 초기 기독교 교회에는 격한 적의를 품었다. 그러나 다마스쿠스로 가던 길에 돌연 예수의 목소리를 들은 바울은 강렬한 빛에 실명하고 만다. 하지만 자신의 사명은 유대인의 영역을 벗어나 예수의 가르침을 널리 알리는 데 있음을 깨달은 순간, 눈에서 비늘 같은 것이 떨어지며 시력을 되찾았다고 한다. 각지의 기독교 교회를 두루 찾아다니며 전도하고 이방인에 대한 선교활동을 이어간 바울은 결국 로마에서 순교했다. 그가 썼던 편지들은 사후에 편집되어 『신약성경』의 중요한 일부분이 되었다.

"이제 유대인도 없고, 그리스인도 없고, 노예도 없고, 자유인도 없고, 남자도 없고, 여자도 없다"(「갈라디아서」)고 말한 바울에 의해 기독교는 세계종교로 향하는 길을 걷게 된다. 그러나 이는 곧 로마제국과 복잡한 관계에 놓인다는 것을 의미했다.

로마 시민권을 가진 바울이 각지에서 선교활동을 벌인 데서도 드러나듯이, 로마제국이 실현한 고대 보편세계야말로 기독교가 확산될 수 있는 현실적 기반이었다. 고대 세계의 글로벌리즘이 기독교의 확산을 뒷받침한 것이다.

한편, 유대교의 신이 유대인의 신에 머무는 한 로마의 신들과 경합할 일은 없었던 것과 달리, 기독교의 신의 보편성에 대한 주장은 로마제국의 질서와 기독교 사이에서 긴장을 유발했다. 그 결과 교회와 국가의 관계는 중요한 사상적 과제로 떠올랐다.

이런 과제에 대해 바울은 다음과 같이 생각했다. 이 세상의 온갖 권위는 신이 세운 것이다. 그러므로 세속의 권력 또한 신에게서 비롯된 것이니 기독교도는 이에 따라야 한다고 말이다. 「로마서」에 담긴 바울의 생각은 '수동적 복종'이라고 불린다.

이와 달리 '카이사르의 것은 카이사르에게, 하느님의 것은 하느님에게'(「마태복음」)라 가르친 예수의 말에 따라, 신의 권위와 정치권력의 권위를 별개로 보는 관점도 있다. 정치권력에 대한 기독교의 이해방식은 하나로 국한되지 않았던 것이다.

다만 바울의 생각은 그저 복종을 긍정한 것은 아니었다. 현세를 초월한 종교적 의미와 눈앞의 현실 간의 긴장감이 그 전제로 존재했던 것이다.

초기 기독교도 공동체

이처럼 기독교도의 공동체는 이미 초기부터 유대 민족의 범위를 넘어 출신지나 계층 면에서 동질적이지 않은 집단이었다. 이 집단을 지탱한 것은 비정치적 일체화·연대의 원리인 사랑(아가페)이다. 고대 그리스어에는 사랑을 뜻하는 성애性愛를 의미하는 에로스나 우애를 가리키는 필리아가 있었는데, 에로스나 필리아와는 다르게 인간에 대한 신의 사랑 또는 인간 상호간의 사랑을 아가페라 했다.

평등equality

아리스토텔레스는 '평등한 것은 평등하게 취급한다'는 것을 정의의 본질로 여기는 한편, 인간에게는 본성상 노예로 사는 것이 적합한 자도 있다는 이유로 노예제를 옹호했다. 고대 그리스의 폴리스 세계에서는 분명 평등을 강조했으나 이는 시민에게 국한된 것이었다. 노예의 존재는 어디까지나 자연스러운 일이라고 여긴 것이다. 그후 스토아 학파의 철학자는 노예를 포함한 인간의 평등을 주장했다. 폴리스라는 활동 공간을 잃어버린 그들은 그 대가로 자연법과 모든 인간의 평등이라는 이념을 얻었던 것이다. 그러나 스토아 학파가 말하는 평등은 지식인의 이념이라는 수준에 머물렀다. 이와 달리 초기 기독교 교회는 신 앞에 선 인간의 평등을 교단의 여러 활동을 통해 좀더 구체적으로 실현했다고 봐야 할 것이다. 평등에 대한 이런 사상들은 여러 면에서 근대의 정치이념 및 운동과 연결되어 있다.

기독교도는 자기 집단을 '그리스도의 몸'corpus christi이라 불렀다. 예수 그리스도가 인류를 위해 스스로를 희생한 것처럼, 성찬식을 통해 다른 구성원과 아가페의 관계를 맺고 새로운 공동체의 일원이 된다고 여겼던 것이다.

이런 기독교도 공동체의 궁극 목적은 시공간의 저편에 있는 구원이었다. 이러한 의미에서 그들의 사고방식은 어디까지나 현세에서 인간성을 실현하고자 했던 고대 그리스의 가치관과는 정반대되는 것이었다. 초기 기독교도는 자신들을 정치질서 바깥에 있는 존재라고 생각했다.

그러나 시간이 지나면서 기독교도들도 처음에는 임시적인 것으로 알고 있던 이 세상에 대해 나름의 의미를 부여할 필요성이 생긴다. 최후의 심판

날이 곧 닥치는 것은 아니다. 그렇다면 그날이 오기까지 머물러야 하는 세속 질서의 역할을 그저 부정적으로 논하고 있을 수만은 없었던 것이다.

더구나 기독교가 유대교로부터 이어받은 일신교 사상은 독특한 현세관을 낳았다. 기존의 다신교에서는 현세를 신들이 곳곳에 존재하는 성스러운 질서로 생각했다. 이와 달리 기독교 같은 일신교에서는, 세계는 모두 신의 피조물이며 인간은 다른 피조물과 함께 신이 창조한 현세에 남겨진 것이라 보았다.

이는 인간에게 독특한 책임이 주어진 것을 의미했다. 이 세상의 일은 인간의 책임이다. 따라서 이 세상을 살아가는 기독교도는 현세를 초월한 의미와 관계하는 만큼, 현실의 질서에 적응해야 했다. 신앙의 관점에서 현세의 도덕이나 사회적 유대를 재검토해야 하는 상황에 놓인 것이다.

이처럼 서양이 기독교의 영향을 받기 시작하면서 정치사상사에서도 정치를 그것과는 전혀 별개의 가치체계, 이를테면 비정치와 대조해서 파악하는 사고방식이 정착한다. 그 결과, 고대 그리스에 기원을 두는 정치와 기독교의 맥락에서 출발한 비정치 간의 긴장관계야말로 이후 사상의 전개에서 주된 흐름을 이루게 된다.

4. 아우구스티누스

논쟁으로 점철된 생애

기독교는 현세를 초월한 가치를 추구했으나, 아이러니하게도 신도 수가 증가함에 따라 세속의 질서에서도 무시하기 힘든 존재가 되었다. 초기에 기독교도를 가혹하게 박해했던 로마제국도 결국 그들을 포용하는 자세를 보이다가 국교로 지정하기에 이른다.

그러나 현세에 대한 기독교의 태도는 본래 긴장감으로 가득차 있었다. 교회의 질서와 세속의 질서는 마침내 서로 나름의 정당성을 주장하면서 경합을 벌인다. 양자의 관계는 이후 정치사상에서 최대의 논점을 형성하는데, 논의가 진행되는 과정에서 결정적으로 중요한 역할을 맡은 인물이 바로 아우구스티누스이다.

아우구스티누스는 논쟁으로 점철된 삶을 살았다. 다만 그가 처음부터 열렬한 기독교도였던 것은 아니다. 아우구스티누스는 나중에 『고백록』(397~400)이라는 저작을 통해 자기 인생을 되돌아보는데, 원래는 기독교를 부정적으로 대했던 자신이 오랜 방황 끝에 회심할 수 있었던 것은 신의 은총에 이끌린 결과라고 이야기한다.

아우구스티누스가 비판한 대상 가운데 먼저 거론해야 할 것은 펠라기우스주의이다. 바울이 원죄를 강조한 데서도 알 수 있듯이, 기독교의 정통적 입장에서 보자면 인간은 스스로의 힘으로 구원받을 수 없다. 그러나 신은 인간을 선한 존재로 창조했으므로 인간은 선행을 쌓아 구원에 이를 수 있다는 것이 펠라기우스주의의 주장이었다. 이와 같은 주장은 스토아학파를 계승한 것이었다. 아울러 그들은 유아세례를 부정한 데서도 드러나듯 인간의 자유의지를 강조했다.

이와 달리 아우구스티누스는 신의 전능함과 인간의 무력함을 재차 강조했다. 젊은 시절 방황을 경험한 아우구스티누스는 신앙을 가지는 것조

아우구스티누스(354~430)

고대 기독교의 대표적 교부 중 한 사람인 아우구스티누스는 아프리카에서 태어났으며, 훗날 반달족이 쳐들어와 포위하는 가운데 히포 교구의 주교로 생애를 마감했다. 로마 가톨릭교회의 기초를 이론적으로 정립했고, 마르틴 루터 같은 종교개혁가들에게도 큰 영향을 끼친 사상가이자 신학자이다. 그가 쓴 『고백록』에 따르면, 젊은 시절에는 로마에서 방탕하게 지내거나 마니교에 빠지는 등 기독교와는 먼 삶을 살았다. 그러나 회심한 후의 아우구스티누스는 펠라기우스주의나 도나투스파와의 논쟁에 가담하기도 하면서 제도로서의 기독교 교회가 신학적·철학적으로 기초를 다지는 일에 공헌했다. 또한 이민족의 침입을 부른 것은 과거 로마의 신들을 외면하고 기독교에 몰두했기 때문이라는 식의 비판에 맞서 단호하게 답한 것이 『신국론』이었다. 이 대저에서 그는 세속의 질서와 교회의 질서라는 이원적 질서에 포괄적인 의미를 부여했다.

차 신의 은총이라 보았고, 스스로 선행을 쌓아 구원받는다는 생각은 오만일 뿐이라고 여겼다.

펠라기우스주의에 이은 논쟁 상대는 도나투스파이다. 모종의 종교적 엄격주의를 고수한 그들은 믿음을 포기하거나 등돌렸던 자들이 행하는 성사의 유효성을 문제삼았다. 다시 말해 기독교의 가르침을 한 번이라도 어긴 적이 있는 성직자가 행하는 세례 같은 의식은 무효라고 보는 것이다(인효론人效論).

그러나 아우구스티누스는 도나투스파의 이같은 주장에 대해, 성사의 유효성은 성사를 집행한 성직자에게서 비롯되는 것이 아니라고 맞서며 인효론을 부정했다. 그에 따르면, 중요한 것은 제도로서의 교회이고, 성직자는 그 수단에 지나지 않는다(사효론事效論). 아우구스티누스는 도나투스파가 성직자 개인의 신앙을 지나치게 중시하고 있고, 이는 인간의 오만함이 빚은 것이라고 보았다.

신의 나라와 지상의 나라

이처럼 기독교를 둘러싼 논쟁에 과감하게 뛰어든 아우구스티누스의 대표작이 바로 『신국론』(413~426?)이다. 참고로 '신의 나라'는 '지상의 나라'와 대조되기는 하지만, 이것이 곧 교회와 세속 권력을 가리키지는 않는다. 아우구스티누스에 따르면, 이 세상에는 '신을 중심으로 영혼에 사는 자들'과 '자기를 중심으로 육신에 사는 자들'이 섞여 있다. 전자는 구원을 받지만, 후자는 구원을 받지 못한다. 어느 쪽에 속할지, 인간은 최후의 심판 때까지 알 수가 없다.

이같은 논의는 초기 기독교도에게 별로 중요하지 않았을 것이다. 신도 수는 적었고, 신앙에 의한 단결만이 중요했다. 그러나 기독교도의 수가 점점 늘어나고 나중에는 로마제국의 국교로 지정됨에 따라, 똑같은 기독교도라 하더라도 다양한 사람들이 섞이게 되었다. 말하자면 '신의 나라'와 '지상의 나라'가 분별하기 어려운 형태로 함께 존재하는 것이 곧 현세인 셈이었다.

이런 현세에서 교회와 국가는 어떠한 역할을 맡아야 할까? 아우구스티누스는 신과 인간을 매개하는 것으로서 교회가 반드시 필요하다고 보았다. 그렇다면 국가는 무엇을 위해 존재하는 것일까? 여기에서 아우구스티누스는 유명한 '국가강도단' 논의를 전개한다.

국가와 강도단의 차이는 무엇일까? 강도단도 역시 인간이 꾸린 집단이고, 우두머리의 명령에 의해 지배되며, 동료끼리 지켜야 하는 규칙이 있다. 인간의 욕망이나 죄가 사라질 리 없는 이상, 질서를 유지하려면 언제나 강제력이 요구되는바, 국가의 존재 이유도 거기에 있다. 국가는 타락한 인간을 위한 '벌과 죄의 교정'을 목적으로 하는 존재라는 것이 아우구스티누스의 생각이었다.

이러한 맥락에서 아우구스티누스는 키케로를 다음과 같이 반박한다. 키케로는 국가를 법에 관한 합의와 공통의 이익으로 엮인 집단이라고 보았지만, 법이나 이익은 '진정한 정의', 즉 신과 인간의 올바른 관계가 전제되지 않고서는 있을 수 없다. 그러므로 로마를 포함하여 현실에 존재하는 국가는 어디까지나 질서를 유지하기 위한 강제력에 지나지 않는다.

여기에서 중요한 것은, 아우구스티누스가 키케로에게 반론을 펼치면서도 국가의 존재 의의를 전적으로 부정하지는 않았다는 점이다. 다시 말해 현세가 악덕과 죄로 가득한 이상, 국가는 일정한 존재 의의를 지닌다. 그가 보기에 국가는 말하자면 필요악이었던 것이다.

아우구스티누스에게 국가는 타락한 인간을 강제하는 힘으로서 존재한다. 이러한 국가상은 인간이 자기실현을 하는 데 불가결한 윤리적 공동체로 국가를 파악한 플라톤이나 아리스토텔레스는 물론이고 법과 공통의 이익을 중시한 키케로와도 다른 것이었다.

자유의지와 악

앞서 지적했듯이 인간의 자유의지를 강조한 펠라기우스주의와 달리, 아우구스티누스는 신의 전능함을 강조했다. 그러나 만일 신이 전능하다면, 왜 이 세상에 악이 존재하는 것일까? 기독교에서는 이 문제를 가리켜 '신의론'神義論이라 하는데, 여기에 고전적인 답을 제시한 사람 또한 아우구스티누스였다.

참고로 아우구스티누스가 젊은 시절에 잠시 경도되었던 마니교에서는 이 세상에 존재하는 악을 설명하기가 훨씬 쉬웠다. 마니교는 선악이원론을 특징으로 하며, 이 세상에서는 빛과 어둠이 서로 싸우고 있다고 말한다. 그래서 빛의 신이 강하면 이 세상에서는 정의가 우위에 서지만, 반대로 어둠의 신이 강하면 악이 널리 퍼진다.

반면에 기독교에서는 신이 모든 피조물을 창조했다고 말한다. 그렇다면 왜 신은 이 세상에 악을 허용하는 것인가? 모든 죄와 악덕의 존재는 신의 창조가 불완전함을 드러내는 것이 아닌가? 결국에는 이런 의문이 들게 된다.

이 문제에 답하기 위해 아우구스티누스가 집필한 것이 『자유의지론』이다. 그는 선악이원론이 인간을 무책임하게 만든다는 이유로 멀리했으며, 신의 전능함을 긍정하는 한편, 악은 오히려 인간의 자유의지로 인해 생긴다고 주장했다. 다시 말해 악이란 인간이 스스로 선택한 결과라는 것이다.

인간의 원죄를 설명할 때는 지혜의 열매를 따먹은 아담과 이브가 에덴동산에서 쫓겨난 이야기가 거론된다. 아우구스티누스에 따르면, 이는 아담이 자유로운 의지로 신을 거스르는 행위를 스스로 선택했음을 의미한다.

자유의지free will

인간의 행위, 그중에서도 선악과 관련한 행위의 선택에서 인간의 자유로운 의지가 작동할 여지는 있는가? 아니면 모든 것이 필연인가? 이 문제를 둘러싸고 고대부터 현대까지 무수한 논의가 전개되어왔다. 특히 기독교 전통에서는 인간은 스스로의 의지로 올바른 생활을 영위함으로써 구원받는 것인가, 아니면 신의 은총 없이는 구원을 받을 수 없는 것인가를 문제삼았다. 이 점에 관해서 아우구스티누스는 자유의지와 은총은 반드시 모순되지 않는다는 식으로 고전적인 답을 제시했다. 그러나 이 논의는 그후로도 계속되었다. 근대에 들어와서도 모든 현상은 과거와 미래로 이어지는 인과적 필연성에 따라 결정되는 것인지, 아울러 그러한 결정론과 개인의 자유는 양립할 수 있는지를 두고 논쟁이 지속되었다. 이처럼 신학이나 철학에서 중요한 테마였던 자유의지론은 책임과 형벌을 둘러싼 근대 형법의 관점에도 큰 영향을 끼쳤다.

그 결과로 닥친 재난은 아담의 자기책임이라는 것이다.

고대 그리스에서는 인간이 맞닥뜨리는 갖가지 고난은 운명을 뜻했다. 그런 고난이 얼마나 심각한 것이었든, 그것은 인간의 힘이 미치지 못하는 곳에서 결정된다. 그러나 아우구스티누스는 모든 문제가 인간의 죄에서 비롯된다고 생각했다. 어떤 의미에서는 개인의 내면성에 극히 큰 비중을 두게 되었다고 할 수 있다.

이와 같은 아우구스티누스의 관점은 이후의 서양사상사에 중대한 영향을 주었다. 왜냐하면 그는 개인의 자유와 그 책임이라는 문제설정을 명확히 제시했기 때문이다. 인간은 선과 악 어느 쪽이든 선택할 수 있으며, 따라서 모든 것은 필연이 아니다. 그는 어디까지나 인간의 자유를 강조했다.

그러나 여기서 말하는 자유는 '무엇이든 택해도 좋다'는 식의 상대주의는 아니었다. 악을 택한다면, 이는 인간의 책임이므로 신을 원망할 수 없다. 신은 인간에게 어떻게 행동해야 하는지 일일이 명령하지 않고, 어디까지나 선택의 자유를 주었을 뿐이기 때문이다. 인간은 이 자유를 허투루 사용해서는 안 된다. 바로 거기에 인간이 살아가는 의미 또한 존재한다.

자유야말로 인간의 가장 본질적인 조건이며, 더구나 인간은 그 자유를 통해 선에 이르러야 한다. 이처럼 자유론과 모종의 목적론이 결합된바, 이는 후세에 지대한 영향을 미쳤다.

기독교에서의 시간

마지막으로, 기독교 특유의 시간 이미지에 관해 살펴보자. 히브리(유대교) 전통과 맥을 같이하는 기독교는 시간에 명확한 시작과 끝이 있다고 본다. 다시 말해 세계는 천지창조와 함께 시작되어 예수의 부활과 최후의 심판으로 끝을 고한다. 그리고 종말의 때가 찾아오면 기독교 신자는 구원을 받는다는 것이다.

이러한 시간감각은 목적론에 가깝다. 역사는 무한히 순환을 거듭한다는 고대 그리스식의 시간감각과는 분명히 다르지만, 근대의 시간감각처럼 균질한 시간이 무한히 계속된다는 것도 아니다. 어디까지나 명확한 시작과 끝이 있으며, 그것이 신에 의한 창조와 종말이라고 종교적 의미를 부여하는 것이 기독교의 특징이다.

고대 그리스에서는 '불멸'이라는 관념이 중시되었다. 인간은 언젠가 반드시 죽는다. 그러나 정치나 군사 등의 분야에서 활약하여 사람들에게 오래도록 기억되고 끊임없이 회자됨으로써 불후의 명성을 얻을 수도 있었다.

이와 달리 기독교에서는 세속의 시간은 구원과 무관했다. 기독교를 믿는 인간에게 중요한 것은 이 세상을 초월한 '영원'의 가치이며, 이는 역사와 아무 관련이 없었다. 따라서 기독교의 시간감각을 전제한다면, 정치를 논하고 거기에 의미를 부여할 여지는 그리 크지 않았을 것이다.

예를 들어 로마의 철학자 보에티우스는 『철학의 위안』이라는 저서에서 "정치사란 인간이 운명에 휘둘린 역사일 뿐이다. 불확실성 속에서 살아가는 인간이 지녀야 할 덕목은, 철학과 신앙으로 신의 섭리를 깨닫기 위해 힘쓰는 데 있다"고 말한다.

그러나 그후의 기독교 역사를 보면 뜻밖에도 종말론이 정치사와 독특하게 연결된다. 종말이 언제 찾아오는지에 대한 관심에서 종말론의 예언을 세속의 사건에 대입하여 이해하는 경향이 나타난 것이다. 이러한 맥락에서 드디어 종말이 도래하여 신이 이 세상을 직접 통치할 때가 왔다고 주장하는 급진적인 천년왕국론까지 등장했다. 어떤 의미에서 묵시록은 세속의 정치사가 부활하는 길을 열었던 것이다.

제3장

중세 유럽의 정치사상

번영을 구가하던 로마제국도 마침내 동서로 분열되었다. 특히 서로마제국은 이민족의 침입으로 얼마 안 지나서 멸망하고, 그 땅에는 게르만 민족이 세운 나라들이 흥망을 거듭하게 되었다. 프랑크왕국의 카를대제가 정복과 문명부흥운동을 이끌었지만, 그후 이 땅은 두 번 다시 정치적으로 통일되지 못했다. 그러나 동로마제국과 이슬람 사이에 놓인 이 지역은 훗날 유럽이라 불리게 된다. 그럼, 문명의 일체성은 어떻게 유지되었던 것일까? 그 포인트는 가톨릭교회에 있었다. 그로 인해 세속권력과 교회 질서 사이의 긴장이 이후 오래도록 지속되면서 유럽 정치사상사의 주제로 자리잡는다. 토마스 아퀴나스에서 정점에 이른 중세철학은 이슬람 세계를 통해 계승된 고대의 지知와, 유럽 세계가 안고 있던 이 이중성에 대한 응답이기도 했다. 그러나 가톨릭교회가 지탱한 유럽 세계의 통일성은 결국 사라지고 만다. 그때 유럽에서는 무슨 일이 일어난 것일까?

1. 유럽 세계의 성립

고대–중세–근대?

395년에 동서로 분할된 로마제국은 그후 다시는 통일되지 못했다. 게다가 서로마제국은 동로마제국보다 훨씬 이른 476년에 멸망했다. 이렇게 하여 거의 통일되었던 고대 지중해 세계는 종언을 고했다.

여기서 문제가 되는 것이 역사에서의 시대구분이다. 세계사에서는 '고대-중세-근대'라는 삼분법이 오랫동안 사용되어왔으나, 이 삼분법은 이제 예전만큼 절대적으로 받아들여지지 않는다. 역사의 전환점으로 보자면 오히려 고대 지중해 세계가 종언을 고한 후 내륙을 중심으로 하는 유럽 세계가 성립하기까지의 변화에 주목하는 관점이 유력해지고 있다.

그렇다면 유럽은 언제 탄생한 것인가? 물론 서로마제국의 붕괴를 기해 유럽 세계가 성립된 것은 아니다. 서로마제국의 폐허 위에서 여러 민족의 왕국들이 흥망을 거듭했다.

나아가 7세기에는 세력을 키운 이슬람 세력이 지중해의 제해권을 장악한다. 그 결과 비잔티움(동로마)과 이슬람 두 문명에서 떨어져나온, 내륙 중심의 유럽이 남게 되었다.

하지만 그렇다고 해서 유럽 세계의 일체성이 온전히 보장되지는 않았다. 오히려 그후의 유럽사를 살펴보면, 통일된 정치권력은 극히 예외적 시기를 제외하고는 성립되지 않았음을 알 수 있다. 이 시기에 유럽의 일체성을 유지한 것은 기독교 교회나 수도원 네트워크였다.

여기서 주목해야 할 점은 이같은 과정에서 로마 주교가 드디어 교황이라 불리면서 로마 가톨릭교회의 정점에 서는 존재가 되었다는 것이다. 원래 다른 도시의 주교와 동격이었던 로마 주교는, 로마가 제국의 수도였을 뿐 아니라 서로마제국이 멸망한 후 질서 유지나 게르만인의 교화에 힘쓰기도 해서 교회 전체를 통틀어 최고 권위를 칭하게 되었다.

사도 바울의 후계자를 자임한 로마 교황과 가톨릭교회(가톨릭은 '보편'을 의미한다)는 이윽고 '천국으로 가는 문의 열쇠'를 받았다고까지 주장하기에 이른다. 로마 교황의 세속 지배권을 인정한 '콘스탄티누스 대제의 기부장'(훗날 위조문서임이 드러났다)이라는 문서도 8세기 중엽에서 9세기에 걸쳐 작성되었다.

카롤링거 르네상스

유럽 세계의 성립이라는 의미에서 한 획을 그은 사건은 800년의 카를 대제(샤를마뉴)의 대관이다. 메로빙거 왕조 프랑크 왕국의 궁재宮宰였던 카를 마르텔은 투르 푸아티에 전투(732년)에서 이슬람 세력의 침공을 저지했으며, 결국 그의 자손이 카롤링거 왕조를 개창했다.

물론 카롤링거 왕조의 판도는 결코 유럽 전역에 미치지 못했다. 그러나 이 왕국은 특히 북쪽과 동쪽을 개척하여, 일찍이 서구에서 로마제국에 속했던 지역을 통합하려는 의지를 버리지 않았다. 갈리아, 게르마니아 일부, 이탈리아 북부 같은 지역을 통일함과 더불어 로마 교황에게 성별聖別받으며 제권帝權을 부활시켰다. 이렇게 하여 카롤링거 왕조는 이후 도래할 유럽을 예고했던 것이다. 카롤링거 왕조는 특히 기독교 신앙과 문명의 통일에 대한 의지를 보여주었다.

보에티우스(480~524/25)

로마의 명문가에서 태어났으며 '최후의 로마인'이라고도 일컬어진 보에티우스는 서로마제국이 멸망한 후 그리스어 문헌의 번역 및 주석 작업을 통해 고대의 철학이나 교양을 이후 유럽 세계에 전한 인물이다. 이탈리아를 지배한 동고트 왕국의 테오도리쿠스 대왕에게 출사하여 집정관에 임명되는 등 신임을 얻었으나 결국 반역 혐의를 받고 처형당했다. 대표작 『철학의 위안』(1473년 간행)은 옥중에서 쓴 것이다. 플라톤이나 스토아 학파에게 배웠고 기독교도이기도 했던 보에티우스는 불확실성으로 가득한 이 세상에서 인간이 겪는 행불행을 고찰한다. 예측하기 어려운 운명fortuna에 대해 인간은 덕virtus의 능력으로 맞설 수 있다는 것이 전통적 사고방식이었으나, 보에티우스는 이를 기독교의 맥락으로 옮겨서 인간의 덕은 철학과 신앙에 의해 신의 섭리를 아는 데 있다고 말했다. 이에 비하면, 정치를 비롯해 이 세상에서 벌어지는 일들은 그저 우연에 지나지 않는다고 보에티우스는 느꼈을지도 모른다.

카롤링거 왕조가 품은 로마제국 재생의 이념은 정치적인 것에 국한되지 않았으며 문화적 측면도 포함하고 있었다. 다시 말해 황제의 문서청文書廳이나 궁정학교에서, 혹은 수도원이나 주교좌성당 부속학교에서 라틴어 문헌을 수집하고 사본을 만들었던 것이다. 또한 유럽 각지로부터 고명한 교사를 불러들였다. 이와 같은 문화적 태동을 가리켜 '카롤링거 르네상스'라 부른다.

분명 그런 활동은 궁정이나 수도원 주변에 국한되었고, 뒤에 가서 언급할 '12세기 르네상스'와 비교하자면 그 영향력도 한정적이었다. 그러나 여기에서 성서나 교부의 전통과, 수사학(레토릭)이나 철학의 전통이 긴장관계를 이루며 병존하는, 그후의 유럽 문명을 규정하게 되는 특징의 단서를 뚜렷하게 볼 수 있다.

그러나 카롤링거 왕조가 이룬 통일은 채 100년도 가지 못했다. 카롤링거 왕조는 훗날 프랑스가 되는 서프랑크 왕국, 훨씬 후에 독일로 바뀌는 동프랑크 왕국, 그리고 그 사이에 있는 로트링겐(로렌), 부르군트(부르고뉴), 이탈리아로 분열했으며, 나아가 그 하위 수준에서도 권력은 세분화되었다.

그렇지만 일찍이 로마제국의 영역 바깥에 있던 여러 민족을 포함하여 다양한 민족들이 종교적으로 통합되어, 공통의 기원을 가진 하나의 유럽이라는 의식이 점차 커져가는 기본 추세에는 변함이 없었다.

이렇게 하여 태어난 유럽 세계는 '기독교 공동체'Respublica Christiana라 불리게 된다. 로마인은 국가를 'res publica'라 불렀지만, 여기에 기독교가 추가되어 실로 기독교 공동체와 겹치면서 유럽의 자기의식이 확립되었던 것이다.

봉건사회와 법

이렇게 하여 형성된 유럽은 어떠한 사회였는가? 상비군도 관료제도 존재하지 않고 시민 한 사람 한 사람이 스스로 무기를 들고 병사가 되었던 그리스, 그리고 대규모 상비군과 로마법으로 상징되는 관료제가 발달한 로마와 달리, 서로마제국이 멸망한 이후 유럽에 출현한 것은 이 모두와 다른 사회였다.

이 새로운 사회의 방식을 봉건제라 이른다. 그 중심에는 봉토가 있다. 국

법의 지배rule of law

통치당하는 자뿐만 아니라 통치하는 자도 좀더 상위의 법에 구속되어야 한다는 사고방식을 가리켜 '법의 지배'라 한다. 이는 모든 행정은 법률에 따라 이루어져야 한다는 '법치주의'rule by law와 구별된다. 법치주의에서는 행정이 어디까지나 법률의 틀 안에서 이루어져야 한다고만 할 뿐 법률의 내용에 개입하지 않는 것과 달리, 법의 지배에서는 법률로도 침해할 수 없는 권리가 있으며 이는 자연법이나 헌법에 의해 규정된다고 여긴다. 이같은 사고방식은 군주라 해도 결코 자신의 의지를 모두 관철시킬 수 있는 것은 아니며, 역사적으로 인정된 신민의 권리를 지켜야 한다고 규정한 봉건사회의 관습법 전통에서 유래한다. 대륙의 여러 나라에서는 그후 군주에게 권력이 집중되는 과정에서 군주가 제정하는 법률에 의해 관습법이 설 자리를 잃었던 것과 달리, 법의 지배는 오히려 영국의 보통법common law 전통에서 충실하게 유지되었다.

왕은 자신에 대한 복종을 조건으로 신하에게 토지를 내렸고, 마침내 그 토지를 보유할 권리는 세습되었다. 신하는 군사적으로 봉사하는 대가로 토지보유권을 보장받았으며, 거기에서는 쌍무계약의 관계가 나타났다. 국왕과 신하, 신하의 신하처럼 계약관계가 무수히 뻗어나감으로써 사회의 질서가 유지되었다. 이를 가리켜 봉건사회라 한다.

이와 같은 봉건사회에서는 대규모 상비군도 관료제도 존재하지 않았다. 오직 영주들 간에 형성된 개인적 지배-복종 관계의 그물코만 존재했다. 신하는 국가에 충성을 맹세하는 것이 아니라, 어디까지나 자신의 토지보유권을 보호하는 상위 영주에게 복종할 따름이었다. 따라서 왕국이라 해도 그것은 봉건적 주종관계에 기초한 네트워크를 넘어서지 못했다.

더욱이 영주의 권리는 일종의 사유재산으로 여겨진 까닭에 상속이나 결혼 혹은 정복과 같은 사정에 따라 권리의 주체도 달라졌다. 그러한 의미에서 공법과 사법의 구별은 없고, 모든 권리는 구체적이고도 개별적이며 사회적인 지위에 기초한 특권privilege이었다.

봉건사회에서는 국왕이라 하더라도 영주를 보호하는 대영주 중의 제1인자일 따름이었다. 때때로 국왕을 '동등한 자들 중 제1인자'primus inter pares라 일컬은 것도 그 때문이다.

이러한 질서 속에서 국왕의 대권prerogative과 신하의 특권이 대립하는 일은 언제나 커다란 정치문제가 될 수밖에 없었다. 특권은 신성한 것이라 여겨져, 왕이라 해도 이를 마음대로 짓밟지는 못했던 것이다. 왕이 예로부터 전해져온 관습의 집적인 '법'을 깨뜨릴 때, 신민에게는 저항권이 발생했다. 신민은 '오래된 좋은 법'(Altes gutes Recht: 오래된 법일수록 효력과 권위를 지닌다는 것으로, 유럽 지역의 중세법을 구성한 이념 중 하나이다—옮긴이)을 모토로 국왕의 권력을 제한하려 했던 것이다. 여기에서는 지배자 역시 법 아래에 있다는 의미에서 중세적 법의 지배와 입헌주의가 드러난다.

그러나 이러한 특권을 보장하는 제도상의 정비 또한 불충분했다. 신민은 자력구제fehde에 호소하는 방법을 쓰면서까지 자신의 특권을 주장했지만, 국왕은 평화 실현을 이유로 자력구제를 금지하며 집권화를 추진하고자 했던 것이다.

양검론

이제까지 거듭 지적했듯이, 기독교 공동체로서 발달한 유럽 사회는 신앙을 기반으로 하는 사회였다.

그러나 기독교란 원래 현세의 세속 질서를 초월한 비정치적 가치를 지향하는 종교였다. 그러한 기독교가 신앙 문제에 머물지 않고 사회 전체의 기반을 제공하게 된 결과, 세속 질서(제권과 왕권)와 성직자의 계층 질서(교권)는 첨예한 긴장 관계를 형성한다.

5세기 말 교황 겔라시우스 1세는 '양검론兩劍論'이라는 형태로 이 관계를 정식화했다. 세속의 황제가 교회의 최고성직자를 겸하는 황제교황주의를 채택한 동로마와 달리, 서로마에서는 교황의 권위auctoritas와 세속의 권력potestas을 병립시켰던 것이다. 둘 다 신에게서 비롯된 것이었으나 각각의 관할 영역에서는 최고의 존재라고 여겨졌다.

하지만 똑같이 신을 원천으로 하는 두 '검' 중 어느 쪽이 우위에 서는가의 문제는 언제나 존재했다. 특히 11세기의 서임권 투쟁(교회 성직자의 인사권을 둘러싸고 교회와 세속의 군주가 대립하며 벌인 싸움) 이후 대립은 갈수록 심해졌다.

황제가 교황권에 개입하고 교회가 정쟁에 휘말리는 한편, 교회 내부의 부패도 두드러졌다. 이런 상황에서 교회조직을 스스로 재건하고자 하는 성직자들이 움직이기 시작했는데, 그중에서도 클뤼니 수도회가 특히 유명하다.

이러한 교회개혁운동을 이어받은 교황 그레고리우스 7세의 개혁으로 황제는 교회 인사에 개입할 수 없게 되었다. 이로써 교황은 황제와 어깨를 나란히 하는 존재가 되었고, 이를 상징하는 것이 1077년에 있었던 '카노사의 굴욕'이라 불리는 사건이다.

교황 그레고리우스 7세가 신성로마제국 황제 하인리히 4세와 대립한 이 사건은 결국 황제가 굴복하면서 끝이 났다. 교황이 지닌 파문권이 결정적인 무기로 작용했다. 교황이 이 권리를 행사할 경우, 더는 기독교도가 아닌 황제에 대한 신하의 복종 의무도 해제된다. 이렇게 하여 교황권이 황제권보다 우위에 서는 시대가 열렸다.

이윽고 13세기 교황 인노켄티우스 3세 시대에 교황권은 최전성기를 맞이했다. 교회를 통치하는 지고의 권력plentitudo potestatis은 예수에서 베드로로, 베드로에서 교황으로 계승되었으며, 황제의 권력도 교황권에서 유래한 것이라는 인식이 등장했다.

이런 사고방식에 따르면, 교황에게는 황제를 포함하여 세속 영주의 행위를 감독할 권리와 의무가 있다. 교황은 법 위에 있는 존재이고, 누구의 재판에도 따르지 않으며, 최고재판권 또한 교황에게 있다. 겔라시우스의 양검론마저 초월하는 교황지상권을 주장한 것이다.

2. 12세기 르네상스와 스콜라 철학

12세기 르네상스

이렇게 하여 성속聖俗 두 권력이 병립하는 형태로 유럽 사회가 안정을 맞이하는 가운데 '12세기 르네상스'가 열린다. 참고로, 앞에서도 '카롤링거 르네상스'라는 표현을 썼지만, 어느 것이든 '르네상스'라는 말의 원래 의미에서 보면 사뭇 일탈적인 쓰임새다.

왜냐하면 오늘날 쓰이는 의미로 '르네상스'라는 말을 처음 사용한 19세기의 역사가 미슐레나 부르크하르트가 염두에 둔 것은 14세기에서 16세기에 걸쳐 이탈리아를 중심으로 전개된 고전고대 문화의 부흥운동이었기 때문이다.

본래의 '르네상스' 사관에서 보면, 르네상스 이전의 시대는 '암흑시대'인 셈이다. 그러나 이 관점은 오늘날 크게 수정되었다. 이제는 '암흑시대'란 오히려 르네상스의 연속이었다고 받아들여지고 있다.

12세기 르네상스의 배경에는 경제의 발전이 작용했다. 이 시기에는 농업생산력이 확대되고 상업이 부활하는 한편 인구도 증대했다. 유럽 각지에서 도시가 발흥했고, 볼로냐와 파리, 옥스퍼드 등의 대학도 생겨났다. 수도원이나 주교좌성당 부속학교 외에 새로이 등장한 대학이 12세기 르네상스의 기반이 되었던 것이다.

그러나 12세기 르네상스를 유럽 내부의 관점에서만 파악하는 것으로는 미흡하다. 당시에 르네상스가 가능했던 것은 유럽 세계가 이슬람 세계의 선진 문명을 접하는 한편 그리스나 로마, 나아가서는 아라비아의 학술과 문화를 받아들였기 때문이다. 말하자면 르네상스는 문명 접촉의 산물이었다.

이 12세기 르네상스의 거점은 아라비아와 유럽의 접촉점이 된 스페인, 근대 관료제 국가의 선구로 알려진 시칠리아, 그리고 베네치아를 중심으로 하는 북부 이탈리아였다. 지식인들은 이런 곳들을 찾아가 선진 학술을 흡수하는 데 힘썼다.

애당초 고전고대의 학술이나 문화 가운데 유럽 세계로 직접 계승된 것은 일부에 지나지 않았다. 상대적으로 널리 읽힌 키케로의 저작도 전작 수준은 아니었다. 플라톤과 아리스토텔레스의 경우, 플라톤의 일부 저작을 제외하고는 거의 대부분이 잊혀졌다. 그러나 이 시기에 들어 비로소 아리스토텔레스의 저작을 라틴어로 옮기는 작업이 진행되었다.

그 결과 12세기 르네상스를 통해 라틴 고전의 부흥, 『학설휘찬學說彙纂』(533)을 비롯한 로마법의 부활뿐 아니라 그리스와 아라비아의 철학이나 수학, 자연학이 폭넓게 소개되었다. 12세기 르네상스의 이러한 측면을 대표하는 부류가 샤르트르 학파였다.

샤르트르 학파와 솔즈베리의 존

샤르트르 학파가 강조한 것은 우주를 합리적으로 탐구하는 일이 신앙과 모순되지 않으며 오히려 양자는 통합되어야 한다는 생각이었다.

이러한 신념을 바탕으로, 샤르트르 학파는 이른바 고전고대 이래의 자유학예liberal arts를 다시 일으켰다. 자유학예란 기하학, 천문학, 산술, 음악으로 이루어지는 4과에 문법, 수사학, 변증법(논리학)으로 이루어지는 3학을 더한 것이다. 샤르트르 학파는 이런 자유학예의 내용을 쇄신하고, 그것을 신학-철학-자유학예라는 학문의 계층질서 속에 자리매김했다.

12세기 르네상스를 대표하는 지식인으로는 솔즈베리의 존(1120?~1180)이 있었다. 잉글랜드에서 태어난 존은 파리로 건너갔고, 샤르트르의 주교좌성당 부속학교에서 학문을 익혔다. 그곳에서 새로운 지적 움직임이나 학문상을 배우는 한편, 교회 정치와 외교의 소용돌이 속에서 망명생활을 하는 등의 고초도 겪었다.

존의 대표작인 『폴리크라티쿠스Policraticus』(1159)는 국가를 사람의 몸에 빗대어 설명하는 유기적 국가론으로 알려져 있다. 존은 머리에서 발끝에 이르는 인체의 구조와 비교하면서 군주에서 농민으로 이어지는 국가의 계층적 신분질서를 정당화했고, 또한 인체의 각 기관이 공통의 목적을 위해 협조하고 있음을 강조했다.

건강한 몸이 각 기관 나름의 기능 발휘로 전체적인 조화를 이룸에 따라 유지되는 것과 마찬가지로, 국가도 공동선을 유지하고 실현하려면 각 구성원의 의무와 역할이 전체적으로 잘 맞물려 돌아가야 하는 것이다.

물론 인체 각 기관의 기능이 서로 다르듯이, 국가 내 구성원 사이에도 지배하는 자와 지배당하는 자의 관계가 확실하게 존재한다. 하지만 그 관계는 일방적이지 않으며, 정치체가 건강을 회복하려면 기능부전에 빠진 폭군을 방벌할 수도 있다는 것이 존의 주장이었다(폭군방벌론).

성직자와 세속 군주의 관계는 어떠한가? 참고로 존은 군주를 머리로, 성직자를 영혼으로 여겼다. 이 경우에 영혼은 신체의 상위에 있으면서 신체를 이끌지만, 엄밀히 말하자면 영혼은 신체의 기관이 아니다. 따라서 일개 세속국가에서 정치적 지배를 관장하는 것은 어디까지나 머리에 해당하는 군주인 셈이다.

군주는 신을 따르지만, 지상에서 신의 위치에 서 있어 인간이 복종하는 대상은 군주이다. 인간의 각 기관이 머리의 지시에 따름으로써 건강해지듯이, 국가의 각 구성원도 군주의 지시에 따름으로써 안전을 확보한다는 것이 존의 비유가 지닌 정치적 의미였다.

스콜라 철학

한편, 2세기부터 8세기에 이르기까지의 기독교 철학은 교부철학이라 불리기도 했는데, 9세기가 지나면서부터는 스콜라 철학이라는 이름으로 한데 묶인다.

르네상스 이후로 스콜라 철학은 번쇄하기만 할 뿐인 무익한 사변철학이라는 식으로 과거의 유물처럼 취급되었으나, 실제로는 그후 17~18세기에 이르기까지 그 권위를 유지하면서 철학을 배우는 사람이면 반드시 익혀야 하는 것이었다.

스콜라 철학은 아라비아 세계를 통해 이어받은 고전고대 문화에 지대한 자극을 받아, 특히 13세기에 크게 발전했다. 스콜라 철학의 과제는 아리스토텔레스로 대표되는 새롭고 체계적인 앎을 어떻게 기독교의 틀 안에서 받아들일 것인가 하는 것이었다. 앞에서 잠깐 언급한 샤르트르 학파는 신학과 자연학의 공존이 가능하다고 여겼는데, 스콜라 철학은 여기서 한 걸음 더 나아가 신학과 철학의 관계를 재차 문제삼았다.

이 경우에 한쪽에는 프란치스코 수도회의 신학자를 중심으로 하는 사람들이 있었다. 이들은 전통적인 신학적 세계상을 굳건히 지키고자 했으며, 그 틀과 모순되지 않는 한에서 아리스토텔레스를 수용하려고 했다. 또 한쪽에는 급진적인 아리스토텔레스주의를 표방한 무리도 있었는데, 이들은 철학이 신앙으로부터 완전히 자립하고 있다고 주장했다.

그리고 이 양자의 중간에 도미니크 수도회의 신학자들이 있었고, 대표적 인물이 토마스 아퀴나스였다. 이들은 아우구스티누스식의 사상을 배제하는 일 없이, 말하자면 기독교 신학 안에 아리스토텔레스 철학의 전체를 최대한 통합하려고 했다.

바꾸어 말하면 신앙의 권위를 전제로 하면서도 그 신앙을 더욱 돈독히 하는 데 철학이 유용하다고 주장한 것이다. 이성에 대한 신앙의 우위를 인정하면서도 이성을 부정하지 않는 것이 그들의 입장이었다.

토마스 아퀴나스

토마스 아퀴나스의 대표작인 『신학대전』(1265~1273)에 따르면, 인간의 이성은 감각을 통해 경험적으로 깨닫는 일에서 출발해 이윽고 초월적이지만 개개의 사물에 내재하는 진리를 향해 나아간다. 인간의 이성은 스스로의 능력을 넘어서는 것까지도 인식하려고 하는데, 거기에 손을 내미는 것이 바로 은총이다. 이성에는 한계가 있으나 신앙과 결코 모순되지 않는다. 『신학대전』은 "은총은 자연을 파괴하지 않고 오히려 자연을 완성한다"고 강조했다.

신이 창조한 만물에는 각기 그에 걸맞은 본질이 있고, 모든 존재는 저차원에서 고차원에 이르는 계층적 질서를 구성한다. 그 정점에는 물론 신이 존재한다고 생각한 토마스 아퀴나스는, 동물과 천사의 중간에 있는 인간의 임무는 '학문'scientia을 통해 사물 속에서 보편적이고 필연적인 본질을 발견하는 데 있다고 보았다.

정치사회에 관해서는 어떠한가? 토마스 아퀴나스는 아리스토텔레스를 따라 "인간은 사회적 혹은 정치polis적인 동물이다"라고 주장했다. 아우구스티누스 이래로 받아들여진, 인간은 죄 많은 존재이며 정치사회란 죄의 산물일 뿐이라는 견해에 맞서, 인간은 혼자서는 존재할 수 없으며 상호협

토마스 아퀴나스(1224/5~1274)

스콜라 철학은 다양하지만 이를 대표할 만한 인물은 역시 토마스 아퀴나스일 것이다. 그만큼 당시 유럽 사회의 정신을 포괄적으로 체현하고 이러저런 문제에 정면으로 대응한 사상가였다. 남이탈리아의 도시 아퀴노 인근의 성채에서 귀족의 막내아들로 태어난 토마스는 수도원에서 교육받은 후 나폴리 대학에 진학한다. 여기서 처음으로 아리스토텔레스의 철학을 접했다고 한다. 청빈함 속에서 신앙을 추구하는 도미니크 수도회에 들어가려던 그는 가족의 반대로 뜻을 이루지 못한 채 면학에 힘쓰기 위해 파리로 향했다. 파리와 쾰른 등지에서 도미니크 수도회의 알베르투스 마그누스 밑에서 공부했고, 파리 대학 등에서 교편을 잡은 후 이탈리아로 돌아왔다. 제2차 리옹 공의회에 참석하러 가던 도중 병을 얻어 세상을 떠났다. 토마스의 사상이 가톨릭교회의 정통 교의로 자리잡은 것은 생각보다 더딘 16세기의 일이었다.

력에 따른 복잡한 사회생활의 발전이 중요함을 강조했던 것이다.

정치사회는 죄의 산물이 아니며 사회를 영위하는 인간에게는 자연스러운 것이라고 생각한 토마스 아퀴나스는 평화를 유지하고 사람들이 좋은 삶을 누릴 수 있도록 하는 것이 국가의 역할이라고 여겼다. 따라서 그는 법의 역할을 중시했고, 이를 네 가지로 분류하여 설명했다.

첫째는 영구법永久法으로, 만물을 지배하는 신의 최고이성이다. 둘째는 자연법으로, 인간이 이성에 의해 영구법을 인식한 것이다. 그러나 인간에게는 자연법도 아직은 추상적으로 다가오는 까닭에, 거기에서 셋째 법인 인정법人定法이 등장한다. 이 인정법이란 자연법의 원칙을 구체적인 장에 입각해 정한 것인데, 흔히들 말하는 법률에 가깝다. 덧붙이자면 인정법은 다시 둘로 나뉘는데, 하나의 국가 안에서 정한 국법, 그리고 국가와 국가 사이에 적용되는 만민법萬民法이다.

이 세 가지의 법은 모두 철학적으로 이끌어낼 수 있는 것이지만, 이와는 별개로 제4의 법인 신법神法이 있다. 성서에 적혀 있는 이 법은 인간을 영원한 구원으로 이끌기 위한 것으로, 국법을 정치적 지배자가 관리하는 것과 달리 신법을 해석하는 일은 교회 관할이었다.

그렇다면 본래 사회의 이익을 위해 수립되었을 정치사회의 통치자가 법의 지배를 어겼을 때는 어떻게 해야 하는가? 아리스토텔레스의 6정체론을 계승한 토마스는 특히 왕정에 호의적이었다. 그런 까닭에 공동선을 배려하는 왕정과 지배자가 자기 이익을 우선시하는 참주정을 구별하는 것이 중요했는데, 왕정이 참주정으로 전락하는 것을 막을 수 있는 혼합정체의 방식이 그의 논의의 핵심이었다.

여기서 통치자가 소유권을 빼앗는 등 자연법을 위반한 경우에는 신민의 저항권이 발동된다. 그러나 사인私人 한 사람이 저항권을 행사한다면 혼란이 빚어져 더욱 나쁜 상태로 이어질 우려도 있다. 그러므로 토마스는 귀족처럼 저항할 권한을 가진 자로만 한정해야 한다고 주장했다. 또한 통치자가 신법을 위반했을 때는 통치자를 파문하고, 따라서 복종 의무도 해제된다고 말했다.

그러나 신법은 교회 관할, 인정법은 군주 관할이라는 전제 아래 정치에 일정한 자율성을 인정하는 점에 토마스 사상의 특징이 있다고 할 수 있다.

공동선common good

아리스토텔레스, 키케로, 그리고 토마스 아퀴나스에서 현대 미국의 마이클 샌델 같은 공동체주의자communitarian 이론가에 이르기까지 서양 정치사상사에서 줄곧 거론되어온 개념 중 하나로 공동선이라는 것이 있다. 이 말은 문자 그대로 정치적 공동체의 구성원이 공유하는 선을 가리키며, 특정 개인이나 집단의 선과는 구별된다. 전통적으로 국가는 'res publica', 즉 공공의 것이라 표현되어왔듯이, 정치적 공동체의 존재 의의는 바로 공동선의 실현에 있다고 여겨져왔다. 이와 달리 공동선 따위는 존재하지 않으며 정치의 목적은 개인 한 사람 한 사람이 선의 실현과 그 조정에 전념하는 것이라 보는 자유주의적 입장도 있다. 또한 공동선이라 해도 그것이 과연 공동체의 구성원이 선이라 여기는 것을 모아놓은 것인지, 나아가 어떤 공동체의 공동선이 다른 공동체나 인류 전체의 공동선과 충돌하는 일도 있을 수 있는지 등을 둘러싸고 견해가 갈릴 수 있다.

3. 보편논쟁과 중세 세계의 해체

보편논쟁

중앙집권적인 권력이 없이 다원적이었던 중세 유럽 사회는 기독교를 통해 통일을 유지했다. 그런 의미에서 중세 유럽 세계를 대표하는 스콜라 철학의 논쟁이 보편논쟁이라 불린 것은 우연이 아니다. 개별 존재를 어떻게 보편적인 것과 관련지을 것인가? 이 테마는 결코 철학적인 문제에 그치지 않았다.

보편논쟁은 실재론實在論, Realismus과 유명론唯名論, Nominalismus 사이에서 전

개되었다. 이 세계에는 개개의 개(犬)나 개개의 인간 같은 개물個物이 존재한다. 각각을 뭉뚱그리면 '동물 일반'이나 '인간 일반'이 되는데, 여기서 나타나는 '유'類나 '종'種 역시 일종의 '사물'이고, 실재한다고 보는 것이 실재론이다. 이와 달리 보편이란 관념이며 명칭에 지나지 않는다고 주장하는 것이 유명론이다.

아마도 현대인의 감각은 유명론 쪽에 가까울 것이다. 그런 까닭에 실재론이라는 것은 어느 정도 신학적이며 비과학적인 사고법이라 치부되기 십상이다. 그러나 이와 같은 이해는 타당한 것일까? 보편논쟁의 대표적 논자인 둔스 스코투스(1265/66~1308)의 논의를 살펴보자.

스코투스는 개물에도 보편이 깃들어 있다고 여겼다. 하나하나의 개물은 끝을 알 수 없는 풍부함을 지닌 소우주이며, 따라서 다른 사물과도 모종의 본성을 공유한다. 이처럼 보편이 개물에 깃든다는 발상은 원자론atomism에 대응해 단자론monadism을 펼친 17세기의 철학자 라이프니츠(1646~1716)나 현대의 공동체주의에도 영향을 미치고 있다.

한편, 유명론을 대표하는 이가 오컴의 윌리엄(1290~1349)이다. '오컴의 면도날'이라는 말이 있는데, 뭔가를 설명할 때 필요 이상으로 근거나 원인을 들지 말라는 것이다. 한낱 언어에 미혹되어 언어의 의미를 실체화해서는 안 된다. 이 사고 절약의 원리에서 보이듯, 그는 스콜라 철학에 도사리는 수많은 형이상학적 사변을 제거하고자 했다.

오컴의 입장에서 보자면 실재하는 것은 개물일 뿐이고, 존재한다는 것은 개별적으로 존재하는 것 이외의 아무것도 아니다. 개물은 단순하고 확정된 규정을 지닌, 세계와 사고의 원자적 구성요소였다.

이처럼 보편논쟁은 유럽 세계의 특징인 보편성과 다원성을 어떻게 이해할 것인지를 문제삼는 것이었다. 보편성과 다원성을 되도록 연속적으로 파악하려는 것이 실재론이었다면, 양자를 가차없이 나누어 파악하려는 것이 유명론이었다고 할 수 있다.

보편적 공동체의 해체

그러나 이처럼 보편을 둘러싼 논쟁이 활발하게 전개되었다는 것은 오히려 유럽의 보편적 공동체가 더는 자명하지 않게 되었음을 의미했다. 유럽의 통일을 지탱한 기독교 공동체는 이 시기에 이미 해체의 조짐을 보이고 있었다.

전부터 프랑스 왕의 영향 아래 있던 교황청은 1309년에 남프랑스 아비뇽으로 옮겨졌다. 이 상태는 약 70년 동안 이어졌으며, 고대 유대인의 그것에 빗대어 아비뇽 유수라고도 한다. 1377년에 교황이 로마로 귀환한 후, 이번에는 로마와 아비뇽에 두 사람의 교황이 나란히 세워지는 등 교회의 대분열Great Schism이라 불리는 항쟁이 계속되었다.

원래 자체적 무력을 갖추지 않은 로마 교황이 신성로마제국의 황제로 대표되는 세속의 권력에 대항할 수 있었던 것도 어디까지나 세속의 질서가 분권적이고 원심적이었기 때문이다. 그러나 당시는 재판권과 과세권을 일원화하고 영역 내의 지배를 강화한 프랑스 같은 왕국이 대두하기 시작한 때였다. 교황의 아비뇽 유수나 교회 대분열의 배경에는 이와 같은 왕권 신장이 작용하고 있었다.

돌이켜보면 그리스와 로마는 이후의 서양 정치사상사에 도시국가와 제국이라는 두 가지 중요한 정치 모델을 남겼다. 그후 이 두 가지 모델은 유럽 역사에 거듭 등장한다. 그러나 의외인 것은 둘 중 어느 하나도 근대 유럽사의 주역이 된 적은 없었다는 점이다. 오히려 역사의 전면에 나선 것은 (제국보다는 작고 도시국가보다는 큰) 왕정에 의한 영역국가였다.

그렇다면 제국과 도시국가는 왜 성공하지 못했을까? 한 가지 이유로 로마 가톨릭교회의 존재를 들 수 있다. 중세에는 신성로마제국이 있었지만, 유럽의 일체성을 지켜온 가톨릭교회를 눈앞에 두고서 자력으로 보편성을 주장할 기회는 좀처럼 주어지지 않았다.

이와 달리 이탈리아나 독일에서는 여러 도시국가가 활약했으나, 급기야 내분에 시달렸다. 기벨린당(황제파)과 겔프당(교황파)의 대립이 유명한데, 이는 교황권과 황제권이라는, 다시 말해 서로 다투는 두 보편성의 이념에 의해 찢기고 갈라진 결과이기도 했다.

아울러 이 무렵에 가톨릭교회 내부에서도 공의회운동이라 불리는 개혁운동이 일어났다. 이는 모든 교회의 권위는 교황 한 사람이 아니라 신자의 집합체라 할 수 있는 교회 전체와 공의회에 있다고 주장한 운동이다. 이 운동은 교황지상주의에 맞서며 말하자면 공동투쟁 관계에 있던 세속의 군주들이 거리를 두면서 결국 사그라졌지만, 교황의 권위가 더는 전과 같지 않음을 여실히 드러냈다.

왕권의 발달과 단체·대표이론

여기에서 세속의 군주 쪽은 어떠했는지 잠깐 살펴보자. 봉건사회에서 영주끼리의 개인적 관계에 의한 네트워크 안에 자리잡고 있던 왕권은, 어디까지나 신민에게 역사적으로 인정받은 특권에 따른 관습법의 제약 아래 놓여 있었다.

그러나 왕권은 마침내 이전의 개인적 관계들을 정리·통합하고 영역 내에서의 일원화를 도모하게 된다. 직할지를 확대하고 재판권과 과세권을 자기 수중에 집중시켜나간 것이다. 직속 관료기구를 정비하는 한편, 로마법을 익힌 조언자들을 거느린 국왕들은 머지않아 "군주는 법으로부터 자유롭다"는 주장까지 펼치기에 이른다.

이렇게 왕권이 강화된 배경에는 화폐경제의 발달이 작용하고 있었다. 이를 통해 권력의 재정적 기초가 재편되는데, 이는 신분제 의회가 발전한 데서도 잘 나타난다. 잉글랜드의 의회Parliament나 프랑스의 삼부회États généraux 같은 의회가 열리기 시작했으며, 국왕 아래에 귀족, 성직자, 도시대표 등이 모여서 과세문제와 같은 의제들을 검토했다.

봉건사회에서 모든 권리와 의무는 특권을 가진 개인 간의 관계에 기초하고 있었다. 그런 까닭에 영역 안에 거주하는 사람들이 의회에 모여 함께 논의하여 결정하기란 쉬운 일이 아니었다. 그러나 한편으로는 화폐경제가 발달하면서 영역에 따른 결속이 이루어짐으로써 국왕이 여러 신분의 대표자들과 재정문제를 검토할 자리를 가질 수 있게 되었던 것이다.

앞에서 언급한 솔즈베리의 존은 국가를 신체에 빗댄 유기적 국가관을 펼쳤는데, 이 또한 영역국가를 하나의 덩어리로 이해하는 발상이 일반화된 결과라고 볼 수 있다. 상업 길드와 조합, 도시 등의 자치단체들은 벌써부터 발전하고 있었고, 왕권 역시 하나의 단체로 받아들여지게 되었던 것이다.

대의제representative system

이따금씩 "본래 민주주의는 직접참여가 바람직하지만 현대 국가에서는 모든 시민이 한곳에 모일 수 없으므로 그 대신에 대표자를 통해 정치에 참여하는 간접 민주주의를 채택하고 있다"고들 한다. 그러나 대표라는 관념 자체는 중세 유럽의 신분제 의회에서 비롯되었으며, 고대 그리스에서 탄생한 민주주의와는 기원이 전혀 다르다. 게다가 신분제 의회의 경우에 회의가 소집되는 이유는 각 신분의 대표가 자기 의견을 표명하는 측면보다는 오히려 군주 쪽에서 과세에 대한 관계자의 승인을 얻어내는 성격이 더 강했다. 그런 의미에서 대의제가 반드시 민주적인 것은 아니다. 그렇게 보면 대의제 민주주의라는 것은 하나의 독특한 조합이며, 과연 민주주의라 부를 수 있는가에 대해서는 재검토할 여지가 있다. 더욱이 오늘날 의회란 국민의 대표가 자기의지를 표명하는 장이라기보다 정부로부터의 과세 제안에 대해 관계자들이 이런저런 이의를 제기하는 장인지도 모른다.

아울러 이 시기에 왕은 두 종류의 신체를 지닌다는 희한한 이론이 발전했다. 왕에게는 자연적 신체가 있지만 이는 왕의 죽음과 함께 소멸한다. 그러나 왕국을 체현하는 왕에게는 소멸하지 않는 또 하나의 신체가 있으며, 이 신체는 개별적인 왕을 초월하여 면면히 계승된다. 이 역시 신체론의 형태를 띤 하나의 단체이론이라고 보아도 좋을 것이다.

이런 단체이론과 함께 발전한 것이 대표이론이다. 앞에서 살펴본 신분제 의회에서도 귀족, 성직자, 도시 대표 등 각 단체를 대표하는 자는 그가 속한 단체로부터 전권을 위임받는 것을 전제하고 있었다. 이처럼 단체이론이나 대표이론 같은, 원래의 봉건사회와는 이질적인 사고법이 세속의 질서에 대한 새로운 전망을 열어주었다.

단테와 파도바의 마르실리오

가톨릭교회가 지탱하던 유럽의 통일 세계가 해체되는 가운데, 세속 질서의 자율성을 주장하는 논의가 진전된다. 토마스 아퀴나스의 논의에서도 이미 세속의 질서에 대한 적극적 옹호론이 드러났는데, 그러한 옹호론의 전제는 어디까지나 기독교의 교회 질서였다.

한편, 이 시기에 성속의 질서를 분리하여 세속의 질서를 교회 질서와 구분해서 다루는 식의 논의가 나타난다. 이런 움직임을 두 사람의 사상가를 통해 살펴보자.

그중 한 사람은 이탈리아 피렌체의 정치가이자 시인이었던 단테 알리기에리이다. 『신곡』(1300~1321)으로도 잘 알려져 있는데, 여기서 중요한 것은 『제정론帝政論』(1310~1312) 쪽이다. 앞서 지적했듯이 카를대제 이후 유럽 사회는 정치적으로 두 번 다시 통일되지 않았다. 그러나 제국의 이념까지 사라진 것은 아니었으며, 단테의 『제정론』 또한 세계를 통일할 보편적 정치 공동체의 이념을 소리 높여 주창한 것이었다.

단테는 이탈리아 도시들의 혼란과 마주하고 있었다. 이런 현실 속에서 지상에 평화를 확립하기 위해서는 유일하고 최고인 동시에 보편적인 정치적 권위가 필요하다는 신념에 따라 단테가 기대를 걸었던 것이 보편적인 세계제국이었다.

현실에서는 신성로마제국이 쇠퇴의 길을 걷는 가운데 왕권에 의한 영역의 통일이 진행되고 있었다. 그런 의미에서 단테의 사상은 시대의 흐름에

단테(1265~1321)

피렌체에서 나고 자란 정치가이자 시인인 단테 알리기에리는 무엇보다도 『신곡』을 통해 이탈리아 문학을 대표하는 불후의 명성을 남겼다. 지옥에 떨어진 단테가 로마의 시인 베르길리우스의 안내에 따라 지옥, 연옥, 천국의 세계를 돌아본다. 이같은 내용에는 정쟁에서 패하여 피렌체에서 추방당한 후 이탈리아의 여러 도시를 떠돌았던 단테가 피렌체에 품은 복잡한 심경이 배어 있다. 또한 제정帝政에 대한 이상, 신학론, 첫사랑이었던 베아트리체에 대한 찬미 등 다양한 내용이 들어 있다. 『제정론』은 단테의 정치적 신념을 드러낸 것이며, 이외에 시문집인 『새로운 인생』이나 『토착어에 관하여』 등도 썼다. 만년에는 라벤나의 영주에게 의탁했고, 외교사절로서 베네치아로 향하던 길에 세상을 떠났다. 그의 『신곡』에서 근대 이탈리아어가 탄생했다고 한다.

역행하는 것이었으나, 토마스 아퀴나스에 의한 세속 질서의 자율성에 관한 사상을 최대한 확대하고 통일적인 기독교 공동체의 이념을 타파하는 데 결정적 역할을 한 것 역시 단테의 사상이었다.

또 한 사람의 사상가는 파도바의 마르실리오(1280?~1343)이다. 이탈리아 파도바에서 태어나 파리에서 학문을 연구한 마르실리오는 『평화의 옹호자』(1324)라는 저작으로 알려져 있다. 마르실리오는 평화의 실현을 가장 큰 과제로 여기고 있었다. 그가 보기에 평화를 교란하는 것은 오히려 교황의 정치개입이며, 따라서 교황에 의한 개입을 정당화하는 논의를 부정하는 것이 그의 과제였다.

마르실리오에게 정치사회란 인간의 자연상태에 기초한 것이며, 좀더 나은 생활을 실현하기 위해 출현한 것이다. 그렇다면 국가란 종교에서 독립한, 자족적이고 자기완결적인 공동체이다. 따라서 이 세상에서의 행복을 실현하기 위해 인간이 제정한 인정법만이 신과 무관하게 강제력을 갖는 것은 아닐까? 이렇게 물음으로써, 마르실리오는 결국 세속의 권력자가 현세를 일원적으로 지배해야 한다는 이론을 세웠던 것이다.

제4장

르네상스와 종교개혁

고대 로마의 옛 터전인 이탈리아 반도에서 이윽고 도시공화국이 발전해간다. 그런 까닭에 피렌체나 베네치아 같은 곳에서 고대의 정치학이 부흥한 것도 우연은 아니다. 고전고대의 문헌을 해석하고 그 의미를 다시 읽어내려는 움직임을 인문주의라 하는데, 『군주론』으로 유명한 마키아벨리 역시 인문주의에서 배워 그 지식과 견문을 후세에 전한 주요 인물 중 한 사람이었다. 한편 독일에서 종교개혁의 불씨를 당긴 루터도 마키아벨리와 동시대를 산 사람이었다. 당시 가톨릭교회가 안고 있던 모순에 대해 루터는 '오직 믿음'을 표어로 삼고 맞섰다. 이러한 움직임은 제네바의 칼뱅에게로 이어졌으며, 기독교의 힘으로 통일을 지켜온 유럽은 결국 기독교로 인해 분열될 수밖에 없었다. 종교적 대립이 피로 얼룩진 분쟁과 직결된 이 시대에, 정치의 방식이 다시금 논의 대상이 된다. 보댕의 주권론도 거기에서 비롯되었다.

1. 마키아벨리

이탈리아 도시국가의 발전

여기서 잠시 시곗바늘을 뒤로 돌려보자. 앞서 '12세기 르네상스'를 다루며 언급했듯이, 이 시기에는 유럽 각지에서 도시가 발흥하기 시작한다. 특히 십자군을 계기로 동방무역의 거점이 된 이탈리아의 도시들이 눈부시게 발전했으며, 도시를 축으로 주변지역contado이 통합된 도시국가가 성립했다.

이탈리아의 이런 도시국가들에서는 유럽의 다른 지역과 달리 왕정이 아닌 공화정이 발달했다. 이탈리아의 당시 상황은 통일국가가 부재했던 까닭에 타국의 간섭을 초래하는 한편, 고전고대와의 유사성 때문에 그 정치이론을 수용하는 현실적 기반으로 작용하기도 했다.

11세기에 창설된 이탈리아의 여러 대학에서는 법률학이나 의학과 함께 수사학rhetoric 연구가 활발하게 이루어졌다. 수사학을 가르치는 교수들은 교재로 삼은 키케로의 저작들을 비롯해 고전고대의 문헌에 관한 연구를 진척시키면서, 이 문헌들을 한낱 수사학의 소재로만 여기는 협소한 관점에서 점차 벗어나기 시작했다.

앞에서도 언급했지만, 고전고대의 문헌을 해석하고 그 의미를 다시 읽어내려는 움직임을 가리켜 인문주의humanism라 하는데, 이 인문주의는 결국 정치화하여 정치적 인문주의civic humanism로 변모했다. 정치적 인문주의가 표방한, 공공의 이익을 중시하고 자치와 독립을 최고의 가치로 여기는 이념은 공화주의republicanism라고도 불리게 된다.

이탈리아 도시국가는 이윽고 교회나 황제권력으로부터의 독립을 지향하기에 이른다. 롬바르디아 동맹을 결성한 도시들은 1183년의 콘스탄츠 협약으로 도시의 자치권을 획득했다. 그러면서 코무네comune라 불리는 독특한 도시국가가 탄생했다.

그러나 코무네 내부에서는 도시 귀족과 포폴로popolo라 불리는 평민 사이의 투쟁 외에 기벨린당(황제파)과 겔프당(교황파)의 대립이 격화되었다. 이 같은 코무네 내부의 대립이 코무네끼리의 대립과 맞물려서 이탈리아의 정치를 불안정하게 만든 것이다.

이런 상황에서 대두한 것이 시뇨리아signoria제라 불리는 독재체제이다. 피렌체의 메디치가나 밀라노의 비스콘티가가 유명한데, 이들 독재자는 도시국가 내부의 혼란을 틈타 자신들의 지위를 확립해간다.

한편, 이러한 독재에 맞서 어떻게 자유를 지킬 것인가 하는 문제의식을 품은 정치적 인문주의자들은 고전고대의 문헌으로 눈길을 돌린다. 15세기 중엽 이후 피렌체와 베네치아가 공화정에 중점을 둔 정치학 부흥의 중심지가 된 것도 이런 흐름의 결과였다.

마키아벨리와 그의 시대

니콜로 마키아벨리가 활약했던 곳은 동란기를 맞이한 피렌체였다.

15세기는 이탈리아 르네상스가 개화한 시기이다. 피렌체의 메디치가도 예술이나 문화의 후원자를 자처하며 레오나르도 다 빈치나 미켈란젤로 같은 예술가들을 비호했다.

이탈리아에서 일어난 르네상스는 서구에서는 세번째였다. 특히 1453년

마키아벨리(1469~1527)

니콜로 마키아벨리는 메디치가의 추락과 부활, 사보나롤라의 신권정치와 그후의 처형으로 들썩인 격동기의 피렌체를 살았던 인물이다. 그의 저작인 『군주론』의 이미지 때문에 목적을 위해서는 수단을 가리지 않는 정치적 현실주의자, 심지어는 권모술수주의자로 일컬어지는 일이 많지만, 그는 훨씬 더 복잡한 사고를 펼친 사상가였다. 인문주의적 교양을 쌓은 마키아벨리는 피렌체 정청에 들어가 외교와 군사를 담당하는 서기관으로 일했다. 그러는 동안 교황의 사생아이자 한 시대의 효웅梟雄이었던 체사레 보르자와도 관계한다. 메디치가가 부활한 후 관직에서 밀려나지만, 메디치가에서 다시 자리를 얻기 위해 『군주론』을 집필하는 한편, 공화정 로마를 높이 평가하는 『로마사 논고』도 같은 시기에 완성했다. 이로 인해 후세에는 그가 오히려 인민의 편이었다는 평가를 낳기도 했다. 이외에 『피렌체사』(1525)나 희극 『만드라골라』 등을 남기기도 했다.

비잔틴제국이 멸망하면서 콘스탄티노플로부터 유입된 그리스·로마의 고전이 주된 계기로 작용했다.

이 시기 이탈리아는 피렌체, 베네치아, 밀라노, 나폴리, 교황령 등이 할거하는 소국 난립시대였다. 알프스 이북에서 왕정에 의한 영역국가가 발전한 것과는 대조적인 상황에서, 마키아벨리는 군사와 외교에 지대한 관심을 갖게 된다.

1494년, 프랑스 왕 샤를 8세가 군대를 이끌고 이탈리아를 침입하면서 이탈리아의 정치질서는 큰 혼란을 겪는다. 같은 해에 피렌체에서도 그때까지 실질적으로 통치자 지위를 누렸던 메디치가가 추방되었고, 그후 공화정이 부활한다. 도미니크 수도회 소속이었던 사보나롤라가 지도자 자리에 올라 신권정치를 확립했으나 머지않아 그 역시 실각하여 처형당했다. 훗날 마키아벨리는 "무기 없는 예언자는 자멸한다"는 말을 남겼다.

메디치가가 사라진 피렌체 공화국에서 마키아벨리는 외교와 군사 면에서 수완을 발휘했다. 멀리 프랑스나 독일로 파견되는 한편, 교황이나 체사레 보르자 같은 인물들과도 접촉했다. 마키아벨리는 체사레 보르자의 능력과 야심을 인정하면서도 그가 "운명에 의한 악의 서린 일격"으로 실각한 것은 통찰력이 없었기 때문이라고 평했다.

이처럼 마키아벨리의 눈앞에 펼쳐진 것은 야심과 욕망에 휘둘리는 인간들의 영고성쇠였다. 그들은 권력을 차지하기 위해서는 수단을 가리지 않았다. 거기에서 마키아벨리는 끝없는 야심과 욕망의 추구에 관한 한 인간은 동물보다도 못한 한낱 야수에 지나지 않는다고 생각하게 된다.

마키아벨리의 이러한 인간관은 훗날 '마키아벨리즘'이라 불리는데, 마치 권모술수나 비도덕적 권력추구를 옹호하는 것처럼 여겨지며 비판의 대상이 되었다. 그러나 인간의 이같은 측면을 마키아벨리 이전 사람들이 미처 몰랐던 것은 물론 아니다.

문제는 마키아벨리가 인간의 그런 현실을 전제로 어떻게 질서를 확립하고 유지할지를 논한 점이다. 마키아벨리의 정치이론은 인간의 사회성을 주어진 것으로 보지 않고, 어떠한 인간성에도 대응할 수 있는 정치구조를 구상한 점에서 사뭇 야심적이었다.

국가state

국가에 관해서는 앞에서 이미 다루었지만, 마키아벨리가 사용한 'stato'에서 유래하는 것은 그것과 전혀 다른 국가개념이다(영어의 'state', 프랑스어의 'État', 독일어의 'Staat'가 여기에 해당한다). 마키아벨리는 'stato를 유지하다'라거나 'stato를 확대하다' 같은 표현을 썼는데, 이는 개인과 집단의 권세나 영향력 등 법제상의 권한과는 무관한 사실상의 힘을 뜻한다. 동시에 이러한 힘의 주체나 지배자 집단을 의미하기도 한다. 마키아벨리는 이런 의미에서의 'stato'를 군주principe라고도 불렀는데, 이로써 일정한 영역을 실제로 지배하는 통치권력 및 지배기구로 국가를 이해하는 전통이 비로소 형성된다. 마키아벨리에게 중요한 것은 지배자와 피지배자를 포함해 전체로서의 정치체에 대한 고찰보다도 지배자가 피지배자의 복종을 어떻게 끌어내는가 하는 점이었다. 국가관의 변화도 이를 반영하고 있다고 볼 수 있다.

『군주론』

마키아벨리에 이르러 정치학의 전통은 큰 변화를 보인다. 이를 상징하는 것이 'stato'라는 개념이다. 정치적 공동체와 이를 구성하는 자유로운 시민이라는 모델 대신에, 마키아벨리는 사람들을 사실상 지배하는 군주의 힘을 'stato'라 하고, 군주와 신민 사이의 지배-복종 관계에 주목했던 것이다.

그러한 마키아벨리가 강조한 것이 덕virtu이라는 개념이다. 이 개념은 전통적으로 윤리적 덕목으로 이해되어왔는데, 운명fortuna과 함께 쓰이는 경우가 많다. 마키아벨리는 이 개념에서 윤리적 측면을 제거하고, 오로지 인간이 상황을 파악하고 과감히 행동함으로써 운명을 제어하는 능력이라고 강조했다.

마키아벨리에게 정치학이란 'stato의 기술'(arte dello stato)일 뿐이었다('stato'는 국가를 가리키는 이탈리아어로, 마키아벨리에 의해서 처음 본격적으로 사용되었으며 이후 '국가state'에 대한 일반적 표상의 토대가 된다—옮긴이). 대표작인 『군주론』(1532)에서 그는 'stato의 기술'에 관해, 신민을 어떻게 통치하고, 다른 군주와 어떻게 교류하며, 군대를 어떻게 조직할 것인가 하는 세 가지 관점에서 고찰하고 있다.

신민의 통치에 대해 마키아벨리가 강조하는 것은 공포의 힘이다. 군주를 향해 "사랑받기보다 두려움의 대상이 되는 편이 낫다"고 설파한 마키아벨리는 공포야말로 지배의 최종적 근거라고 생각했다. 인간은 은혜를 알지 못하며 변덕이 심하다. 자발적 복종을 기대하는 것은 부질없으므로 '필요성'necessita에 의해 인간을 강제하는 수밖에 없다고 그는 주장했다. 이렇게 말하는 마키아벨리는 정치적 공동체에서의 우애를 강조한 아리스토텔레스나, "지배자는 두려움을 주기보다는 사랑받으라"고 말한 키케로와는 뚜렷한 대조를 보인다.

다른 군주와의 관계에 대해서는 약속을 어디까지 지킬 것인지를 문제삼는다. 마키아벨리는 신의를 지키는 것이 이익을 가져다주지는 않으며, 약속했을 때의 근거가 사라진 듯한 경우라면 오히려 신의를 지키지 않는 편이 현명한 군주의 책무라고 말한다. 이 대목에서 그 유명한 '여우의 교활함'에 대한 권유가 등장한다.

마키아벨리가 이런 논의를 펼친 배경에는, 군주의 지배는 그 자체가 목적은 아니며 전통적 도덕을 거슬러서라도 질서를 세우고 유지하는 것이 중요하다는 신념이 깔려 있었다. 바로 여기에서 군주의 이익보다도 질서유지라는 공공의 이익을 강조하는 국가이성raison d'État론이 싹튼 것이다.

군사정책은 마키아벨리의 정치사상에서 특별한 의미를 지닌다. 공포로써 질서를 실현하고자 하는 이상, 사람들을 강제할 만한 군사력이 없어서는 안 되기 때문이다. 그러나 군대의 중핵인 용병들은 보수 문제로 배신할 가능성도 있어 적합하지 않았다.

이에 서기관 시절의 마키아벨리는 피렌체 주변에서 농민들을 모아 국민군을 창설하려고 했다. 그러나 신민을 힘으로 억누르면서 한편으로는 그 신민을 모아 군대를 조직한다는 것은 모순이었던 까닭에 마키아벨리의 시도는 실패로 끝났다.

『로마사 논고』

마키아벨리의 또 하나의 대표작으로 『로마사 논고』(1531)가 있다. 그 책에서 마키아벨리는 눈길을 돌려 로마에 주목한다. 왜 공화정 로마는 대제국의 자리에까지 올라선 것인가? 공화정의 운명이나 자유의 유지에 관심을 둔 인문주의자들과 교류하던 마키아벨리는 공화정 로마를 보는 독특한 관점을 세운다.

마키아벨리는 '확대되는 공화국'이라는 개념을 제시한다. 이는 로마의 공화정을 고대 그리스의 스파르타나 동시대의 베네치아와 비교하면서 그 특징을 말한 것이다. 스파르타나 베네치아는 분명 안정된 공화국이었지만, 어디까지나 도시국가인데다 폐쇄적이었다. 하지만 공화정 로마는 귀족과 평민의 대립이 끊이지 않아서 내란의 위험성이 상존했던 반면, 결국 대제국으로 성장했다.

이 대목에서 마키아벨리는 내부에 대립이 있더라도 그것을 잘 조직하면 오히려 강대한 군사적 에너지를 도출할 수 있다는 교훈을 이끌어낸다. 차분하고 닫힌 공화국보다 상황에 따라 색다른 인간이 나타나는 공화국 쪽이 군사적으로도 바람직하다. 이는 시민들 사이의 이해관계 대립이 반드시 분열을 뜻하지는 않으며, 갈등이나 대립에 적극적 의미가 있다는 식의 혁신적 발상이었다.

이렇듯 로마에 대한 마키아벨리의 평가는 군사력에 초점을 맞춘 것이었다. 그런 의미에서 보자면 『군주론』에서 맞닥뜨린 난관을 극복하는 것이었다고도 할 수 있다. 마키아벨리는 군주보다도 공화국이 주체일 때 'stato'는 확대된다고 보았다. 『로마사 논고』는 공화국 자체를 하나의 군주로 보고 공화국의 주변 국가들에 대한 'stato'의 유지 및 확대를 논한 것이었다.

또한 그는 이러한 결과를 얻기 위한 조건으로 종교를 활용하는 것도 제안했다. 신에게 품는 두려움을 활용하여 사람들이 공화국을 위해 움직이게 만든다는 마키아벨리의 발상은 종교를 정치에 종속시키는 논의의 전형이다. 마키아벨리는 또 대외전쟁을 지속시킴으로써 시민을 긴장 상태에 두며, 아울러 경제적 여유를 갖지 못하게 하라고 주문했다.

요컨대 마키아벨리는 단순한 군주정 지지자가 아니었으며, 오히려 공화정이 훨씬 바람직하다고 여긴 사람이었다. 그러나 동시대의 다른 인문주의자들과는 관점이 달랐는데, 공화정에서의 자유보다는 오히려 공화정의 군사적 확대 능력에 무게를 두었다는 점에 마키아벨리의 특징이 있다. 그를 어떠한 시선으로 바라보든, 마키아벨리가 고전고대의 정치학을 후세의 서구사회에 전하는 중요한 역할을 했다는 것은 분명한 사실이다.

2. 종교개혁

종교개혁이란?

중세 말 이후 유럽의 역사를 돌이켜보면, 종교의 영향력이 일방적으로 후퇴하는 과정처럼 보일지도 모른다. 실제로 로마 교황의 권위가 아비뇽 유수와 교회 대분열로 인해 크게 훼손되는 한편, 세속 질서의 자율성을 강조하는 사상가들의 활약이 두드러졌다.

그러나 이는 일면적 관점일 뿐이며, 종교개혁을 제대로 설명할 수도 없다. 종교개혁을 영어로는 대문자로 시작하는 'Reformation'이라 표기하는데, 마르틴 루터에 의해 시작된 개혁운동은 문자 그대로 유럽 사회를 재형성하는 성격의 것이었다. 르네상스가 어디까지나 지식인을 중심으로 일어났던 데 비해 종교개혁은 민중과 함께 진행되었다.

기독교의 역사란 어떤 의미에서는 끊임없는 교회개혁의 역사였다. 박해받은 소수자의 종교로 시작한 기독교는 마침내 제국에 필적하는 조직으로 성장한다. 그러나 결과적으로 교회는 정치색을 띠게 되었고, 다시 신앙의 내면화를 추구하는 수도원 운동 등이 일어난다.

그후로도 공의회 운동이나 잉글랜드의 존 위클리프(1320?~1384), 보헤미아의 얀 후스(1369~1415) 등 교회의 존재방식을 되묻는 움직임이 계속해서 생겨났다. 루터에 의한 종교개혁은 어쩌면 이런 교회개혁 운동의 역사가 있었기 때문에 비로소 가능했던 일이라 할 수 있다.

그렇다면 종교개혁은 이전의 개혁운동과 어떻게 다른 것일까? 결론부터 말하자면 그때까지 유럽 사회의 통일을 유지하는 데 공헌해온 기독교 교회의 일체성이 결정적으로 사라졌고, 로마 가톨릭교회에 맞서 프로테스탄트 교회들이 탄생한 것이 가장 중요하다. 세속의 권력을 통해서가 아니라 오히려 교회의 힘으로 일체성을 지켜온 유럽 사회였던 만큼, 이 변화가 몰고온 파장은 특히 컸다.

종교개혁은 정치권력의 향방에도 영향을 주었다. 종교가 더는 사회의 일체성을 보장하지 못하게 되었고, 되레 신앙의 상이함이 정치적 대립을 초래할 수도 있다는 의미에서 종교는 정치에 큰 부담으로 작용했다.

루터

아우구스티누스 수도회 소속으로 비텐베르크 대학에서 학생들을 가르치던 루터가 '95개 논제(의견서)'를 공표한 것은 1517년의 일이다. 이 문서는 단기간에 유럽 전역으로 퍼져나가면서 커다란 파문을 일으켰다.

계기가 된 것은 면죄부 문제였다('면죄부'라는 용어는 대사大赦, indulgence의 잘못된 번역이라고 한국천주교주교회의가 지적한 바 있다—옮긴이). 가톨릭교회에는 사제가 죄인의 고백을 듣고 신을 대신해 죄를 용서하며 그에 걸맞은 벌을 내림으로써 죄를 갚게 하는 제도가 있다. 이를 고해성사告解聖事라 하는데, 그것이 형식에 그치면서 등장한 것이 면죄부이다. 루터는 대가를 받고 보속補贖을 면해주는 면죄부를 격하게 비판했는데, 이는 금전적 이유로 성

루터(1483~1546)

종교개혁으로 유명한 마르틴 루터는 마키아벨리와 동시대의 인물인 셈이다. 루터가 살았던 시대의 교황은 바로 메디치가 출신의 레오 10세였다. 집안에서는 그가 법학을 배우기를 기대했지만 어느 날 들판에서 벼락이 지척에 떨어진 일을 계기로 아우구스티누스 수도회에 들어간다. 그후 루터는 성 베드로 대성당의 개수라는 명목 아래 면죄부를 팔아 자금을 모으던 당시 로마 가톨릭교회의 현실을 목격하고, 그런 행태에 대해 깊은 의문을 품게 된다. 1517년, 루터는 그런 문제의식을 '95개 논제'로 정리하여 비텐베르크성 교회의 문에 내걸었다. 그러면서 루터는 논쟁의 생활로 돌입한다. 결국 가톨릭교회의 존재 자체를 부정하게 된 루터는 독자적인 프로테스탄트 교회(루터파)를 세우기에 이르렀다. 그가 성서를 독일어로 옮긴 결과, 그때까지 성직자의 설교를 듣기만 했던 신도들도 스스로 성서를 읽을 수 있게 된다.

서에도 적혀 있지 않은 것까지 떠벌리는 성직자들의 행위를 문제삼기 위함이었다.

교회가 행하는 일은 모두 성서에서 출발한 것이어야 하지 않은가? 루터의 이런 문제제기는 궁극적으로 로마 교황의 존재마저 위협하는 것이었다. 이로 인해 루터는 종교재판에 회부되어 결국 파문 선고를 당한다. 신변의 안전조차 보장받을 수 없게 된 루터는 작센 제후의 비호를 받으며 집필 활동을 계속했다. 성서를 독일어로 옮기는 작업을 비롯한 그의 활동은 결국 커다란 사회운동으로 이어진다.

정교분리separation of church and state

정교분리 원칙은 종교개혁에서 출발한다. 종교개혁이 일어나면서 그때까지 유럽의 일체성을 지탱해온 기독교의 일체성은 사라지고 말았으며, 도리어 신앙의 대립이 곧 정치적 대립으로 바뀌는 신앙고백주의Confessionalism의 시대가 도래한다. 그 결과 교회 사이의 대립에 대해 국가는 거리를 둘 수밖에 없게 되었다. 교회에 의한 정당화에 의지하는 한, 국가 역시 교회의 다툼에 휘말리기 마련이다. 그렇다면 국가와 교회는 관계를 끊어야 하지 않을까? 적어도 권력과 손잡고 자기와는 다른 신앙을 탄압하는 일은 그만두어야 한다. 이러한 생각에서 나타난 것이 정교분리 원칙이다. 오늘날 이 원칙을 둘러싸고 이슬람권에서 비판이 일고 있으며, 정교분리 원칙을 받아들인 국가라 하더라도 성서에 손을 얹고 대통령이 선서를 하는 미국과, 공공의 공간에서 종교를 좀더 엄격하게 배제하고자 하는 프랑스 등 국가마다 이해의 정도는 다르다.

루터의 출발점은 바로 인간관에 있었다. 죄 많은 존재인 인간에게는 신의 법을 알아차리고 따를 능력이 없다. 이러한 생각을 가진 점에서 루터는 토마스 아퀴나스보다 아우구스티누스에 가까웠다.

그러나 루터는 드디어 '신의 의로움'은 인간을 벌하는 신의 권력이 아니라 오히려 죄 많은 인간을 구원하고자 하는 신의 은총임을 이해하게 된다. 이는 루터에게 중요한 전환점으로 작용한다.

그후 루터는 인간이 스스로의 행위를 통해 신에게 구원받는다는 생각을 전면적으로 부정하고, 인간이 의로우며 올바른 존재일 수 있는 유일한 가능성은 '오직 믿음'sola fide이라 설파한다. 죄 많은 인간이 할 수 있는 일은 오로지 신의 너그러운 은총으로 속죄받을 가능성을 믿는 것뿐이다. 이러한 관점을 신앙의인론信仰義認論이라 한다.

루터의 신앙의인론은 그의 교회관에도 영향을 미쳤다. 기독교도가 구원을 바랄 수 있는 유일한 수단이 신앙이라면, 개개의 신자와 신을 매개하는 존재인 교회에는 어떠한 의미가 있을까? 루터는 가시적인 교회의 의의를 낮추고 도리어 신앙의 내면화와 개인화를 추진하게 된다.

또한 루터는 교회란 신자들의 모임일 뿐이었으므로 성직자와 일반 신자들 역시 평등하다고 본다. 이를 만인사제주의라고 한다. 이 경우 성직자의 독점적인 성서해석권이 부정되는데, 이는 훗날 큰 의미를 갖게 된다.

루터의 종교개혁은 정치에도 영향을 주었다. 그는 교회의 부패뿐만 아니라 권력기구로서의 성격을 띤 교회의 모습 자체를 비판했다. 루터에게 교회란 내면에 신앙을 품은 사람들로 이루어진, 보이지 않는 영적 교회여야 했다. 그 결과 루터는 세속의 일은 오히려 세속의 권력에 맡겨야 한다고 생각했다.

루터의 신앙을 잘 드러내는 것이 『그리스도인의 자유』(1520)라는 그의 저작이다. 그는 이 저작에서 그리스도인은 누구에게도 종속되지 않은 자유로운 존재이며, 또한 모든 것에 봉사하는 종임을 밝혔다. 신 앞에서 의롭고자 하는 자는 그러려고 하는 이상 온갖 사회적 구속으로부터 자유롭지만, 사랑(인간애) 안에서 살아가려면 모든 사람의 종이 되어야 한다. 일단 자신을 완전히 부정함으로써 오히려 완전한 자유를 얻을 수 있다는 역설을 루터는 밝힌 것이다.

이러한 주장을 펼치던 루터 눈앞에서 일어난 일이 독일농민전쟁

(1524~1525년)이었다. 그러나 이 세상에 '신의 나라'를 세우고자 하는 농민들의 폭동에 대해 세속 권력이 이를 진압하는 것을 루터는 지켜만 봤다. 결과적으로 세속의 군주들이 그들의 영방국가 안에서 정통적 신앙을 결정할 영방교회주의로 이어지는 루터의 판단을 지지한 것도, 루터가 내면의 자유를 중시하면서도 외면의 세속 권력에 의존했기 때문이다.

진정한 종교를 실현하기 위해서도 세속 권력은 필요하다고 본 루터의 신념은 신앙을 내면화하고 비정치화한 데 따른 역설적 귀결이었다.

칼뱅

이처럼 '오직 믿음'을 강조하는 한편 사회원리로서의 교회에 대해서는 적극적으로 발언하기를 꺼린 루터와 달리, 교회조직의 상황을 좀더 명확하게 사고한 이가 제네바의 종교개혁가 장 칼뱅(1509~1564)이었다. 칼뱅은 대표작인 『기독교 강요』(1536)에서 자신의 신학과 교회조직론을 펼쳤다.

신앙의 출발점 면에서 칼뱅은 루터와 공유하는 부분이 많았다. 다시 말해 죄 많은 존재인 인간은 선한 행위를 통해 구원받지 않는다. 인간이 올바른 신앙의 길로 들어설 수 있다면, 그것은 오로지 은총의 선물이라고 칼뱅은 생각했다.

그러나 칼뱅은 루터에 비해 신의 절대성을 한층 높였다. 예정설이 이를 상징하는데, 거기에 따르면 누군가가 구원을 받을지 여부는 이미 신에 의해 정해져 있기 때문에, 개인의 마음가짐이나 행위로 달라질 리가 없다. 무력한 존재인 인간이 신의 의도를 알 수는 없다는 의미에서, 예정설은 신의 절대성이 갖는 논리적 귀결이었다.

이런 예정설을 따른다면 인간은 자신이 구원받을 수 있는지에 대해 절대적 확신을 품지 못하는데, 그렇다고 해서 생활의 모든 것이 무의미해지는 것일까? 그렇지 않다고 칼뱅은 말한다. 인간은 '신의 그릇'으로서 현세에서의 신의 영광을 실현하기 위해 행동해야 한다. 그것이 곧 자신의 신앙과 신에 의한 선택을 증명하는 셈이라고 그는 말한다.

칼뱅의 이러한 가르침은 마치 선행주의로 퇴보하는 것처럼 보인다. 그러나 논리는 정반대이다. 인간은 선행으로 구원받지 않는다. 자신의 행위를 통해, 신의 가르침에 따라 올바른 신앙생활을 했을 때, 그것이 곧 스스로가 선택받은 자였음을 사후적으로 증명한다는 것이다.

이는 교회론에도 영향을 미쳤다. 루터의 경우 보이지 않는 교회를 강조했다면, 칼뱅은 눈에 보이는 교회의 활동 자체를 중시했다. 때때로 칼뱅의 교회는 '싸우는 교회'ecclesia militans라 표현된다.

교회는 그저 신자들의 자발적 모임이 아니라 고유한 질서와 조직을 갖는 객관적 존재이다. 신도의 생활에 질서를 부여하기 위해 교회 나름의 제재권을 인정한 것이 칼뱅이 제시한 교회론의 특징이었다.

종교개혁의 귀결

종교개혁은 실로 엄청난 결과를 초래했다. 루터의 '95개 논제'로부터 불과 10년 사이에 루터파를 공인하는 나라가 나타났고, 그의 가르침은 북유럽을 중심으로 더욱 확대되었다. 칼뱅파는 스트라스부르와 제네바에서 공화정을 실현했고, 나아가 프랑스, 네덜란드, 스코틀랜드 등에서도 영향력이 커져갔다.

그 결과 세속의 군주를 교회의 수장으로 하는 영국국교회를 설립한 잉글랜드를 포함해 일찍이 신앙의 보편적 공동체를 자랑했던 유럽은 급기야 신앙 면에서 가톨릭, 루터파, 칼뱅파, 영국국교회로 분열되기에 이르렀다.

어떤 나라에서 '참된 종교'의 이름 아래 박해당한 교파가, 다른 나라에서는 도리어 '참된 종교'가 되어 별도의 교파를 탄압한다. 이런 일이 유럽 여기저기에서 벌어졌다.

실제로 칼뱅이 신권정치를 펼친 제네바에서는 인문주의자인 미카엘 세르베투스가 이단으로 지목되어 처형당하는 사건이 일어났다. 가톨릭에 의한 프로테스탄트 박해를 비난했던 칼뱅이 정작 제네바에서는 불관용을 실천한 것이다.

이러한 상황에서 에라스뮈스는 '참된 종교'를 둘러싸고 벌어지는 폭력을 비판하고 평화적 해결을 촉구했다. 또한 에라스뮈스의 정신을 계승한 인문주의자 세바스티안 카스텔리오는 칼뱅에 의한 박해를 격렬히 비판하며, 관용이야말로 그리스도인이 걸어야 할 길이라고 강조했다. 그러나 이같은 주장은 요원의 불길처럼 번지는 종교대립의 시대에는 맥을 못 추기 십상이었다.

3. 종교전쟁기의 정치사상

박해, 관용, 저항권

종교개혁이 일어난 후 기독교는 분열하여 여러 갈래로 나뉘었다. 그 결과 나타난 것이 '참된 종교'라는 이름 아래 자행된 박해였다.

이러한 상황에서, 신자들에게는 자신이 '참된 종교'라 여기는 것과는 다른 종교와 손잡은 정치권력에 대해 어떠한 태도를 취할 것인지가 중요한 문제로 다가왔다. 칼뱅의 경우, 국가는 교회에 봉사해야 한다고 하면서도 현존하는 모든 국가는 어디까지나 신에게서 비롯되므로 거기에 복종해야 한다고 주장했다.

그러나 제네바에서는 '참된 종교'와 권력의 일체화를 주장하고, 칼뱅파가 소수파인 곳에서는 '참된 종교'와 무관하게 권력에 따를 것을 권장하는 데는 무리가 있었다. 이윽고 각지의 칼뱅파는 칼뱅의 생각을 뛰어넘어 독자적 운동을 펼친다. 이렇게 하여 등장한 것이 종교상의 이유에 기초한 저항권 이론이다.

하지만 권력에 따르기만 해서는 박해에 굴복할 뿐이다. 오히려 그리스도인으로서의 사명은 이 세상에 '참된 종교'를 실현할 무기를 갖추고 분연히 일어서는 것이 아닐까? 가톨릭 왕권과의 대립이 지속된 스코틀랜드에서 소수파인 칼뱅파(장로파)의 지도자였던 존 녹스(1510?~1572)는 그렇게 지적했다.

신의 대리인인 왕이 '참된 종교'를 탄압한다면, 왕은 대리인으로서의 책무를 다하고 있지 않은 것이다. 그렇다면 다른 대리인인 귀족들에게는 왕을 처벌할 책임이 있다. 나아가 인민에게도 왕에게 저항할 의무가 있다. 저항할 권리가 아니라 의무라고까지 주장한 점에 녹스가 펼친 논의의 특징이 있다.

녹스의 논리를 따른다면, '참된 종교'야말로 무엇보다도 우선시되어야 한다. 그러나 정치권력이 하나의 종교와 결합하면 박해가 벌어지고, 이는 반드시 저항을 낳는다. 이런 악순환 속에서 정치권력의 역할을 근본적으로 되짚어볼 수밖에 없게 된 나라가 바로 프랑스였다.

정치적 통일이 미약했던 신성로마제국에서 종교적 대립은 곧바로 정치적 분열을 불러왔고, 영방교회 체제로 이행했다. 이와 달리 중앙집권화가 진행되고 있던 프랑스에서는 격심한 종교전쟁이 수십 년에 걸쳐 이어졌다.

프랑스의 칼뱅파는 위그노라 불리며 남프랑스를 중심으로 세력을 확장했는데, 급기야 가톨릭의 강경파 조직인 '리그'와 맞부딪치는 사태로 번진다. 특히 1572년 성 바르톨로메오 대학살이 벌어진 후, 왕권에 대한 저항은 더욱 거세졌다.

모나르코마키의 양상들

이처럼 군주가 저지른 박해에 대한 저항의 이론으로 등장한 것이 '모나르코마키'monarchomach이다. 모나르코마키란 문자 그대로 왕을 살해하는 것을 뜻하는데, 그 대상이 폭군이라면 무력을 써서 타도해도 좋다는 논의였다. 거기에는 칼뱅파의 저항론과 함께, 왕의 대권에 맞서 자유나 특권을 주장해온 입헌주의의 이념이 담겨 있다.

이 무렵에 쓰인 정치 팸플릿 가운데 입헌주의의 색채가 특히 강한 것이 프랑수아 오망(1524~1590)의 『프랑코·갈리아』(1573)이다. 오망에 따르면, 성 바르톨로메오 대학살은 프랑스의 이탈리아화, 나아가서는 마키아벨리화로 인해 초래된 것이었다. 그도 그럴 것이, 학살 명령을 내린 샤를 9세의 어머니 카트린 드 메디시스는 바로 메디치가 출신이었기 때문이다.

이에 오망은 프랑스의 오래된 좋은 법에 주목한다. 로마에 정복당하기 전, 갈리아는 자유로운 사회였으며 왕은 세습이 아닌 선거로 선출되었다. 갈리아의 자유는 프랑크족이 넘겨받았으나, 전통에 따라 법과 신분제 의회(삼부회)가 왕의 권력을 제한하고 있었다. 오망의 주장에는 타키투스(☞제2장)가 『게르마니아』에서 펼친 논의의 영향이 드러난다.

칼뱅의 제자 테오도르 드 베즈(1519~1605)는 『합법적인 정부에 대하여』(1574)를 썼다. 베즈는 이 책에서 왕이라는 자가 인민이 동의하지 않은 권리를 행사하여 폭군으로 변했을 때, 모든 사람은 의회에 모여 이에 저항할 수 있다고 주장한다. 왕은 관리의 한 사람에 불과하며, 왕이 권력을 남용할 경우 왕 바로 다음의 위정자인 귀족이나 신분제 의회가 이를 바로잡고 왕국을 원래대로 되돌려놓을 의무가 있다는 것이다.

그러나 좀더 '참된 종교'에 바탕을 둔 저항권을 주창한 것으로 『폭군에 대한 반항권 옹호』(1579)가 있다(유니우스 브루투스라는 가명으로 간행되었으나, 위베르 랑게와 필리프 뒤플레시 모르네가 쓴 것으로 알려져 있다).

이 『폭군에 대한 반항권 옹호』는 우선 『구약성경』에 기초하여, 왕과 인민은 신의 법을 지킨다는 계약을 신과 맺었다고 설명한다. 왕이 신법을 준수하는 한, 인민은 왕에게 복종할 의무를 갖는다. 따라서 만일 왕이 신법을 어긴 명령을 내린다면, 인민은 그에 따르지 않아도 될 뿐만 아니라 도리어 그런 명령을 내린 왕에게 저항할 의무가 있다.

저항의 주체에 대해서는 모나르코마키 논의의 대부분이 그러하듯 『폭군에 대한 반항권 옹호』 역시 귀족이나 각 신분의 대표자를 상정한다. 인민 개개인은 저항의 주체로는 여겨지지 않으며, 신분이 없는 사인에게는 저항의 권리가 없다. 가능한 것은 폭군 치하에서 벗어나는 일뿐이었다.

프랑스의 종교전쟁은 모나르코마키의 여러 논의를 낳았지만, 결국 위그노의 수장이었던 앙리 4세가 왕위에 오르면서 전기를 맞이한다. 그후 가톨릭 동맹인 '리그'는 입장을 바꾸어 이번에는 위그노의 이론을 원용해, 악한 왕에 대한 저항을 주장하기에 이른다.

결국 앙리 4세는 가톨릭으로 개종한 후, 1598년에 낭트 칙령을 선포한다. 위그노에게 신앙의 자유를 인정해줌으로써 혼란에 종지부를 찍었던 것이다.

폴리티크파의 관용론

프랑스 내에서 위그노나 가톨릭 강경파와도 구별되는 제3의 세력으로 '폴리티크파'가 있었다. 이들은 신앙의 자유와 양심보다는 순전히 정치사회의 존속을 위해 관용을 옹호했다. 종교적 통일을 강행하면 더한 분열을 초래한다. 그러므로 양 교파의 존속을 인정하고, 왕권에 의한 정치적 통일을 도모해야 한다고 여긴 것이다.

이러한 폴리티크파를 대표한 인물이 대법관 미셸 드 로피탈(1505~1573)이다. 양심은 힘으로 움직일 수 없으며, 만일 신앙을 강제한다면 그것은 더이상 신앙이 아니다. 로피탈은 그렇게 생각했다. 따라서 로피탈은 신앙과 정치생활의 분리를 주장하는 한편, 권력이 신앙에 개입하는 일이나 신앙을 이유로 저항하는 일을 모두 부정했다.

그러나 로피탈에게 관용은 어디까지나 권력 쪽에서 취해야 할 정책이었다. 왕에 의한 질서 유지가 무엇보다 중요하며, 관용은 온정일 수 있어도

보댕(1529/30~1596)

장 보댕은 '주권' 개념과 더불어 기억되는 사상가인데, 그 사상에는 대단히 참신하고 혁신적인 부분과, 오히려 전통적이라 해야 할 부분이 공존한다. 때때로 마키아벨리와 함께 언급되기도 하지만 보댕 자신은 마키아벨리를 극력 비판했으며, 어디까지나 '올바른 통치'를 파고들었다. 종교전쟁에 시달리는 프랑스 사회를 살았던 보댕의 동시대 인물로는 『수상록』(1580)으로 알려진 몽테뉴(1533~1592)가 있다. 종교를 포함한 도덕적 진리에 휘둘릴 때 인간이 얼마나 잔혹해질 수 있는지를 관찰한 몽테뉴가 철저하게 회의주의적인 모럴리스트가 되었던 것과 달리, 보댕은 주권 개념을 탄생시킴으로써 시대에 정면으로 맞섰다. 인문주의적 교육을 받고 법조인의 길을 걸은 보댕은 국왕의 동생인 알랑송 공을 섬겼으며, 알랑송 공의 사후에 은퇴했다. 만년에는 가톨릭 '리그'와도 가까이 지냈다. 보댕은 노스트라다무스와도 같은 시대를 보냈고, 마녀사냥에 관한 저작도 남아 있다.

신자의 권리는 아니었다.

이러한 폴리티크파의 정책과 위그노 세력이 결합하여 부르봉 왕조를 탄생시켰고, 그후 낭트 칙령(1598년)이 실현되었다. 다만 중요한 것은 질서 확립과 왕권 강화였다. 머지않아 종교전쟁이 끝나고 프랑스 왕권이 안정된 1685년에 낭트 칙령은 폐지된다. 프랑스는 다시 가톨릭 중심 국가로 되돌아간 것이다.

종교전쟁에 대해 프랑스는 절대왕권의 확립이라는 답을 내놓았다. 새로운 왕권은 관료제와 상비군에 의해 지탱되었으며, 왕은 모든 종교적 당파를 초월한 존재로 정당화되었다. 교회라는 매개 없이 신이 직접 왕권을 내렸다는 왕권신수설이 등장한 것도 이러한 맥락에서였다. 왕권이 강대해진 결과, 신분제 의회인 삼부회는 1614년부터 프랑스 혁명 전야까지 한 번도 열린 적이 없었다.

이로써 종교가 세속의 권력을 정당화해주는 뒷배가 되기보다는 오히려 신앙이 서로 다른 데서 비롯된 대립과 분쟁이라는 새로운 골칫거리를 정치권력에 떠넘기는 사태가 되었다. 그 결과 사회가 종교를 어떻게 받아들이는지가 시대의 과제로 떠올랐다.

보댕

폴리티크파를 대표하는 뛰어난 정치사상가 장 보댕은 대표작 『국가론』(1576)에서 국가를 "많은 가족과 그들 사이의 공통적 사안에 대한, 주권을 수반한 올바른 통치"라고 정의한다.

여기서 주목해야 할 것은 '주권'이라는 생소한 단어가 쓰였다는 점이다. 이 '주권'이야말로 보댕이 종교전쟁을 극복할 열쇠로 파악한 개념이었다. 보댕에 따르면, 국가를 국가답게 만드는 것은 종교가 아니라 주권이다. 여기서 주권이란 "국가의 절대적이고 영속적인 권력"이다.

절대라는 것은 다른 어떤 권력자에게도 의존하거나 종속되지 않는 것이다. 다른 권력자에게 의존하는 주권이란 어불성설일 뿐이다. 따라서 주권이란 국내적으로는 제후나 귀족 같은 모든 하위 세력보다 우월한 최고의 결정권한을 가리키며, 대외적으로는 로마 교황을 포함한 외부로부터의

주권 sovereignty

정치학의 기본용어는 대부분 고전고대에서 비롯된 것이지만, 주권은 플라톤이나 아리스토텔레스가 알지 못했던 개념이다. 종교전쟁기를 살았던 보댕에 의해 이 개념의 이론적 기초가 정립된 것은 우연이 아니다. 보댕이 일관되게 중시했던 것은 종교적 신념에 기초한 저항을 배제하고, 무질서를 극복하는 일이었다. 이를 위해 보댕은 다른 어떤 권력자에게도 의존하거나 종속되지 않는 주권자의 중요성을 주장한 것이다. 후세에 이르러서는 주권의 대외적 측면이 강조되기도 하지만, 보댕은 대외적 독립성과 더불어 대내적 무제약성도 강조한다. 또한 대외적이라 할 때도 먼저 염두에 둔 것은 로마 교황이라는 존재였다. 참고로 카를 슈미트는 『정치신학』(1922)에서 주권을 교황지상권에서 유래하는 "세속화된 신학적 개념"이라고 논한 바 있다. 슈미트의 주장이 옳다면, 아이러니하게도 주권론이란 국가가 교회로부터 터득한 이론인 셈이다.

간섭을 배제할 수 있는 권한을 의미했다.

또한 주권은 영속적인 까닭에 임기가 없다. 그러므로 귀족이나 민중의 뜻에 좌우되는 선거왕정은 이름만 왕정일 뿐 빈껍데기에 지나지 않는다.

주권이란 구체적으로는 먼저 입법권을 꼽을 수 있다. 나아가 외교권, 인사권, 최종재판권, 은사권, 화폐주조권, 도량형통일권, 과세권 등이 있는데, 여기서 주목해야 할 것은 보댕이 입법권을 "타인의 동의 없이 모든 사람 또는 개인에게 법을 내릴" 권한이라고 규정한 대목이다.

이는 중세 이후의 '법의 지배'와는 완전히 대립되는 사고방식이었다. 법은 지배자와 피지배자를 함께 구속하는 상위의 규칙이 아니라, 주권자에 의한 일방적 명령이다. 주권자는 관습을 포함한 기존의 모든 법을 자유롭게 고치거나 폐지할 수 있다고 보댕은 주장했다.

아울러 보댕은 아리스토텔레스 이래 전통적인 정체론에도 변경을 가했다. 보댕은 정체를 왕정, 귀족정, 민주정 이렇게 세 종류로만 좁혀서 논했다. 보댕에 따르면 이들 정체 각각의 통치에서 보이는 좋고 나쁨 따위는 주권자의 개인적 속성과 마찬가지여서 본질적 의미는 없다.

이처럼 보댕은 전통적인 정치학에서 중요한 의미를 지녔던 공공선公共善 사상을 포기하고 오로지 무질서의 극복에 논의의 초점을 맞췄다. 시민citoyen에 관해서도, 자치할 뜻을 내던지고 "타인의 주권에 의존하는 자유로운 신민"이라 재정의했다.

마키아벨리를 비판했던 보댕은 자신의 정치학이말로 '올바른 통치'를 지향하는 것이라고 주장하며, 국가의 개념을 논할 때도 전통적인 'République'라는 말을 사용했다. 보댕의 사상에는 전통적인 요소가 다분하지만, 그래도 그는 계승보다 단절을 꾀한 정치사상가였다고 볼 수 있을 것이다.

제5장

17세기 잉글랜드의 정치사상

17세기 잉글랜드는 혁명의 시대였다. 왕권과 의회의 대립에 종교문제가 얽혀 청교도혁명이 일어나, 종국에는 왕을 처형하고 공화국commonwealth이 탄생한다. 머지않아 왕정복고가 이뤄지기는 하지만 또다시 위기의 시대에 돌입하며 명예혁명이 일어난다. 중요한 것은 이 혁명의 시대를 경험함으로써 잉글랜드에서 새로운 정치학이 탄생했다는 사실이다. 왕의 대권과 신민의 특권 간의 균형을 지향해온 잉글랜드의 전통적 국제는 과연 질서를 회복할 수 있을 것인가? 이와 같은 물음에 맞닥뜨리면서 17세기 잉글랜드는 여러 정치사상가를 배출하게 되었다. 홉스나 로크 정도가 유명하지만, 당시 그들은 도리어 예외적인 존재였다. 그렇다면 이 시대의 잉글랜드에서 주류를 차지한 것은 어떠한 사고방식이었는가? 최종적으로 내전을 극복하는 데 공헌한 것은 어떠한 정치학이었는가?

1. 잉글랜드 내전

잉글랜드 내전의 전개

프랑스에서 일어난 종교전쟁은 결국 절대왕정이 수립되면서 종언을 고했다. 그러나 잉글랜드에서는 다른 상황이 펼쳐졌다. 대권을 내세운 왕권에 맞서 의회세력이 자신들의 특권을 주장하고 나섰고, 여기에 영국국교회와 프로테스탄트라는 종교대립도 얽히면서 내전에 돌입했던 것이다.

잉글랜드에서는 관습적인 법의 집적으로서 보통법common law의 전통이 형성되어왔다. 그런 까닭에 국왕의 대권이라 해도 무제한이 아니라 보통법에 의한 기본법의 일부를 이룬다고 여겨졌다. 왕king, 귀족lords, 평민commons 이렇게 삼자가 국제를 형성하고, 그런 틀 안에서 대권과 특권의 양립을 꾀했던 것이다.

그런데 엘리자베스 1세에 의한 안정기가 지나고 왕위를 계승한 스튜어트 왕조에 들어 상황은 달라지기 시작한다. 재정 악화로 왕이 의회를 소집했지만 증세에 대한 동의는 얻지 못했다. 왕권과 의회의 관계가 험악해지는 가운데, 의회는 1628년에 마그나 카르타(대헌장) 이래 신민의 권리를 주장한 권리청원The Petition of Right을 제출한다. 이에 국왕 찰스 1세는 이듬해인 1629년에 의회를 해산하고 향후 의회 없이 통치하기로 결의한다.

이러한 대립 구도에 종교문제까지 겹쳤다. 잉글랜드에서는 헨리 8세 시대에 왕을 수장으로 하는 영국국교회가 세워졌는데, 국교회에서 분리된 칼뱅파는 여러 분파(교파)로 갈라져 청교도Puritan라 불리게 된다.

여기서 분파란 신앙을 같이하는 사람들의 집합을 의미한다. 개인들이 자발적으로 만든 분파형 조직은 제도로서의 교회가 신자 개개인에 앞서 존재하는 교회형 조직과는 성격이 달랐다.

특권을 가진 여러 신분과 청교도가 결합해 형성한 반反왕권연합은 의회에 의한 과세동의권과 재판권의 회복, 입헌주의의 부활을 목표로 내걸었다. 의회파와 왕권파는 서로 정치 팸플릿을 간행하며 대항했는데, 초점은 잉글랜드 국제의 이해에 대한 것이었다. 논의가 오가는 가운데 의회파인 헨리 파커(1604~1652)는 국왕과 의회가 대립할 경우 인민을 대표하는 의회가 우월하다는 의회 주권을 주창하기에 이른다.

이에 찰스 1세는 무력을 동원해 대항했으며, 1642년에 왕당파와 의회는 결국 군사적으로 정면충돌을 일으킨다. 잉글랜드 내전이 발발한 것이다. 왕의 대권과 귀족의 특권이 양립하는 것을 기본적 틀로 삼아온 잉글랜드 국제는 이제 근본적인 재검토 대상이 되었다.

전통적인 틀은 어디까지나 왕에 의한 폭정을 억제하는 것이 과제였으나, 급기야 사태는 폭정을 넘어 내전으로 치달았다. 결국 이러한 상황을 둘러싸고 새로운 정치학이 탄생하게 되었던 것이다.

수평파

내전 초기에는 장비나 실전경험 면에서 뒤처진 의회군이 계속 열세였으나, 얼마 지나지 않아 올리버 크롬웰(1599~1658)이 신식군New Model Army을 이끌며 활약했다. 의회군은 네이즈비 전투(1645년)에서 국왕군에 승리를 거두었고, 이로써 제1차 내전이 종결되었다.

그러나 군사적 대립이 일단락되자 이번에는 의회파 내부에서 격렬한 대립이 벌어진다. 의회파 안에서는 내전이 벌어지기 전부터 이미 장로파와 독립파가 대립하는 상황이었다. 장로파가 기존 형태의 의회제를 유지하려고 한 것과 달리, 독립파는 의회제를 포함해 정치기구에 대한 전면적 개혁을 시도했다.

의회나 정치기구를 둘러싸고 양쪽이 대립한 배경에는 종교적 차이도 존재했다. 장로파가 영국국교회를 대신하여 청교도주의를 국교로 삼고자 한 것과 달리, 독립파는 종교를 어디까지나 개인의 문제로 여기며 자발적인 분파형 교회조직을 지향했던 것이다.

결국 이같은 의회파 내부의 대립을 활용하려는 국왕파에 의해 다시금 내전이 발발한다. 제2차 내전은 오래가지 않았지만, 주도권을 장악한 독립파는 1649년에 국왕을 처형했다. 이에 잉글랜드는 귀족원을 폐지하고 단원제 공화국commonwealth이 되었다.

이 내전을 통해 새로운 정치세력이 대두했다. 신식군 장교 중에는 독립파가 많았지만, 좀더 급진적인 민주적 개혁을 지향한, 수평파Levellers라 불리는 세력이 일반 병사들을 중심으로 형성된 것이다.

분명 의회 주권은 실현되었다. 그러나 의회는 과연 진정으로 인민의 편인가? 만일 왕을 대신하여 의회가 인민을 압박하는 상황이 온다면, 무엇을 위해 싸웠는지 알 수 없게 된다. 이러한 수평파의 주장은 1647년에 벌어진 퍼트니 논쟁이나, 여러 번에 걸쳐 작성된 인민협정Agreement of the People에 잘 나타나 있다.

과연 정치적인 권리란 전통이나 관습에 의해 기반을 다질 수 있는 것인가? 수평파는 이 점을 되묻고자 했다. 그들은 오히려 인간은 태어나면서부터 기본적인 권리를 지니고 있고, 그 근거는 오로지 자연과 이성에 있다고 주장했다.

마그나 카르타에도 보이듯이, 그동안 논의의 중심에 있었던 것은 역사적으로 인정된 개별적이고 구체적인 권리(특권)였다. 그러나 수평파가 추구한 것은 추상적이고 보편적인 인간의 권리였다.

수평파는 의회에 의한 지배를 받아들였지만, 어디까지나 의회가 인민의 대표이며 기득권 옹호를 목표로 하는 기관은 아니라는 전제가 깔려 있었다. 21세 이상 성인남성의 보통선거권을 주장한 그들은, 말하자면 인민을 그저 대표되는 존재가 아니라 대표하게 하는 존재로 전환시키고자 한 것이다.

수평파의 시도는 불과 1년 만에 크롬웰에게 탄압당하지만, 인민의 자기 통치를 주창한 선구적 사례가 된 것은 틀림없다.

밀턴

앞서 언급했듯이 잉글랜드는 단원제 공화국이 되었다. 그러나 파리로 망명해 반격을 노린 왕세자 찰스를 비롯해 왕당파의 저항은 계속되었다. 드디어 군대를 장악한 크롬웰은 의회를 해산하고 호국경이 되어 독재를 펼쳤다.

그러나 군사독재를 개시한 후에도 정치는 여전히 안정을 찾지 못했다. 그 결과 크롬웰이 죽은 뒤 잉글랜드로 돌아와 왕위에 오른 찰스 2세에 의해 왕정복고가 이루어졌다(1660년). 이로써 10년 남짓한 기간의 공화국 실험은 끝을 고했다.

밀턴(1608~1674)

유복한 공증인 가정에서 태어난 존 밀턴은 대학 시절부터 시를 짓기 시작해 시인으로 이름을 얻었다. 그러나 국왕 찰스 1세와 의회의 대립이 심각해지던 때에 그는 청교도로서 혁명에 몸을 던진다. 독립파의 일원으로 행동했고, 크롬웰의 비서로도 일했다. 다수의 정치적인 글들을 발표하며 혁명과 공화정을 이론적으로 옹호했으나, 과로로 양 눈이 실명하는 비운을 겪기도 했다. 왕정복고 후에는 왕당파에게 보복을 당했는데, 구속은 간신히 면했지만 저작들은 불살라졌다. 결국 그는 정계를 떠나 시인의 삶으로 돌아갔고, 그렇게 해서 지은 서사시 『실낙원』(1667)은 기독교 문학의 불후의 걸작으로 여겨진다. 또한 "나에게 어떤 자유들보다 양심에 따라 자유롭게 알고 말하고 주장할 수 있는 자유를 달라"는 『아레오파지티카』(1644)의 구절에서도 나타나듯, 언론의 자유를 위해서도 싸움으로써 문학사뿐만 아니라 정치사상사에도 발자취를 남긴 인물이었다.

그동안 비서 직분으로 크롬웰을 받든 이가 존 밀턴이다. 밀턴은, 국왕의 정치권력은 본래 인민에게서 나온 것이므로 공공의 복지에 반하는 국왕을 살해하는 것도 허용된다고 주장하며 찰스 1세에 대한 처형을 정당화했다.

밀턴은 지금이야말로 인민이 국왕이나 귀족원 없이 자유로운 공화국을 세울 때라고 강조했다. 이러한 사고는 국왕의 대권과 의회의 특권 간의 조화를 도모하는 전통적 입헌주의를 넘어서는 것이었다.

다만 밀턴은 규율에 따른 질서유지를 중시한 크롬웰을 지지했다. 밀턴은 어디까지나 엘리트주의자였다. 신의 은총을 입은 뛰어난 소수자만이 지배자의 자리에 올라야 한다고 여긴 밀턴은 인민에 의한 직접적 민주정치에는 부정적인 태도를 보였던 것이다.

한편, 밀턴은 국교회 제도를 강하게 비판하면서, 분파형 종교조직이 더 낫다고 보았다. 국교회 제도는 성직자와 권력자의 일체화를 초래하며 정치를 불안정하게 만드는 동시에 종교가 부패하는 원인으로도 작용한다. 신앙은 어디까지나 개인의 양심에 바탕을 두는 것이므로, 내면의 자유를 존중하기 위해서라도 종교조직은 자발적인 것이어야 한다고 주장했던 것이다.

밀턴이 이렇게 생각한 배경에는 정신적 영역에서의 자유로운 경쟁이야말로 진리를 밝힌다는 신념이 자리하고 있었다. 칼뱅이 인간은 기본적으로 악한 존재이므로 올바른 성서 해석에 의해 가르침을 받아야 한다고 생각한 것과 달리, 밀턴은 성서 해석의 자유를 끝까지 옹호했다. 밀턴에게 검열이란 진리를 품지 않은 자의 무기일 따름이었다.

자유로운 국가

이러한 내전기에 밀턴을 포함해 줄곧 논의의 대상이 된 것이 '자유로운 국가'free commonwealth라는 이념이다. 이 경우의 '자유로운 국가'에서는 국가 구성원인 시민 전체의 의지로 정치적 결정이 이루어지는 것이 무엇보다 중시되었다.

그러나 만일 국가의 의지가 구성원 전체가 아닌, 별도의 누군가에 의해 결정된다면 어떠할까? 노예의 이미지를 떠올려보자. 노예는 자기의지에 따

관용tolerance

관용이란 자신이 믿는 바와는 다른 사고방식이나 신념을 존중하고, 그렇듯 다르게 생각하거나 믿을 자유를 인정하는 것이다. 다만 과거의 사회에서 관용이 언제나 존중받지는 않았다. 이를테면 기독교만 놓고 보더라도 관용은 결코 자명한 것이 아니었다. 기독교도는 초기에 박해의 대상이 되어 관용을 갈구했지만, 기독교가 로마의 국교로 지정된 후에는 오히려 이단자들을 박해함으로써 신의 정의를 실현하고자 했다. 더구나 중세 사회에서는 국가와 종교가 결탁한 결과, 가톨릭이 이룬 종교적 통일에 대한 도전은 극심한 탄압의 대상이 되었다. 그러나 종교개혁이 일어나 한 국가 안에 다양한 신앙을 가진 주민들이 섞여 살게 되면서, 종교적 박해와 그에 대한 저항이 점차 심각한 양상을 보였다. 이를 두고 프랑스의 폴리티크파(☞제4장 3)는 순전히 세속 질서의 유지를 위한 관점에서 관용을 주장했는데, 밀턴은 사상의 자유로운 경쟁이라는 관점에서 관용을 정당화했다. 이러한 밀턴의 관점은 로크나 볼테르의 관용론으로 이어진다.

라 자신의 행위를 결정할 수 없다. 이와 마찬가지로 국가도 자유를 잃고 노예상태에 빠질 수 있는 것이다.

한 개인이 자유로워지거나 아니면 자유를 잃기도 하듯, 국가 역시 자유로워질 수도 있고 자유를 잃을 수도 있다. 다른 국가에 지배당한다면 더는 '자유로운 국가'가 아니며, 국가 내부에 자의적인 전제권력이 존재하는 경우에도 '자유로운 국가'는 아니다. 여기서는 마치 국가 자체를 하나의 인간으로 여기듯 자유와 예속을 논하는 데 특징이 있다.

그렇다면 국가의 자유는 구성원인 시민 한 사람 한 사람의 자유와 어떠한 관계에 있는가? 다음 절에서 살펴볼 홉스는, 자유로운 국가와 개인의 자유 사이에 필연적 관계는 존재하지 않는다고 주장했다. 그는 오히려 강력한 주권자 아래에서만 개인은 자유를 안전하게 누릴 수 있다고 생각했다.

그러나 홉스와 동시대를 살았던 이들 중 대다수는 그렇게 생각하지 않았다. 그들은 자치를 행할 자유로운 국가에서만 개인 역시 자유로워진다고 여겼다. 로마의 역사가 리비우스는 오직 자유로운 국가에서만 영광과 위대함이 실현된다고 했는데, 이러한 이념은 『로마사 논고』를 쓴 마키아벨리를 통해 잉글랜드에도 전해졌던 것이다.

하지만 내전이 계속되면서 자유란 어디까지나 개인의 권리를 수호하기 위한 것이라는 생각이 점차 퍼져나간다. 그러면서 자유로운 국가와 개인의 자유는 과연 어떤 관계여야 하는가를 두고 각별히 재검토하게 되었다.

2. 홉스

새로운 정치학

왕권과 의회의 균형을 유지함으로써 폭정을 막고 신민의 자유를 지킨다. 전통적인 잉글랜드 국제론의 핵심은 거기에 있었다. 그러나 내전을 거치면서 잉글랜드 국제는 해체되었고, 정작 질서의 존립 자체가 의문시되는 상황이 벌어진다. 자연상태란 전쟁상태("만인의 만인에 대한 투쟁")나 진배없다고 본 토머스 홉스의 정치학 시대가 도래한 것이다.

그러나 홉스가 내전을 목도하고서 곧바로 『리바이어던』(1651)을 구상했

KEY PERSON 15

홉스(1588~1679)

토머스 홉스는 당시 무적이라던 스페인 함대가 영국을 침공하려고 출격한 해에 태어났다. 그래서 홉스는 공포라는 것이 평생 동안 떠나지 않았다고 쓰기도 했다. 옥스퍼드 대학에서 고전을 공부하고, 졸업 후에는 귀족인 캐번디시가에서 가정교사로 지냈다. 경험주의 철학의 시조이면서 정치가이기도 했던 프랜시스 베이컨의 비서로 일하며 그 영향을 받았다. 당시는 귀족 자제에게 교육의 완성이라는 뜻에서 대륙여행을 시키는 관습이 있었는데, 홉스도 이에 동행하여 갈릴레오 갈릴레이(1564~1642)나 르네 데카르트와 교류했다. 잉글랜드가 내전으로 접어들자 국왕파에 가까웠던 홉스는 프랑스로 망명하게 되는데, 그의 『리바이어던』이 도리어 무신론의 내용을 담고 있다는 비판을 받으며 궁정 출입을 금지당하고 만다. 그 결과 잉글랜드로 돌아올 수밖에 없게 되는 등 정치적으로 휘둘린 인생을 보냈다.

던 것은 아니다. 그는 내전이 발발하기 전부터 『법의 원리』(1640)를 준비했으며, 그 구상을 『시민론』(1642)과 『리바이어던』으로 이어지는 일련의 저서를 통해 펼쳤던 것이다. 홉스의 머릿속에 있었던 것은 종교대립으로 내전 상태에 빠진 유럽 전체의 무질서함이었다. 내전을 극복하기 위해 필요한 것은 무엇인지, 이것이 바로 그의 고찰의 주안점이었다.

게다가 그 무렵 홉스는 이 과제를 새로운 학문 구상으로 실현하고자 했다. 그는 고대 그리스의 역사가인 투퀴디데스의 『펠로폰네소스 전쟁사』(기원전 5세기)를 번역하는 등 원래 인문주의적 교양을 갖춘 사람이었다. 또한 르네 데카르트(1596~1650) 같은 이들과 교류하며 기하학적 정신의 영향도 받게 된다. 엄밀함과 명석함이야말로 학문에서 가장 중요하다는 것이 홉스의 신조였다.

마찬가지로 "아는 것이 힘이다"라고 한 프랜시스 베이컨(1561~1626)의 말 또한 홉스의 새로운 학문관으로 이어진다. 학문이란 인류의 진보나 생활조건의 개선에 공헌해야만 비로소 의미를 지닌다. 자연을 통제하는 힘을 기준으로 학문의 경중도 가늠할 수 있다는 사고방식을 홉스는 받아들였다.

그 결과 홉스는 고전적인 아리스토텔레스의 정치학에 도전하게 된다. 이론과 실천의 영역을 구별한 아리스토텔레스와 달리, 홉스는 양자의 구별을 폐기하고 자연과 인간을 가로지르는 엄밀한 학문에 근거해 새로운 정치학의 기초를 다지고자 했다. "나의 정치학을 통해 비로소 정치학이 시작된다"라는 말은 바로 홉스의 강한 자부심을 드러내는 표현이다.

홉스는 자신의 학문을 『물체론』(1655), 『인간론』(1658), 『시민론』(1642)으로 구상했다(실제로 집필한 순서는 『시민론』이 가장 먼저였다). 기존 공동체를 일단 원리적으로 해체한 다음 원자화된 개인에서 출발하여 질서의 재구축을 꾀했던 것이다.

자연상태와 자연법

그럼, 홉스의 눈에 인간은 어떤 존재로 비쳤을까? 그에게 인간이란 스스로의 생명을 유지하기 위해 물질대사를 하는 하나의 생물일 뿐이었다. 외부의 자극을 받아 생기는 감각은 시간의 흐름 속에서 정착하여 기억이 되며, 축적 과정을 거쳐 경험이 된다. 인간은 경험을 조합하여 판단 능력을 익힌다.

하지만 홉스는 선악에 대한 인간의 판단 능력을 믿지 않았다. 그도 그럴 것이, 인간이란 자신에게 좋은 것은 원하지만 공포를 느끼게 하는 것은 피하려고 하는 존재여서, 그런 면에서 보자면 선악의 판단은 결국 주관성을 벗어날 수 없기 때문이다. 물론 사람에 따라 판단은 달라지며, 객관적이고 절대적인 의미에서의 선악은 존재하지 않는다.

게다가 인간은 앞날의 일을 생각한다. 지금 무엇인가를 가지고 있다 한들 미래는 알 수 없다. 이런 예견 능력의 한계 때문에 인간의 마음은 쉴 틈이 없다. 인간은 또 타인과 비교하면서 영향을 받기도 한다. 그 허영심으로 인해 인간의 욕망은 끝없이 확대되며, 인간관계 역시 끔찍하게 변하는 것이다. 홉스는 인간을 '교만한 자들'이라 불렀다("그것은 모든 높은 자를 내려다보며 모든 교만한 자들에게 군림하는 왕이니라", 「욥기」 41:34 참조—옮긴이).

인간에게는 육체적인 힘이나 부는 물론이고 지혜나 언변, 나아가서는 좋은 평판까지도 권력power이 된다. 인간은 권력을 추구하지만 그것이 상대적인 것인 이상, 타인보다 줄곧 우월한 존재여야 유지할 수 있다. 또한 미래는 불확실하므로 더한 권력을 추구하지 않으면 지금의 권력조차 지켜낼 수 없다. 여기에서 인간의 자연상태는 전쟁상태라는 결론이 도출된다.

그러나 홉스가 이러한 인간관을 그저 부정적으로만 논하지 않았다는 점이 중요하다. 그는 도리어 이와 같은 인간의 양태를 자연권right of nature이라 하며 긍정했다. 홉스는 논의의 전제로서 먼저 인간의 평등을 강조한다. 그것도 이념적인 평등이 아니라 철저하게 실력에 근거한 평등을 문제로 삼는다. 홉스에 따르면, 아무리 힘없는 인간이라 해도 여럿이서 힘을 모아

덮치면 강자를 쓰러뜨릴 수 있다. 지배는 힘만 가지고는 불가능하다고 본 홉스는 실력설을 부정했다.

인간에게는 누구나 자기 생명을 유지하기 위해 자신이 적당하다고 여기는 수단을 사용할 권리가 있다. 이와 같이 논한 홉스에게 자연권이란 우선 자기보존의 권리이고, 이를 위한 수단에 관한 권리이며, 나아가 무엇이 적당한 수단인지 판단할 권리였다. 인간의 사회성에 기대지 않고 인간의 자연권만을 전제로 하여 어떻게 질서를 세울 수 있을까? 홉스가 제기한 이 물음은 훗날 '홉스 문제'라 일컬어진다.

물론 인간은 끊임없는 전쟁상태를 견디지 못한다. 그런 까닭에 인간의 이성은 평화를 실현하기 위해 노력해야 한다는 것, 그리고 각자가 자연권을 서로 제한해야 한다는 것을 제시한다. 홉스는 평화를 실현하기 위한 일반규칙을 자연법law of nature이라 불렀다. 그러나 이 경우 자연법이란 자연권을 좀더 바람직하게 실현하기 위한, 이성에 따른 추론에 지나지 않는다. 어느 한 사람이 계약을 지켜도 다른 사람 역시 그것을 지키리라는 보장은 없다. 위반자가 생겨도 그를 처벌할 공동권력common power이 존재하지 않는 것이다.

국가의 성립

단순한 규범의식만으로는 자연상태에서 벗어날 수 없다. 규범의식에 실효성을 부여할 실력이 필요하다. "칼 없는 계약은 한낱 언사에 불과하다"는 홉스의 표현은, 인간이 자기보존을 실현하기 위해서라도 공동권력을 수립해서 정치사회를 세워야 한다는 것을 뜻한다.

홉스의 『리바이어던』 표지에는 거대한 지배자의 모습이 그려져 있는데, 잘 들여다보면 지배자의 몸은 수많은 인간으로 이루어져 있음을 알 수 있다. 정치사회란 자연적인 것이 아니라 평등한 개인들이 계약에 의해 만든 작위의 산물인 것이다.

홉스는 모든 인간이 스스로의 권력과 강함을 한 사람의 개인 혹은 합의체에 위임하게 함으로써, 좀더 구체적으로는 이 개인이나 합의체를 자신의 대리인으로 삼아 그 판단을 자신의 판단이라 여기고 따른다는 내용의 계약을 맺게 함으로써 공동권력을 수립하고자 했다.

홉스가 문제삼은 것은 각인이 마음대로 판단하는 것(사적 판단)이었다. 잉글랜드 내전 때는 이따금 인간의 양심이 가장 소중하다는 식의 논의가 나타났지만, 홉스는 양심 또한 사적 의견이라 생각했다. 이러한 사적 판단을 허용하는 한, 자연상태에서 벗어나는 일은 불가능하다. 홉스는 판단 주체를 일원화함으로써 이 문제를 넘어서고자 했던 것이다.

그렇다 하더라도 문제는 남는다. 홉스는 인간 사이에 자연스러운 합의는 있을 수 없으며, 최종적으로 인간을 움직이는 것은 공포의 힘이라고 봤다. 그렇다면 인간을 공포의 힘으로 복종시키는 실력을 자연상태에서 어떻게 만들어낼 것인가? 인간을 복종시키는 실력을, 바로 그 인간끼리의 계약을 통해 창출한다는 것은 순환론이나 다름없다.

이에 홉스는 국가의 성립 패턴으로 설립형과 정복형 두 가지를 제시한다. 설립형은 인간의 사회계약에 의해 국가를 세우는 것으로, 위에서 언급한 순환론이 문제가 된다. 홉스의 논의에 모순이 있다고 본 후세의 논의는 설립형에 집중되었다. 한편 정복형의 경우에 정복자는 원래 실력을 지녔다

안전security

홉스의 정치사상은 '안전'을 정치에서 최대의 가치로 제시한 점에서도 중요한 의미를 지닌다. 안전이라는 단어는 라틴어 'se cura'에서 유래하는데, 원래는 불안이나 걱정이 없음을 뜻한다. 홉스는 어떠한 인간이든 자신의 생명을 타자의 위해로부터 지키고 유지하는 것이 공통의 관심사라는 전제 위에서 논의를 시작한다. 근대의 정치사상에서 이 표현의 의미는 생명이나 재산 등을 물리적으로 지키는 '안전보장'에서 급기야 사람들의 생활을 다양한 위험으로부터 지키는 '사회보장'으로 확대·심화되었다. 오늘날에는 범죄나 테러로 인해 사람들의 일상생활이 위협받는 가운데 물리적 안전이 다시금 중요한 정치적 테마로 떠오르고 있다. 안전을 위해서는 생활을 감시당하거나 프라이버시를 침해당해도 어쩔 수 없는 것인가? 과연 안전과 자유를 동일시해도 좋은지 되묻게 된다.

고 여겨진다. 홉스는 내전을 거쳐 탄생한 의회 정권을 정복자로 파악했다.

참고로, 홉스의 『리바이어던』은 내란으로 탄생한 의회에 의해 세워진 새 정권을 옹호할 목적에서 집필되었다는 말도 종종 들린다. 그러나 홉스는 확고한 주권의 존재 여부를 문제삼았을 뿐, 그것이 한 사람의 개인(찰스 1세)인지 아니면 합의체(의회)인지는 부차적인 문제였다. 그는 눈앞에 있는 단원제 의회에 의한 절대정권을 정복형의 국가 상태로 보고 옹호했던 것이다.

종교론과 주권의 한계

홉스가 말한 주권은 결코 진리나 객관적 타당성으로 뒷받침되지 않는다. 오히려 "진리가 아닌 권위가 법을 만드는" 것이며, 자연법이 주권자를 구속하기는 해도 무엇이 자연법인지는 주권자가 판단한다.

그 결과 국가는 각 개인의 자기보존을 실현하기 위해 존재하므로, 주권자의 권력은 무한해진다. '올바른 통치'라는 것도 무엇이 올바른지에 대해서는 주권자가 판단하는 이상, 주권자를 제약할 원리일 수는 없기 때문이다. 홉스가 구상한 국가는 그야말로 리바이어던(구약성경에 나오는 괴수)이었다.

하지만 리바이어던에 대한 개인의 복종은 절대적이지 않다. 생명이 위험에 처한 경우에는 전쟁터에서 도망치는 것까지도 홉스는 허용한다. 사적 판단을 부정하는 논의와 모순되는 것처럼 여겨질 수 있지만, 공포의 힘이야말로 인간을 움직인다고 생각한 홉스에게 극도의 공포와 맞닥뜨린 인간이 판단 불능에 빠지는 것은 어쩔 수 없는 사태였다.

『리바이어던』에서의 종교론에도 양의성이 나타난다. 홉스는 『시민론』까지는 영국국교회의 입장을 따르는 논의를 펼쳤으나, 『리바이어던』에 이르러서는 영국국교회를 부정하고 성서 해석권을 세속의 주권자에게 넘기게 된다.

그러나 홉스가 개인의 양심을 조금도 허용하지 않은 것은 아니었다. 홉스는 양심을 사적인 의견이라 본다. 하지만 홉스가 문제시한 것은 신민이 주권자의 명령을 어기며 행동하는 경우이며, 양심의 존재 자체를 부정하지는 않는다. 행동으로 옮기지 않는다면 무엇을 믿든 자유였다.

홉스는 『리바이어던』 제3~4부에서 종교를 논하며 예언자에 관해서도 언급한다. 이 세상에는 예언자라 자처하는 이들이 적지 않지만, 신이 어떤 인물에게 계시를 내렸다고 믿는 것은 결국 그 인간을 믿는 것이나 진배없다. 홉스는 예언자를 승인하는 것도 어디까지나 주권자의 권한이라 보았다.

그런 의미에서 홉스의 국가는 외면적이며, 신앙이나 양심에 개입하지 않는다. 외면적 행동에서 법을 준수하면 사상적 자유까지도 허용한 것이다. 이는 종교상의 대립으로 벌어진 내전과 씨름한 홉스 나름의 정치적 결론이기도 했다.

3. 해링턴

'고대의 분별'

홉스의 정치학은 왕의 대권과 신민의 자유 간의 조화를 꾀하는 전통적인 잉글랜드 국제론과는 차원을 완전히 달리하는 것이었다. 한편 홉스와는 다른 의미에서 역시 전통적인 잉글랜드 국제론의 틀을 넘어서는 정치론을 펼친 인물이 있다. 『오세아나 공화국』(1656)으로 알려진 제임스 해링턴이다. 해링턴은 홉스와 마찬가지로 내전의 극복을 목표로 하는 새로운 정치학을 확립하고자 했는데, 홉스와는 다르게 고대 공화정 로마에서 그 모범을 찾았다.

해링턴에 따르면, 정치학의 역사에는 '고대의 분별'ancient prudence과 '근대의 분별'modern prudence, 이렇게 두 종류가 존재한다. 이 경우 '고대'와 '근대'는 게르만족의 이동과 서로마제국의 붕괴를 기준으로 구분된다.

해링턴(1611~1677)

제임스 해링턴은 17세기의 공상에 가까운 사상 중 하나로 기억되는 『오세아나 공화국』의 저자로 알려져 있다. 또한 토지소유에 주목한 정치론을 펼쳐 마르크스주의의 선구라 여겨지기도 했다. 하지만 그후 오랫동안 잊혀진 사상가였던 해링턴은 이제 와서는 서양 정치사상사의 주요 인물 중 하나로 꼽힌다. 마키아벨리의 『로마사 논고』를 매개로 고전고대의 정치학을 근대 유럽에 전했고, 미국의 독립에도 지대한 영향을 주었기 때문이다. 젊은 시절에 유럽 대륙의 곳곳을 여행하고, 네덜란드나 베네치아의 공화정치를 관찰했다. 청교도혁명이 일어났을 때는 비당파적 인물이라 해서, 의회에 갇힌 찰스 1세의 집사로도 기용되었다. 왕의 처형에 반대하여 정치에서 물러나 『오세아나 공화국』 집필에 힘을 쏟았으나, 왕정복고 후에는 찰스 2세에 의해 런던탑에 유폐되었다.

'고대의 분별'이란 모세의 고대 이스라엘에서 시작되어 그리스·로마로 이어졌고 근대 이후에도 베네치아나 마키아벨리(『로마사 논고』)에 의해 지켜진 정치학이다. 이 전통에서는 어디까지나 평등한 시민에 의한 정치사회 civil society라는 틀에서 통치를 파악하며, 누가 누구에게 지배당하는가에 대해서도 공통의 이익이라는 관점에서 논했다.

이와 달리 '근대의 분별'이란 카이사르에서 시작되어 서로마제국이 무너진 후 이민족에게 계승되었고, 나아가 기독교 유럽 사회에서 퍼져나간 정치학이다. 이 전통에서는 정치사회라는 틀은 없으며, 통치란 소수의 사람들이 이익에 따라 다수를 지배하는 것을 의미했다. 중세 유럽 이후 왕의 대권과 귀족의 특권 사이의 균형을 논한 것은 실로 '근대의 분별'의 산물이었다.

이러한 구별은 뚜렷한 함의를 지닌다. 해링턴은 국왕, 귀족원, 평민원으로 구성되는 잉글랜드 국제를 결코 안정된 것이라 보지 않았다. 유럽의 군주정이란 어차피 봉건영주들이 서로 타협한 산물에 지나지 않으며, 일단 타협이 깨지면 무질서에 빠질 수도 있었다. 당시 해링턴의 눈앞에는 내전으로 군주를 처형하고 공화정을 수립한 뒤 안정을 찾지 못한 잉글랜드의 모습이 자리하고 있었다.

이에 해링턴은 『오세아나 공화국』에서 이상적인 공화국의 모습을 제시하려 한다. 전통적인 잉글랜드 국제를 비판하던 해링턴은 오히려 고대 공화정 로마의 혼합정체론을 계승하여 발전시키려고 했다. 홉스와 달리, 폴리비오스식의 혼합정체론이야말로 무질서를 극복할 열쇠라고 해링턴은 생각했던 것이다.

군대와 토지소유

홉스는 공포의 힘만이 복종을 확보하는 데 중요하다고 보았다. 그러나 문제는 공포를 조성하기 위한 군대를 어디에서 동원할 것인가였다. 해링턴은 법을 실현하려면 군대의 실력이 불가결하다고 전제한 뒤, 군대를 키우기 위한 재산의 소재를 문제로 삼았다.

고대의 도시국가에서도 드러나듯, 무장한 병사들로 이루어진 군대야말로 국가의 존립을 좌우해왔다. 그 경우에 인간은 스스로 식량을 조달할 수 있는 사람과 그렇지 못한 사람으로 나뉜다. 후자는 타인의 비호를 받게 되며, 자신을 비호해주는 사람을 통해 필요한 것을 구해야 한다. 그런 인간은 주인에게 복종하는 하인이 되는 것이다.

그럼, 자유로워지기 위해, 즉 타인의 뜻에 의존하지 않기 위해서는 무엇이 필요한가? 토지소유가 중요하다고 해링턴은 지적했다. 그는 토지소유의 형태를 기준으로 세 가지 정체가 가능하다고 논했다. 토지소유의 형태가 곧 통치구조를 결정한다는 것이다.

먼저 한 사람의 군주가 4분의 3 이상의 토지를 지배할 때 절대왕정이 실현된다. 해링턴은 오스만 튀르크를 예로 든다. 토지 대부분을 소유한 군주는 대규모 군대를 동원하여 공포와 필요에 의해 전국을 지배할 수 있다.

다음으로는 한때 잉글랜드가 그러했듯이, 소수의 귀족이 4분의 3 이상의 토지를 차지할 때 왕의 대권과 귀족의 특권 사이의 균형에 의해 혼합왕정이 성립된다. 이 혼합왕정에서는 봉건제를 전제로 권력제한론이 나타나는데, 앞서 지적한 것처럼 유력한 봉건영주끼리의 대립으로 인해 불안정해질 위험성이 있다.

그러나 해링턴이 볼 때 동시대의 잉글랜드에서는 인민이 벌써 4분의 3 이상의 토지를 소유하기에 이르렀다. 그렇다면 토지를 소유한 시민들이 스스로 무기를 드는 공화정의 출현이 불가피해진다.

이런 맥락에서라면 잉글랜드 내전의 원인도 분명해진다. 잉글랜드에서는 장미전쟁(1455~1485)이나 헨리 8세의 정책으로 인해 인민의 토지소유가 증가했지만, 통치구조는 오히려 절대왕정에 가까웠다. 이런 어긋남 때문에 혁명이 일어난 것이며, 공화정의 성립은 토지소유의 형태로 보면 당연한 결과였다.

홉스는 단원제 의회에 의한 정권을 정복형 국가라 해서 옹호했다. 그러나 해링턴의 눈으로 보면, 토지소유가 평등해진 상태에서는 정복자의 정권이 성립될 리 없다. 새로 등장한 공화정은 정복이 아닌 토지소유의 형태로 판단되어야 할 것이었다. 홉스가 절대주권이라는 처방전을 제시한 반면, 해링턴은 도리어 평등한 토지소유에 입각한 '공통의 이익'의 지배야말로 내전을 극복할 열쇠로 파악했다.

『오세아나 공화국』의 제도 구상

『오세아나 공화국』은 위대한 입법자가 출현함으로써 수립된 평등한 공화국이라는 유토피아 이야기이다. 그곳에서는 토지의 집중이나 분할이 금지되고, 평등한 토지소유 상태가 유지된다.

해링턴이 중시한 것은 '공통의 이익'을 실현하기 위한 제도 구상이다. 단원제 의회의 공화정이 기능 부전에 빠지면서 크롬웰의 독재를 피해갈 수 없게 된 잉글랜드의 상황에서, 해링턴은 양원제의 가능성에 주목한다.

공화정 로마를 관찰한 폴리비오스는 왕정, 귀족정, 민주정 같은 단순정체는 불안정을 면할 수 없다고 보고, 이러한 요소들을 조합한 혼합정체를 최선이라 판단했다(☞제1장 3, 제2장 1). 해링턴 역시 폴리비오스를 따라 귀족정의 요소와 민주정의 요소를 원로원과 민회의 양원제로 제도화하려 했다.

왜 단원제는 원활히 작동하지 못하는가? 의원들이 저마다 사적인 이익에 매달리기 때문이다. 그렇다면 의회를 둘로 분할하고, 하나는 토론을 거

공화주의 Republicanism

공화주의란 고대 그리스의 도시국가나 공화정 로마에서 유래하는 사상적 전통이며, 'res publica'('공공의 것'이라는 뜻에서 파생되어 공화정을 의미한다)를 어원으로 한다. 인간의 좋은 삶에는 정치참여가 불가결하다고 본 아리스토텔레스나, 국가를 공공의 이익에 기초한 인적 집합이라고 본 키케로의 사상을 계승한 것으로 여겨진다. 하지만 공화주의는 어디까지나 현대의 연구자들에 의한 분석개념이고, 논자에 따라 다양한 이해가 존재한다. 같은 공화주의라 해도 군주제를 부정하는 데서 그 본질을 발견하기도 하고, 공화정 로마에서 이루어진 공공의 이익의 지배나 폴리비오스식의 혼합정체 전통을 강조하기도 한다(이 절에서 논하는 해링턴의 경우에도 이러한 요소들이 보인다). 상업이나 사치에 따른 부패를 비판하고 공공정신으로서의 덕을 내세우는 사상을 공화주의라 부르기도 하고, 대표제의 계기를 강조하며 민주주의에 의한 민중의 정치참여와 대비되는 의미에서 공화주의를 사용하는 경우도 있다.

쳐 제안을 하는 의원(원로원)으로, 다른 하나는 제안을 받고 투표로 채택을 결정하는 의원(민회)으로 기능하게 하면 된다고 해링턴은 말한다.

그러면서 예로 드는 것이 케이크를 자르는 두 소녀의 경우이다. 소녀들이 케이크를 평등하게 나누려면, 한 소녀가 케이크를 자르고 다른 한 소녀가 선택하게 하면 된다. 결국 케이크를 자르는 소녀는 자신에게 불리하지 않도록 케이크를 가능한 한 정확하게 양분하리라는 것이 해링턴의 설명이다.

원로원이 자신의 사적인 이익에 기초하여 제안을 해도, 민회에서 부결될 것이다. 해링턴은 원로원에 공통의 이익을 중시하도록 호소할 것이 아니라, 그렇게 할 수밖에 없도록 몰아가는 것이 중요하다고 생각했다.

다만 현실의 고대 공화정 로마는 귀족과 평민의 대립이 격화되어 무너졌다. 이러한 과거사를 넘어서기 위해, 해링턴은 원로원을 세습이 아닌 임기에 따른 순환제로 하자고 제안했다.

그러면 해링턴이 폴리비오스를 본떠 주장한 혼합정체는 잉글랜드의 기존 국제와 어떤 점에서 달랐는가? 잉글랜드의 전통적인 혼합정체에서는 왕의 대권과 귀족의 특권 사이에서 균형을 취하며 폭정을 억제하는 일이 중요했다. 이와 달리 해링턴의 경우는 권력의 주체를 여럿으로 설정하여 역동적인 관계를 유지하고, 정치제도의 힘에 의해 사적인 이익을 공통의 이익으로 전환하는 것이 목적이었다.

이러한 해링턴의 사고는 이어서 언급할 신해링턴파neo-Harringtonian뿐만 아니라 18세기 영국의 데이비드 흄이나 미국 건국의 주역들에게도 큰 영향을 끼쳤다.

신해링턴파

1660년, 찰스 2세의 즉위로 왕정이 복고되면서 귀족원도 부활한다. 왕과 귀족원, 평민원으로 이루어진 잉글랜드의 전통적 국제가 다시 등장한 것이다. 이로써 공화정 실험은 끝을 고했다.

절대주권을 옹호한 홉스는 물론이고 공화정의 필연성을 강조하며 세습인 귀족원을 부정한 해링턴에게도 전통적 국제 아래에서 질서가 회복된 사태는 그야말로 아이러니한 경우였다. 그러나 왕정복고 후에도 해링턴의 논의를 일부나마 계승한 사상가들이 나타난다. 헨리 네빌(1620~1694)과 알

저논 시드니(1622~1683) 등 신해링턴파라 불리는 이들이다('신해링턴파'라는 말은 현대의 정치학자 존 포칵이 지어낸 말이다).

네빌이나 시드니 등은 해링턴의 논의를 큰 틀에서 계승하면서 그것을 잉글랜드의 전통적 국제와 결합했다. 다시 말해 잉글랜드의 기존 혼합정체는 해링턴이 말한 것처럼 세습 귀족에 의한 불안정한 정체가 아니라, 오히려 귀족이 왕권을 억제함으로써 실현되는 자유롭고 안정된 정체라고 생각했던 것이다.

그러나 토지소유 문제에 주목했다는 점에서 그들은 분명 해링턴을 계승하고 있다. 신해링턴파는 토지를 소유한 귀족이야말로 자유로우며 왕권을 비판할 자격을 지녔다고 보았다. 왕권에 달라붙어 관직이나 재물의 힘에 의존하는 궁정 귀족이 아니라 토지에 기반을 두고 국왕에 대항할 만한 기개를 품은 봉건 귀족만이 자유를 지킨다고 여겼던 것이다.

이와 같은 신해링턴파의 논의는 급기야 궁정파에 맞선 지방파의 입장을 뒷받침하는 이론으로 발전한다. 그들에게 궁정은 이익을 추구하는 부패의 온상이며, 강력한 상비군은 자유에 대한 탄압으로 이어지는 위험한 존재로 파악되었다.

신해링턴파의 주장은 어느 면에서는 내전이 벌어지기 전의 논의로 회귀하는 것이었으나 시대상황 역시 계속 변화하고 있었다.

1680년대에 들어서자 시대는 다시금 위기의 양상을 띤다. 찰스 2세가 의회를 눈에 띄게 억압하는 가운데, 왕위 계승자인 찰스 2세의 동생 제임스가 가톨릭 신자였던 까닭에 이번에는 왕위계승 문제가 불거진 것이다. 이 문제는 1688년의 명예혁명으로 번져간다. 신해링턴파는 그 과정에서 중요한 역할을 담당했다.

4. 로크

자연법과 인간의 인식 능력

1680년대의 왕위계승 문제를 통해 잉글랜드에서는 휘그와 토리라는 두 당파가 형성되었다. 왕위계승 문제에 의회가 개입할 수 있다고 여긴 휘그당과 달리, 의회의 간섭을 부정하고 왕의 혈연을 우선시하는 이들이 토리당이라 불리게 된다(훗날의 자유당과 보수당). 청교도혁명 이래 계속되어온 의회와 왕권의 대립이 가톨릭 신자의 왕위계승 여부를 둘러싸고 재연되는 형국이었다.

휘그당의 영수 샤프츠베리 백작과 인연을 맺으며 정치에 깊숙이 관여하게 된 인물이 존 로크이다. 찰스 2세가 의회를 해산하고 억압통치를 강화하자 샤프츠베리 백작 등은 쿠데타를 모의하는데, 로크는 이를 옹호하기 위해 『통치론』(1690)을 집필했다.

정부의 권력은 인민에게서 신탁받은 것이며 인민은 부정한 권력에 저항할 권리를 갖는다고 로크는 주장했다. 그리고 여기에서 더 나아가 소유권property론을 축으로 인민과 정부의 관계를 체계화하고, 자의적인 권력으로부터 개인의 권리를 지키고자 했다. 이러한 로크는 종종 근대 자유주의 사상의 시조라 불리기도 한다.

당시에는 신해링턴파의 논의 같은 것이 주류를 이루고 있어서 자연법이

KEY PERSON 17

로크(1632~1704)

청교도 가정에서 태어난 존 로크는 내전기에 젊은 시절을 보냈다. 옥스퍼드 대학을 졸업하고 휘그당 급진파인 정치가 샤프츠베리 백작과 인연을 맺어 그의 참모 역할을 한다. 1680년대의 왕위배제법 위기 때는 찰스 2세의 억압통치를 비판하는 샤프츠베리와 행동을 함께했고, 쿠데타 계획이 실패로 끝나자 네덜란드로 망명했다. 참고로, 한때는 『통치론』이 명예혁명 시기에 집필된 것으로 여겨졌으나, 지금은 그보다 앞선 왕위배제법 위기 무렵에 집필된 것으로 받아들여진다. 샤프츠베리는 네덜란드에서 객사했지만 로크는 명예혁명을 계기로 귀국한 후 혁명체제를 옹호하며 안정화에 힘썼다. 『인간오성론』(1690)이나 『교육론』(1693)으로 명성을 날렸는데, 『통치론』은 익명으로 출간하여 로크도 생전에 이 책을 자신의 저작이라 인정하지 않았다. 이외에 관용론에 관한 저작이 있으며, 노동론은 훗날 경제학에서 말하는 노동가치설에 영향을 끼친다.

나 자연권 이론을 통해 사회계약을 체계적으로 논한 로크의 정치론은 도리어 예외적인 것이었으나, 그의 논의는 독립기의 미국을 비롯해 후세에 큰 영향을 끼쳤다.

로크의 논의에서 특징적인 것은 먼저 자연법에 대한 이해이다. 홉스의 자연법이 평화를 실현하기 위한 이성의 추론에 지나지 않았던 것과 달리, 로크의 자연법은 "자연의 빛에 의해 분명해지는 신의 의지"였다. 인간은 신에게서 받은 자연법의 규칙을 의무적으로 따라야 한다고 로크는 생각했다.

이는 언뜻 전통적인 논의처럼 보인다. 그러나 철학사에서 경험론의 정초자로 알려져 있기도 한 로크는, 인간은 마치 백지tabula rasa와 같은 상태로 태어나며 어떤 생득의 본유관념도 지니고 있지 않다고 주장한 철학자이다.

이런 면에서 로크는 객관적인 자연법의 질서를 인정하는 한편, 인간은 자연법의 내용을 태어나면서부터 갖추고 있지는 않다고 주장한 셈이다. 그 사이에서 가교 역할을 하는 것이 인간의 인식 능력이었다. 자연법은 저절로 인간을 지배하는 것이 아니라, 인간이 능동적으로 자연법을 깨치는 것이라고 로크는 생각했다.

주권자에게 판단을 위임하고자 한 홉스와 달리, 로크가 개인 한 사람 한 사람의 판단을 중시하면서도 그것이 결코 무질서에 빠지는 일은 없다고 주장한 배경에는 이러한 인식론이 깔려 있었다.

자연상태

『통치론』의 제1론은 로버트 필머(1588~1653)의 『가부장제』(Patriarcha, 1630년대에 집필, 1680년에 출간)에 대한 비판으로서 집필되었다. 필머는 내전 시기에 활약한 비타협적인 왕당파 이론가로, 왕권신수설을 펼친 것으로도 잘 알려져 있다.

필머는 정치적 권위가 인간의 자유로운 선택에 기초한다는 관점을 비판했다. 필머에 따르면 이러한 관점이 상정하는 인민의 합의에는 역사적인 근거가 없다. 근거가 있다 하더라도 특정 시점에 도출된 합의가 이후 세대를 구속할 수는 없으므로, 정치를 공연히 불안정하게 만든다고 논한 것이다.

반대로 필머가 지배의 진정한 원천으로 드는 것은 신이 아담에게 내린 가부장권이다. 아버지가 가족을 지배하는 이 권리가 상속을 통해 계승되어 현재의 왕에게까지 이어지고 있다는 것이 필머의 왕권신수설이다.

이에 대해 로크는 필머가 아버지의 권력과 정치권력political power를 혼동하고 있다고 비판한다. 정치권력이란 자유인 사이의 정당한 권력이며, 부모가 자식을 위해 자식이 일정한 나이로 성장할 때까지 양육에 나서는 권력이나, 주인이 멋대로 노예를 부리는 권력과는 본질적으로 다르다는 것이 로크의 주장이었다.

이렇게 하여 필머의 논의를 일축한 로크는 제2론에서 홉스처럼 자연상태론으로부터 논의를 시작한다. 그러나 홉스의 자연상태가 "만인의 만인에 대한 투쟁"이었던 것과 달리, 로크는 오히려 자연상태란 "각인이 자연법의 범위 안에서 타인에게 의존하지 않고 자신의 육체나 소유물을 자신이 적당하다고 여기는 방식으로 처리하고 행동하는 자유로운 상태"라고 생각했다.

자연법은 자연권을 제약하는 것으로서 앞서 존재한다. 또한 자연상태에 놓인 인간은 어떠한 타자에게도 종속되지 않는다. 다시 말해 상호 합의에 기초하지 않는 한 지배-복종 관계는 있을 수 없다고 본 점에서 로크의 논의는 홉스와 대조적이었다.

이러한 로크의 자연상태론을 뒷받침하는 것이 소유권론이다. 로크에 따르면, 신은 인간의 자기보존을 위해 만물을 공유물로 삼아 내려주었으나 인간은 자연에 노동을 가함으로써 스스로의 소유물로 삼을 수 있다.

이 경우에 이를테면 과일을 너무 많이 따서 썩게 만들면 타자의 자기보존에 방해가 된다. 이를 자연법 위반이라 보는 로크는 그렇게 하지 않는 이상, 인간은 자기 신체와 그 연장선에 있는 노동의 성과를 배타적 권리로서 누릴 수 있다고 논했다.

정치사회

이처럼 로크의 자연상태란 노동 주체로서의 개인이 타자의 재화를 빼앗는 일 없이 자립한 상태이고, 기본적으로 평화로운 상태이다. 하지만 그런 자연상태에서도 분쟁 가능성은 있다고 로크는 지적한다.

왜냐하면 자연상태에서는 권리가 훼손되어도 구제할 수단이 없기 때문이다. 다시 말해 각자가 스스로 자연법을 해석하고 서로 제재를 가하는 수밖에 없다. 게다가 의도적으로 자연법을 어기고 타자의 생명을 계획적으로 공격하는 인간이 출현할 가능성도 있다.

그렇다면 각자는 자신의 소유권을 지키기 위해서라도 자력으로 구제할 권리를 포기한 채, 자연법을 해석하고 집행할 공통의 정치권력을 세울 필요가 있다. 그렇게 하면 개인은 자연적 권력을 잃겠지만, 대신에 다수결로 의사결정을 하는 정치사회civil or political society의 구성원이 된다고 로크는 논했다(다만 정치사회의 수립에는 전원일치가 필요하다).

이 경우에는 자연법의 해석과 집행이 곧 정치사회의 임무가 되는데, 로크는 해석과 집행을 각각 입법권과 집행권으로 구별할 필요가 있다고 주장했다. 해석과 집행을 동일한 권력에 맡길 경우, 그것이 남용될 위험성이 있기 때문이다. 인민의 신탁을 받은 입법권이 최고의 권력이지만, 그 입법권도 자연법에 구속되며 집행권은 입법권에 의해 통제된다.

소유권property

로크가 제창한 소유권 이론은 한때 근대 자본주의의 기초가 되는 개인주의를 정당화하는 것으로 이해되는 예가 많았다. 그러나 소유권론은 적용 범위가 훨씬 넓다. 로크의 소유권론이 획기적이었던 까닭은 소유권의 기초를 노동에서 찾고, 궁극적으로는 각 개인의 신체의 자기소유에서 찾았다는 점이다. 말하자면 각자의 신체는 각자에게 고유한proper 것이고, 그러므로 신체에 의한 노동의 성과도 그 개인의 배타적 소유물이 된다. 이런 논리로 소유권을 정당화하고, 나아가 이 소유권으로 개인의 자유를 확보하고자 한 점이 로크가 제시한 이론의 의의이다. 이와 달리 흄 등은, 소유권은 개인과 사물의 관계가 아니라 오히려 개인과 개인이 합의한 산물임을 강조했다. 이런 입장에서 보면, 소유권이란 실로 사회적 합의의 산물일 따름이다. 소유권이란 무엇이며 인간은 자신의 소유물을 뜻대로 처분할 수 있는가를 둘러싼 논의는 오늘날까지 이어지고 있다.

로크는 입법권과 집행권 외에도 대외적인 군사 및 외교를 관장하는 연합권(외교권)을 들며 나름의 권력분립론을 펼쳤다. 그 본질은 그때까지 국왕의 대권으로 여겨지던 것을 집행권과 연합권으로 나누고, 집행권을 입법권에 버금가는 것으로 자리매김한 데 있었다. 나아가 그동안 신민의 특권으로 여겨지던 것을 소유권으로 재해석하여, 정부 전체의 목적을 소유권의 보전에서 발견한 점도 중요하다.

달리 말하자면 정부의 권력은 어디까지나 각인의 자연권을 좀더 충실히 보장하기 위한 것이다. 따라서 정부가 인민의 신탁을 위반할 경우 인민은 정부를 해체하고 정부에 위탁되어 있던 권력을 되찾을 수 있다.

로크는 두 가지 경우를 거론한다. 먼저, 국왕이 의회를 열지 않았거나 자신의 명령을 제멋대로 법이라 했을 때는 입법권의 개변에 의한 권력 찬탈이 된다. 이 경우 정부는 사실상 해체된 셈이며, 인민은 새로운 입법권을 수립할 수 있다.

다음으로, 입법권과 집행권이 인민의 신탁을 배신하고 권력을 남용하여 인민의 권리를 침해할 때이다. 이 경우에 인민은 무기를 들고 저항할 권리가 있다(저항권). 게다가 양자를 재판할 공통의 판정인이 없는 이상, '하늘에 호소해서'라도 전제권력으로 변모한 정부를 무너뜨릴 권리를 갖고 있다(혁명권).

사실 무질서를 두려워한 로크는 안이하게 저항권에 기대는 방식에 부정적이었으며, 정작 인민이 저항할 일은 좀처럼 없다고도 지적하고 있다.

그러나 로크의 논의가 후세에 끼친 영향은 분명하다. 홉스 등은 주권이 무너지면 사회 전체가 무너지고 무질서로 이어진다고 논했지만, 로크는 설령 정부가 해체되어도 인민이나 사회가 해체될 일은 없으며, 이를 계기로 정부를 다시 세울 수 있다고 주장했다. 이처럼 정부와 사회를 구별하고, 양자를 대항적으로 파악한 점도 훗날의 자유주의 사상으로 이어진다.

종교론

자연법에 대한 이해에서도 알 수 있듯, 로크에게 종교론은 중요한 의미를 지니고 있었다.

다만 로크가 생각하는 정치사회는 소유권의 보전이라는 세속적인 목적을 위해 수립된 것이고, 전적으로 세속의 일에만 관여한다. 종교는 영혼의 구원을 다루지만 세속의 권력은 이와 무관하다.

로크는 종교적 관용을 중시했는데, 거기에는 성서 해석권은 각 개인의 몫이고 종교조직은 자유롭고 자발적인 결사여야 한다는 생각이 깔려 있었다. 신앙은 각자의 내면의 문제인 이상, 종교조직 역시 설득을 통한 동의에 기초해야 한다. 이러한 조건이라야 다양한 교회가 하나의 정치사회 안에서 공존할 수 있으리라고 로크는 논했다.

다만 로크는 종교적 관용에 예외도 있음을 아울러 인정했다. 하나는 다른 교파와 평화롭게 공존할 수 없는 종교이고, 국가와 종교의 분리를 받아들이지 않고 세속에 개입하는 종교이다. 로크는 분명 가톨릭을 염두에 두고 있다. 명예혁명의 계기로 작용한 가톨릭 문제가 여기에도 그림자를 드리우고 있다.

다른 하나는 무신론이다. 인간 사회의 바탕에서 신에 의한 자연법을 발견한 로크에게 신의 존재 자체를 부정하는 무신론은 인간 사회의 기본에 관한 윤리를 부정하는 것과 같았다. 원칙적으로 종교에 개입하지 않는 국가라 해도, 국가 존립의 근거를 위협하는 것에는 특별히 개입할 권리를 인정한 점에 로크의 특징이 있다.

정치와 종교가 분리되었다고는 해도, 로크의 사상에서 양자는 자연법에 의해 밀접히 연결되어 있었다. 이는 로크가 구상한 모든 것의 버팀목과도 같았다.

제6장

18세기의 정치사상

16~17세기 유럽을 휩쓴 종교전쟁은 18세기에 이르러 겨우 끝난다. 내란을 극복하고 성립된 절대왕정 아래에서 유럽은 평화와 번영의 시기를 맞이한다. 상업이 활발해지고 문화나 학술에서도 세련된 면모를 보이는 한편, 카페나 살롱 등 새로운 지성의 교류 거점이 탄생한 것도 이 시기이다. 이러한 시대를 배경으로 어떠한 정치사상이 펼쳐졌을까? 부르봉 왕조의 절대왕정이 자유를 억압하는 것을 비판한 몽테스키외는 근대 군주정의 방식을 되물었다. 이성을 통해 야만을 억제하고자 했던 계몽사상가들은 내전을 초래한 종교적 정념의 극복을 꾀하는 가운데 전제권력과 양의적 관계를 맺는다. 나아가 잉글랜드와 통합한 스코틀랜드 땅에서는 상업과 경제 활동의 발전으로 인한 새로운 질서 형성의 가능성을 이론화하는 사상가들이 나타났다. 18세기는 실로 절대왕정에 의한 번영의 빛과 어둠을 거듭 되물었던 시대이다.

1. 몽테스키외

절대왕정에 대한 지적 저항

잉글랜드의 17세기는 혁명과 내전의 시대였다. 종국에는 명예혁명 체제가 확립되면서 내전이 막을 내리는데, 그 결과 탄생한 잉글랜드 국제를 관찰함으로써 독자적인 정치학을 구축한 인물이 몽테스키외이다.

몽테스키외는 루이 14세 치하의 프랑스에서 태어났다. 종교전쟁을 극복한 부르봉 왕권은 태양왕이라 불린 루이 14세 시대에 절대왕정의 전성기를 맞이했다. '고대인-근대인 논쟁'이라는 논의가 오간 데서도 알 수 있듯이, 자신들이 지금 전에 없는 문명과 번영의 시대를 살고 있다는 자의식이 생겨난 것도 이 시기의 일이다.

이러한 시대에 프랑스에서도 집권화를 추진하는 왕정에 대한 저항이 없었을 리 없다. 특히 귀족들은 스스로의 특권을 주장하며 고등법원Parlement이라 불리는 사법기관을 중심으로 반격을 도모했다. 그러나 프롱드의 난(1648~1653년) 진압을 계기로 무력 저항의 가능성은 결국 사라지게 되었다.

보르도의 법복 귀족(전통적인 대검帶劍 귀족과 대비되는, 매관제에 의해 관직을 사들인 신흥 귀족. 고등법원 등을 중심으로 활동했다) 집안에서 태어난 몽테스키외도 절대왕정에 의한 정치적 자유의 억압을 비판한 사람 중 하나였다. 하지만 몽테스키외의 비판은 그저 전통적인 입장에서 비롯된 것만은 아니었다. 이는 뒤에 가서 언급할 상업사회에 대한 적극적인 평가에서도 드러난다.

문장가 몽테스키외의 이름을 널리 알린 『페르시아인의 편지』(1721)는 프랑스를 여행하는 페르시아인을 등장인물로 삼은 우화적 작품인데, 여기서도 나타나듯 그의 관점은 유럽 내에서 확대된 교통망의 정비나 유럽 외부에서 흘러드는 정보를 바탕으로 한 것이었다.

몽테스키외가 '잉글랜드의 발견자'라 일컬어진 것은 우연이 아니었다. 몽테스키외는 『로마인의 흥망성쇠 원인론』(1734)을 집필하기에 앞서 오스트리아, 베네치아, 로마, 독일, 잉글랜드 등지를 여행한다. 그는 로마의 고전에서 배우는 한편, 자신의 지식과 견문을 동시대의 다양한 사회형태와 비교하고자 했던 것이다.

이러한 시각을 통해 국왕, 귀족원, 평민원으로 이루어진 잉글랜드 국제를 재평가한 몽테스키외는 이윽고 자신의 발견을 독자적인 권력분립론으로 정리해낸다. 권력분립론은 프랑스 절대왕정에 맞서 정치적 자유를 지키고자 한 몽테스키외의 지적 저항의 산물이기도 했다.

공화정, 군주정, 전제정

몽테스키외는 다양한 사회를 비교하면서 각각의 정체와 그 배후에 있는 사회조건의 관계에 주목했다. 그가 고찰한 범위는 기후, 토지 상태, 주민의 생활의식, 종교, 습속까지도 아우른다. 몽테스키외는 인간이나 사회를 어디까지나 구체적인 상으로 파악하려 했던 것이다.

인간은 결코 사회형태로부터 독립된 존재가 아니다. 인간을 사회적 존재로 이해한 몽테스키외는 홉스나 로크와 같이 추상적인 개인에서 출발하여 하나부터 열까지 계약을 통해 사회를 조직한다는 발상을 취하지 않았다.

몽테스키외(1689~1755)

몽테스키외는 영지의 이름이며, 본명은 샤를 루이 드 세콩다이다. 법복 귀족 집안에서 태어나 라 브레드 몽테스키외 남작의 지위를 상속받았다. 그가 활약한 때는 루이 14세에 의한 절대왕정의 전성기였다. 몽테스키외는 보르도의 고등법원 부원장을 지내는 한편, 파리의 아카데미에서도 활약했다. 이방인의 시점을 빌려 프랑스의 절대왕정을 비판한 『페르시아인의 편지』가 화제에 오르며 훗날 아카데미 프랑세즈의 회원으로도 선출된다. 유럽의 여러 국가를 여행하고 잉글랜드에 머물며 그곳 정치의 실태를 관찰했다. 역사와 정치철학을 결합한 『로마인의 흥망성쇠 원인론』이나 15년을 들인 대작인 『법의 정신』을 집필하여 미국 건국이나 프랑스 혁명에도 지대한 영향을 끼쳤다. 입헌주의나 권력분립 사상으로 알려진 몽테스키외는 정치체제를 논할 때 기후, 습속, 종교, 나아가 상업까지 고찰 대상으로 삼은 점에서 사회학의 시조로 여겨지기도 한다.

『법의 정신』(1748)이라 할 때의 '법'lois에 대한 이해도 독특하다. 그에게 법이란 어떤 민족의 역사적 경험의 산물이며, 다양한 사회적 요인의 영향을 받고 있다. 법을 "사물의 본성에서 유래하는 필연적 관계들"이라고 정의한 몽테스키외는, 일국의 법은 결코 우연의 결과가 아니며 여러 조건과 법칙적인 관련을 맺는다고 생각했다.

다만 몽테스키외는 자연적·사회적 조건이 정치형태를 전적으로 규정한다고는 생각하지 않았다. 여러 조건에 의해 규정되기는 해도, 일정한 범위 내에서 정치제도를 변경할 수는 있다. 그럼, 전제를 피하려면 어떤 제도를 설계해야 하는가? 이것이 그의 최대 관심사였다.

몽테스키외는 정체의 '본성'nature과 '원리'principe를 기준삼아 정체를 고찰했다. 먼저 정체의 본성이란 정체의 형식을 결정하는 것인데, 구체적으로 말하자면 주권을 갖는 존재의 수이다. 그리고 정체의 원리란 정체의 내부에서 사람들을 활성화하는 정념이다. 몽테스키외는 이 두 가지 기준을 조합하여 세 종류의 정체로 분류할 수 있다고 주장했다.

첫째는 공화정이다. 이는 인민의 일부(귀족정의 경우) 혹은 전체(민주정의 경우)가 주권을 갖는 정체이며, 그 원리는 덕이다. 덕이란 자신의 이익보다 공화국의 이익을 우선시하려는 자기희생적인 공공정신을 가리킨다(덕에 대한 몽테스키외의 이같은 이해는, 자신의 운명을 지배하며 'stato'를 확대하는 능력으로서 덕을 파악한 마키아벨리와는 상당히 다르다).

둘째는 군주정이다. 이는 군주 한 사람이 지배하는 것이지만, 군주 마음대로가 아니라 법에 따라 통치하는 정체이다. 구체적으로는 군주와 민중 사이의 중간권력으로서 귀족이 존재하며 정체를 지탱한다. 원리는 명예였다.

셋째는 전제정이다. 어느 한 사람이 그 어떤 기본법에도 구속되지 않고 자기 마음대로 통치하는 정체로, 원리는 공포였다.

이러한 분류는 아리스토텔레스의 6정체론을 셋으로 줄인 것인데, 여기에는 물론 의도한 바가 있었다. 몽테스키외가 떠올린 공화정의 이미지는 고대 그리스와 로마였다. 고대 그리스와 로마에서 덕을 지탱한 것은 질박한 습속이며, 토지나 재산의 평등이었다.

반면에 군주정의 명예란 다른 사람보다 월등히 뛰어나서 명성을 얻고자 하는 야심이다. 상업이나 기예가 발달하고 훨씬 복잡해진 근대사회에서는 개인의 자기애를 허용하는 군주정 쪽이 좀더 적합하다. 몽테스키외는 명성을 얻기 위해서는 까다로운 일에 종사해야 하며, 자기애를 사회적으로 유익한 방향으로 돌려서 질서와 양립시킬 수 있어야 한다고 생각했다. 그가 지향한 모델은 바로 '불협화의 조화'였다.

몽테스키외는 원래 공화정을 동경했다. 그러나 잉글랜드와 프랑스의 역사를 다시 배우면서 새로운 질서상을 얻게 된다. 그 열쇠는 전통적인 봉건적 군주정을 근대적인 상업과 결부시키는 것이었다. 새로운 군주정의 상을 그려내는 데 성공한 몽테스키외는 결국 덕이 아닌 명예야말로 진정 추구해야 할 가치라고 주장하기에 이른다.

한편, 전제정에 대한 이미지는 아시아에 있었다('동양적 전제'oriental despotism). 전제정이라는 단어는 노예를 지배하는 가장despot에서 유래했는데, 마침내 프랑스의 군주정이 전제정으로 전락하고 있다고 보는 몽테스키외의 위기감이 이 말에도 배어 있다.

몽테스키외는 공화정은 소국에, 군주정은 중간 규모의 국가에, 전제정은 대국에 각각 적합하다고 생각했다. 여기서도 공화정을 고대의 도시국가와, 군주정을 근대의 영역국가와, 전제정을 아시아의 제국과 연결지은 그의 시각을 엿볼 수 있다.

잉글랜드의 발견자

앞서 언급한 것처럼 몽테스키외는 '잉글랜드의 발견자'였다. 프랑스 왕권의 전제화를 우려한 그는 이에 대항할 이미지를 국왕, 귀족원, 평민원으

권력분립 division of power

권력분립론의 기원에는 여러 가지가 있다. 고대 로마의 안정성에 주목한 폴리비오스는 그 이유를 왕정, 귀족정, 민주정 세 요소가 로마 공화정 안에 모두 녹아들어 있는 점에서 찾았다. 폴리비오스에 따르면 로마의 정체란 권력이 집정관, 원로원, 민회 세 기관으로 복잡하게 분할되어, 여러 기관이 균형을 낳는 혼합정체였다. 이와 달리 중세 유럽에서는 신민의 동의가 없으면 국왕은 법의 제정·개폐나 과세를 행할 수 없다는 중세적 입헌주의의 전통이 생겨났다. 국왕의 대권과 시민의 특권 사이의 조화를 꾀함으로써 권력의 남용을 막는 것이 목적이었다. 어떤 의미에서 보면 양자의 전통을 통합하여 권력분립론을 확립한 이가 몽테스키외였다. 국왕, 귀족원, 평민원으로 구성되는 잉글랜드 국제에 주목한 몽테스키외는, 권력을 억제하는 것은 오직 다른 권력뿐이라고 주장하며 입법권과 집행권 외에 사법권에도 주목함으로써 근대적인 삼권분립론으로 향하는 길을 열었다.

로 구성되는 잉글랜드 국제에서 발견했던 것이다. 당시 잉글랜드에서는 신해링턴파의 영향이 나타났는데, 근대사회에는 공화정이 아닌 군주정이 더 적합하다고 본 몽테스키외는 고대 로마를 모델로 삼지 않고 오히려 내전을 극복한 잉글랜드에서 배우려 했다.

몽테스키외는 여러 권력을 적절히 배분하는 것이 정치적 자유의 열쇠라고 보았다. 거기에서는 권력을 억제하는 것은 다른 권력뿐이라고 본 그의 독특한 견해가 엿보인다. 이처럼 권력집단 사이의 작용과 반작용이 정치를 움직인다는 사고는 그후의 다원적 권력관으로도 이어졌다.

이미 언급했듯이, 로크의 권력분립은 입법권과 집행권, 연합권(외교권)으로 압축할 수 있는데, 몽테스키외도 귀족원과 평민원의 입법권이 국왕의 집행권을 억제한다고 생각했다. 나아가 몽테스키외는 여기에 사법권을 추가한다. 프랑스 고등법원의 역할을 중시했던 까닭에, 집행권에서 사법권을 따로 떼어내 파악했던 것이다. 여기에 훗날 몽테스키외가 주창한 삼권분립론의 원형이 나타난다.

이렇게 하여 몽테스키외는 기존의 신분제 질서와 결합된 전통적 혼합왕정을, 도리어 권력 간의 기능적 분화를 강조한 근대적 권력분립론으로 돌려놓는 첫걸음을 내딛었던 것이다.

상업사회

몽테스키외는 고대의 공화정을 떠받친 질박한 덕의 정신보다도 자기애를 추구하는 명예의 정신을 정치적으로 활용하고자 했다. 이는 경제활동에 주목하여 그것을 전제에 대항할 수단으로 활용하려는 의도와도 연결되어 있었다.

그는 전쟁이나 정복과는 달리 상업과 교역의 발달은 사람들의 습속을 온화하게 만들고 사회질서를 안정시킨다고 생각했다. 재물을 필요로 하는 권력 역시 재원을 확보하려면 상업의 발전을 중시할 수밖에 없기 때문이다. 그 결과 권력은 상업에 대한 터무니없는 통제를 피하면서 평화 유지에 힘쓰게 된다고 보았다.

다만 몽테스키외는 상업을 전면적으로 옹호하지는 않았다. 이제까지의 논의에서도 뚜렷하게 드러나듯, 그의 상업사회론은 정치적 효과의 관점에 입각한 것이었다. 어디까지나 전제를 막는 데 목적을 두었던 것이다.

몽테스키외는 국왕이나 귀족이 있는 신분제 사회를 상정했고, 그러한 사회형태에 적합한 부의 분배 시스템에 대해 숙고했다. 그러므로 전제에 대한 방파제 같은 역할을 기대한 귀족에 대해서는 도리어 그들이 상업활동에 참여하는 것을 부정한 데서도 드러나듯이, 상업이라는 활동 자체를 높게 평가하는 논의와는 뚜렷하게 선을 긋고 있었다.

그러나 몽테스키외의 권력제한론은 전통적인 신분제 질서나 그에 기초한 저항권에 의한 것이 아니라 상업의 발달이라는 사회경제 구조의 변화와 정치를 결부시켰다는 점에서 분명 18세기의 산물이며 애덤 스미스의 세계와도 연속성을 갖고 있었다.

17세기가 종교전쟁과 그 극복이 주제인 시대였다면, 18세기는 상업을 핵심으로 하는 문명사회의 시대였다. 몽테스키외의 정치학은 분명 문명사회의 개막을 예감하게 하는 것이었다.

2. 계몽사상

새로운 지식의 거점과 네트워크

종교 내전의 기억이 겨우 잦아들던 18세기 유럽에서 새로운 문화가 태동했다. 이런 움직임을 상징하는 것이 '계몽'이라는 말이다. '계몽'이란 영어로 'Enlightenment', 프랑스어로 'Lumières', 독일어로는 'Aufklärung'인데, 모두 '빛' 또는 '밝음'을 의미한다. 인간의 이성이라는 빛에 의해 무지의 어둠을 밝히고 모든 것을 합리적인 검토의 대상으로 삼고자 하는 지적 운동이었다.

일찍이 카롤링거 르네상스에서 수도원이나 주교좌성당 부속학교가, 그리고 12세기 르네상스에서 대학이 중요한 무대가 되었던 것처럼, 18세기 유럽에서는 살롱, 아카데미, 카페가 지식의 거점이 되었다. 이것들은 하나같이 사람과 사람, 사람과 정보가 만나는 새로운 장을 제공하게 된다.

먼저 살롱부터 살펴보면, 이곳은 여주인이 여는 사교의 장이었다. 전에는 궁정이 호화로운 사교가 벌어지는 장이었으나, 그러한 공간은 점차 궁정 바깥으로 확장되었다. 사람들은 살롱에서 시나 연극 같은 문학·예술을 주제로 삼아 대화를 즐기며 세련된 취미를 다투어 뽐냈다. 시간이 지나자 여주인의 관심에 따라서는 철학이나 정치를 논하는 살롱도 나타났다. 수많은 계몽 지식인이 활약한 곳도 살롱이었다.

18세기는 또한 '아카데미의 시대'였다. 프랑스의 왕립아카데미나 영국의 로열 소사이어티 등 국가의 지원을 받은 연구기관이 인문·자연학의 학술적 중심이 되었다. 지방에 아카데미를 설립하려는 움직임도 활발했고, 훗날 장 자크 루소가 『학문예술론』을 집필한 것도 디종 아카데미가 주최한 공모전이 계기가 되었다. 또한 수학자이자 프랑스 혁명기에 정치적으로도 활약한 콩도르세(1743~1794)는 과학아카데미의 (마지막) 종신서기였다.

한편, 카페나 커피하우스는 아라비아에서 들여온 커피를 마시는 장소로 출발해 사교의 장으로 발전한다. 그곳에서는 신문이나 잡지 같은 새로운 미디어를 통해 정보를 얻을 수 있었는데, 그런 만큼 정치나 경제에 대한 논의 공간이 되기도 했다. 정당이나 보험, 주식시장 같은 새로운 제도가 발전한 데도 카페나 커피하우스의 역할이 컸다.

새로이 등장한 사교의 장과 정보 매체는 계몽사상의 기반으로 작용했다. 이렇게 생겨난 유럽 차원의 지식 네트워크는 예전의 '기독교 공동체' Respublica Christiana와 대비되면서 때때로 '문예공화국' République des lettres이라 불리기도 했다.

계몽이란 무엇인가?

계몽을 이해하는 방식에는 여러 가지가 있을 수 있는데, 가장 잘 알려져 있는 것은 임마누엘 칸트(1724~1804)가 『계몽이란 무엇인가』(1784)에서 제시한 정의일 것이다. 칸트는 계몽을 가리켜 인간이 스스로 초래한 미성년 상태에서 벗어나는 것이며 자기 자신의 지성을 사용할 용기를 갖는 것이라 했다. "기꺼이 알려고 하라!", 이것이 바로 계몽의 표어였다.

그렇다면 "자기 자신의 지성을 사용할 용기"란 무엇일까? 칸트가 보기에 인간은 대부분 자신의 머리로 생각하려 들기 전에 어떤 권위에 기대려고 한다. 이를테면 선생이 말했다거나, 책에 적혀 있었다거나, 전문가의 조언이라면서 말이다. 다른 사람에게 묻는 행위 자체가 잘못된 것은 아니다. 문제는 스스로 판단하는 일을 끝까지 두려워하면서 누군가 '권위' 있는 존재에게 자기 대신 결정해주기를 바라는 것이다.

인간은 모두 홀로서기에 충분한 지성을 갖추고 있다. 그런데도 그가 '현명하지' 않다면 원인은 지성의 결여가 아닌 용기의 결여에 있다. 사람은 왜 타자의 지도에 따르는 것일까? 아마도 그쪽이 더 편하고 안전하기 때문일 것이다. 말하자면 게으르고 겁부터 먹는 태도야말로 지성의 사용을 방해하는 것이다. 계몽에 필요한 것은 지성의 후견인으로부터 독립하는 것이라고 칸트는 주장했다.

지금까지 설명한 데서도 드러나듯, 계몽이란 뛰어난 누군가가 조금은 뒤처지는 누군가를 가르치고 이끄는 것이 아니다. 오히려 그 반대이다. 사람이 자기 자신의 지성을 사용하는 것이 계몽이며, 다른 누군가의 지도에 따르는 행위는 계몽의 부정일 뿐이다. 종종 쓰이는 '계몽전제군주'enlightened despot라는 표현만 해도, 군주 자신이 계몽되어 있다는 것이 중요하지, 군주가 무지몽매한 인민을 계도한다는 의미는 아니다.

더구나 칸트가 이성의 공적 사용과 사적 사용을 구별하고 있는 점도 중요하다. 여기서 이성을 사적으로 사용한다는 것은 어떤 경우일까? 뜻밖에도 어떤 개인이 직장 내의 지위를 배경삼아 발언한다면 이는 이성의 사적 사용이지 공적 사용은 아니라고 칸트는 말한다. 왜냐하면 이성을 공적으로 사용한다는 것은 한 사람의 개인이 지위나 입장을 떠나 세계시민사회의 일원으로서 생각하고 발언하는 것을 의미하기 때문이다. 이에 비하면 지위에 입각한 발언은 어디까지나 해당 조직의 논리 안에 있다.

그런 면에서 보면 군인의 경우에는 상관의 명령이 이상하게 들려도 조직 내부에서는 그것을 따라야 하는 것이다. 그러나 일단 근무시간을 마치면 한 사람의 시민으로서 조직의 결점이나 비리를 고발할 수 있으며, 또 마땅히 그렇게 해야 한다. 그럴 수 있으려면 사람들이 자신의 이성을 공적으로 사용하고 발언하기 위한 공적 공간이 필요하다. 앞서 언급한 새로운 지식 네트워크는 이런 의미에서 칸트의 계몽 이념을 뒷받침한 것이다.

도덕철학

이 시기에는 철학의 내용에서도 변화가 보인다. 볼테르는 『철학서한』(1734)에서 영국의 경험론 철학을 소개하고자 힘썼는데, 이는 말하자면 바로크 시대의 지적 거인이었던 데카르트나 파스칼을 대신하여 로크와 아이잭 뉴턴(1643~1727)이야말로 지식의 참조점이라고 선언하는 것과 마찬가지였다.

이와 같은 지식의 패러다임 전환을 한마디로 표현하면, 형이상학에서 경험론으로의 이행이라 할 수 있다. 다시 말해 독단적 이성이 아닌, 어디까지나 인간의 경험적 능력을 중시한다는 입장이었다.

블레즈 파스칼(1623~1662)은 수학자이면서 인간의 근원적 분열에 번민하며 오로지 신앙에 따라 초월적인 존재를 지향한 사상가이다. 그는 인간의 이성에는 넘어서기 힘든 한계가 있으며, 이성의 힘만으로는 결코 확실성에 도달할 수 없다고 생각했다.

이와 달리 볼테르는 기독교적 생활보다는 오히려 인간성이나 상식적인 이성을 신뢰했다. 자기애가 없다면 사회는 애당초 형성되지 않으며 존속되지도 않는다. 그는 인간 사회를 죄의 산물이라 보지 않았고, 세속적인 인간성을 인정하는 데서 출발했다.

그런 까닭에 볼테르는 종교적 광신을 가장 증오했다. 박애를 드높이 외쳐야 할 기독교는 어떤 이유로 박해를 벌여온 것인가? 자기 생각만을 들이밀고 다른 것은 배제하는 행위야말로 신앙과는 거리가 멀다고 여긴 볼테르는 영국을 모델로 하는, 즉 분파에 기초한 종교적 다원주의를 주장했다.

볼테르는 교회를 격렬하게 비판했지만 종교 자체를 부정하지는 않았다.

볼테르(1694~1778)

볼테르는 필명이고, 본명은 프랑수아 마리 아루에이다. 철학자이자 문학자였던 볼테르는 프랑스 계몽주의를 대표하는 인물이었다. 문인·작가로 이름을 얻었고, 특유의 가차없는 비판적 언동으로 정치권력과 교회에 찍혀 투옥되거나 해외로 밀려날 수밖에 없었지만 그래도 굴복하지 않았다. 오히려 영국 체재를 계기로 영국의 경험론 철학과 관용 사상을 접하면서 『관용론』(1763)을 집필하여 프랑스에 소개하는 데 힘썼다. "당신의 의견에는 반대하지만, 당신이 그것을 주장할 권리는 목숨을 걸고 지키겠다"(이는 볼테르의 저작이나 서한에는 실려 있지 않고, 이블린 홀이 필명으로 쓴 『볼테르의 친구들』에 부분번역으로 실려 있다고 한다—옮긴이)는 유명한 문구로도 알려져 있듯이 언론의 자유를 옹호하기 위해 싸웠으며, 피해자를 위한 지원활동에도 나섰다. 디드로나 장 르 롱 달랑베르(1717~1783) 같은 이들의 『백과전서』에도 기고하는 등 이성에 대한 신뢰와 지식의 종합적 편집에 공헌한 사상가였으며, 문명사의 관점에서 쓴 역사론도 남겼다.

드 라 메트리(1709~1751)나 돌바크(1723~1789) 같은 이들의 무신론과는 거리를 두었던 볼테르는 이신론理神論, deism의 입장을 견지했다.

이신론은 창조주로서의 신의 존재를 인정하면서도 기적이나 신비를 종교에서 배제한다. 말하자면 신앙과 이성의 조화를 꾀하는 입장이다. 이신론에서는 신이 창조한 이후의 세계는 인간이 이해할 수 있는 이성의 질서에 의해 지배되어왔다고 본다.

볼테르는 인간의 자기애를 인정하고 거기서부터 사회생활이 시작된다고 말했는데, 이와 같은 생각을 좀더 밀고 나간 이가 클로드 아드리앙 엘베시우스(1715~1771)이다. 인간의 행동을 지배하는 것은 감각적인 쾌락과 고통이며, 자기이익의 추구는 인간에게 자연스러운 일이다. 이러한 엘베시우스의 주장은 로크 등의 감각론을 윤리사상에 철저하게 적용한 것이라 할 수 있다.

다만 로크가 결국에는 이성을 제시한 것과 달리, 엘베시우스는 효용의 체계로 논의를 일원화한다. 그런 의미에서 보자면 엘베시우스의 주장은 훗날 제러미 벤담이 펼치는 공리주의를 한 발 앞서 내놓은 셈이다.

프랑스 계몽주의는 『백과전서』(1751~1772)로 지식을 체계화하고자 했는데, 그 중심인물인 드니 디드로(1713~1784) 역시 이신론에서 출발해 감각론에 이어 유물론으로 나아간 사상가이다. 디드로는, 모든 현상은 물질과 그 운동으로 이루어지며, 도덕 역시 인간의 생리적 조건에 기초하고 있다고 보았다. 이러한 관점에서 인류의 보편적 도덕도 생겨나는 것이라고 여겼다.

물론 개개인 사이에는 생리적 차이가 존재한다. 각자의 자기애에서 비롯되는 특수의지volonté particulière가 경합을 벌인다면, 홉스가 말하는 식의 끊임없는 대립 항쟁으로 이어질 것이다. 그러나 디드로는, 선악이나 정의는 어디까지나 모든 인류의 시점에서 생각해야 한다면서 전 인류의 시점을 일반의지volonté générale라고 불렀다. 자연법이란 말하자면 인류의 일반의지이며, 인간은 이 자연법에 복종할 의무가 있다고 강조했던 것이다.

진보 progress

세계는 직선을 이루는 시간축 위에서 연속적으로 발전한다고 생각하는 '진보'라는 발상은 인류의 역사에서 그다지 일반적이지는 않다. 시간은 오히려 둥근 고리와도 같아서, 발전과 쇠퇴의 사이클을 영원히 되풀이한다고 보는 순환적 시간감각 쪽이 훨씬 널리 퍼져 있다. 이는 고대 그리스에서도 마찬가지였다. 그런데 기독교는 신의 천지창조와 최후의 심판으로 인류 역사의 시작과 끝을 분명히 한다. 이처럼 시간을 직선적으로 파악하는 기독교의 시간감각은 역시 진보의 사상으로도 이어졌다. 17세기 말 프랑스에서는 이른바 '고대인-근대인 논쟁'이 펼쳐진다. 고대인보다는 근대인이 문명과 문화에서 훨씬 뛰어나지 않을까? 이러한 발상은 프랑스 혁명기에 활약한 콩도르세의 『인간정신의 진보에 관한 역사적 개관』(1793)으로도 이어진다. 이와 같은 진보의 발상은 오늘날 중대한 기로에 서 있다.

계몽과 정치권력

계몽사상은 전통적으로 권위라고 여겨진 것에 과감히 도전했으나, 반드시 정치 면에서 혁명적이었던 것은 아니다. 볼테르만 보아도, 그가 펼친 논의의 대전제는 인간의 사교성에 있었고, 사회계약론의 입장을 굳이 따르지 않더라도 사회는 저절로 실현되는 것이었다. 눈앞의 사회에도 자연법은 존재한다. 그렇다면 자연상태로 돌아가 처음부터 다시 시작할 필요는 없다. 계몽전제군주의 힘을 빌려서라도 교회나 봉건귀족의 손아귀에 든 전통적인 관습세계를 타파하고, 문명사회를 점진적으로 실현해가면 된다는 것이 볼테르의 생각이었다.

이 점에 관해 디드로가 보여준 궤적이 흥미롭다. 디드로 역시 전 인류의 일반의지를 실현해야 한다고 보았으며, 초기에는 계몽전제군주에 기대를 품은 사람 중 하나였다. 그러나 시간이 지나자 그는, 아무리 옳다 하더라도 전제적 지배는 인간에게서 자유를 빼앗아 노예로 만들어버리는 것일지 모른다는 의문을 품게 된다.

인간의 자유나 개성은 결코 단일한 진리에 의해 부정되어서는 안 된다. 디드로는 사람들 사이의 차이나 다양성은 그 자체로 중요한 가치를 지닌다고 생각하게 되었다. 이에 디드로는 계몽전제군주를 비판하는 입장으로 돌아섰으며, 정치적 자유나 이를 위한 권력분립이 필요하다고 주장하기에 이르렀다. 종국에는 혁명론까지도 다루게 된 그의 논의는 그후 장 자크 루소 같은 이들이 이어받았다.

3. 스코틀랜드 계몽주의

통합과 사회변동

1707년, 잉글랜드와 스코틀랜드가 통합한다. 양국은 그전부터 동군연합同君聯合, 즉 같은 군주를 섬기고 있었으나, 국가로서는 분명 별개의 존재였다. 이 통합에 따라 비로소 그레이트 브리튼 왕국(영국)이 성립된 것이다.

영국의 탄생은 기존의 잉글랜드와 스코틀랜드 사회에 큰 영향을 끼쳤는데, 그중에서도 특히 스코틀랜드에서 변화가 심했다. 경제교류가 확대되는 가운데 급격히 발전하는 사회의 모습을 어떻게 이해해야 할까? 이러한 관심에서 에든버러 대학과 글래스고 대학을 중심으로 많은 사상가가 나타났는데, 이를 스코틀랜드 계몽주의라 부른다.

스코틀랜드 계몽주의에는 애덤 스미스(1723~1790)나 데이비드 흄을 비롯해 프랜시스 허치슨(1694~1746), 제임스 스튜어트(1713~1780), 애덤 퍼거슨(1723~1816), 존 밀러(1735~1801) 같은 인물들이 관계하고 있었다. 그들은 문명사회론, 역사, 정치경제학을 주로 논했고, 현대의 사회과학에서 다루는 영역 대부분을 논의 대상으로 삼고 있었다.

한편, 잉글랜드도 명예혁명 이후로 간신히 정치적 안정기를 맞이한 참이었다. 윌리엄 3세 치하에서 대륙의 전쟁에 관여했던 잉글랜드는 상비군을 확충했고, 아울러 잉글랜드은행의 설립과 공채 발행으로 재정 혁명을 경험했다. 잉글랜드와 스코틀랜드의 통합을 계기로, 영국은 점차 상업적·군사적 대국으로 향하게 되었던 것이다.

상업활동이 활발해지고 사회변동이 심해지는 가운데, 다시금 사회의 변화를 이론화할 필요성이 생긴다. 게다가 이러한 변화를 거치며 사람들의 공공정신이 어디로 향할 것인지에 대한 관심도 높아졌다. 진정 '부'wealth와 '덕'virtue이 시대의 키워드로 떠오른 것이다.

이러한 시대적 과제에 정면으로 대응한 부류가 스코틀랜드 계몽주의의 이론가들이었다. 그들은 독특한 문명사회론과 도덕철학을 발전시키면서 대륙의 계몽주의와는 다른 또 하나의 계몽사상을 펼쳤다.

지방파와 궁정파

이러한 사회 변화는 종래의 정치론과 부딪히면서 긴장을 유발하기도 했다. 앞서 지적한 것처럼, 신해링턴파(☞제5장 3)는 토지소유야말로 자립의 기반이며 왕권의 비대화를 억제하고 자유를 수호할 보루가 될 것으로 생각했다. 말하자면 자유와 독립에 대한 포부를 토지소유와 관련지어 생각한 점에 그들의 특징이 있었다.

이런 관점에서 보자면, 상업활동이 활발해지면서 사람들이 사치를 추구하고 물욕을 부채질하는 것은 중대한 사태였다. 사람들이 토지가 아닌 동산動産을 열심히 노리게 되고 정치를 지탱하는 공공정신이 사라지기 때문이다.

이와 같은 위기감을 품고서 어디까지나 토지소유에 무게를 둔 사람들이 지방파Country Party였다. 이와 달리 오히려 상업활동의 의의를 높이 평가하는 사람들은 궁정을 중심으로 모여 궁정파Court Party를 형성했다. 양 파벌의 대립은 이 시기 영국 정치의 중심적 주제로 떠올랐다.

휘그당 과두정치의 지도자 로버트 월폴은 초대 총리에 올라 20년 남짓한 장기정권을 유지했다. 궁정파의 중심인물이 된 그는 돈이나 관직을 매개로 하는 은고patronage로 의회를 조종하려 했다. 야당생활을 피할 수 없게 된 토리당(지방파)은 이를 정치권력의 부패로 받아들였다.

한때 국왕의 특권을 비판했던 휘그당은 이제 권력 쪽으로 돌아섰으며, 반대로 토리당이 지방파의 입장에 선다. 야당이 된 토리당은 정부가 악영향을 끼치는 것을 비판했다. 휘그당과 토리당의 대립은 초반에는 당파party 싸움이라 불리며 비판적으로 받아들여졌으나 머지않아 양대 정당에 의한 정당정치로서 실천적으로나 이론적으로 영국 정치에 정착하게 된다.

상비군 문제는 지방파와 궁정파 간에 빚어진 대립의 초점이었다. 전통적으로 잉글랜드와 스코틀랜드는 상비군을 갖추고 있지 않았다. 전쟁을 벌

KEY WORD 20

이익 interest

고대 로마의 키케로가 국가를 공공의 이익에 의해 결합된 인적 집합이라고 정의한 것처럼, 사람들 사이에 공통되는 이익이나 사회 전체의 이익이라는 개념은 정치를 생각할 때 극히 중요한 의미를 지닌다. 이런 면에서 보자면 공공의 이익은 각 개인이나 집단의 특수한 이익인 사적 이익과 대치되는데, 사적 이익은 근대에 들어서야 적극적으로 거론되기 시작한다. 참고로, 아리스토텔레스는 공동체 내부에서 이루어지는 등가 교환을 중시하고, 시민들끼리의 거래에서 이익=이자가 생기는 것을 부정적으로 논했다. 이와 달리 종교전쟁을 경험한 17세기 이후에는 종교적 정념이 분출하는 것을 억제하기 위해서라도 오히려 경제적 이익이나 소득 추구를 수긍하려는 논의가 등장한다. 사적 이익의 추구를 온전히 인정하고, 나아가 그 힘을 빌려 질서를 창출하는 데 관심이 모아졌던 것이다. 경제학의 창시자라 불리는 애덤 스미스는 이익을 오히려 사람과 사람을 잇는 것으로까지 논한다.

일 일이 있으면 국왕의 소집에 응한 귀족들이 민병militia을 편성해 운용했고, 전쟁이 끝나면 해산했다.

재정 혁명으로 세수가 증가하면서 상비군을 보유할 수 있게 되자, 기존의 방식은 점차 흔들린다. 지방파가 보기에 민병제도는 나라를 떠받치는 공공정신의 기반인데, 이것이 사라지면 무력을 독점한 국왕이 전제정치를 펼 것이었다.

윤리적으로 보면 덕과 공공정신을 일관되게 강조한 지방파가, 도덕이론을 그다지 거론하지 않은 궁정파보다 우위에 있다고도 할 수 있다. 그러나 곧 양 파벌의 대립을 무효로 만드는 논의가 등장한다. 인간의 자기애나 사치 추구를 긍정적으로 바라본 버나드 맨더빌(1670~1733)이 그러한 논의를 이끌었다.

맨더빌은 『꿀벌의 우화: 개인의 악덕, 공공의 이익』(1705)에서 인간의 자기애야말로 상업사회를 지탱한다고 주장했다. 이는 사치를 부패와 결부시켜 비판하는 전통적 논의를 부정하는 것이며, 개인의 악덕인 이익 추구가 오히려 사회의 발전을 가져온다는 것이었다.

도덕철학과 문명사회론

사적 이익의 추구는 공공정신과 맞서는 것이며, 따라서 양자택일을 강요하는 사고를 넘어서고자 한 맨더빌의 논의는 스코틀랜드 계몽주의 사상가들을 통해 더욱 발전하게 된다.

스코틀랜드 계몽주의 사상가들에게 최대의 관심사는 사회의 동태적 변화를 어떻게 파악할 것인가였다. 급격한 변화를 보이는 스코틀랜드 사회를 눈앞에 두고서, 그들은 미개, 야만, 빈곤과 같은 상태에서 사회를 어떻게 하면 세련되고 풍요로운 문명사회로 바꿀 수 있는가를 중요한 테마로 삼았던 것이다.

여기에서 등장하는 것이 유명한 4단계 발전론이다. 그들은 역사를 수렵·채집 단계, 목축 단계, 농업 단계, 그리고 상공업 단계로 분류한다. 말하자면 보편적인 인류사의 스케치로 역사의 발전을 제시한 것이다.

이 4단계론은 정치사상사에서 독특한 영향을 끼쳤다. 그도 그럴 것이, 종래의 정치학에서 언제나 모델로 삼아온 고전고대의 사회는 이 도식을 적용할 경우 농업 단계에 위치하기 때문이다. 바꿔 말하자면 고전고대는 인류가 진즉에 넘어선 과거의 단계로서 상대화되었던 것이다.

스코틀랜드 계몽주의 사상가들은 이같은 4단계론에 기초하여 문명사회에 걸맞은 도덕철학, 상업사회론, 국제론을 탐구했다. 그중에서도 애덤 스미스는 도덕철학이나 수사학 연구에서 출발해 『도덕감정론』(1759)을 집필하고, 나아가 『국부론』(1776)을 발표함으로써, 법학이나 정치학과 구별되는 경제학의 영역을 확립하기에 이른다.

참고로, 여기에서 '도덕철학'moral philosophy이라 할 때의 'moral'이란 좁은 의미에서의 도덕 영역을 의미하지 않는다. 오히려 인간과 사회의 영역을 폭넓게 가리키는 것으로, 19세기 이후 사회과학이라 불리는 것에 가까웠다.

이러한 도덕철학이 탐구한 대상은 문명사회이다. 스코틀랜드 계몽주의 사상가들은 정부와 사회를 명확히 분리하고, 사회를 인간의 분업과 교환이 낳은 자율적 영역이라 파악했다. 인간이 수평적으로 상호작용을 한 결과 문명사회를 형성했고, 문명사회는 이제 개개인의 행위에 영향을 받지 않고 발전해간다. 문명사회를 상업이 발달한 자유로운 사회로 적극적으로 그려낸 것이 스코틀랜드 계몽주의의 특색이다.

흄

이러한 스코틀랜드 계몽주의와 지방파-궁정파 논쟁의 결절점에 위치하는 인물이 데이비드 흄이다.

상업과 학문의 발달에도 불구하고 이성과 정념, 자유와 권위 사이의 대립을 끝내 극복할 수는 없으리라 여긴 흄은 도리어 양자의 긴장관계를 창조적인 형태로 살릴 방안을 모색했다. 흄은 명예혁명으로 확립된 잉글랜

흄(1711~1776)

에든버러 출신의 데이비드 흄은 진정 스코틀랜드 계몽주의를 대표하는 철학자의 한 사람이다. 철학사에서 흄은 급진적 회의론자로 알려져 있다. 로크의 경험론을 견지한 흄은 객관적 실체나 법칙이라 여겨지는 것도 실은 경험에 의한 개연적 추론에 불과한 것일 수도 있다고 생각했다. 흄의 합리론 비판은 칸트마저 "독단의 선잠에서 깨어났다"고 이야기하게 할 정도였다. 흄은 대저인 『영국사』(1754~1761)를 집필한 역사가이기도 하며, 한편으로는 사회계약설 비판이나 화폐수량설 등으로도 이름을 남긴 정치학자이자 경제학자였다. 에든버러 대학 등의 교직에 몸담고 싶어했으나 무신론자라는 평판 때문에 뜻을 이루지 못했다. 하지만 애덤 스미스의 친구인데다 몽테스키외와 편지로 교분을 쌓는 등 당시의 지식 네트워크 속에서 중요한 위치를 차지했다. 프랑스를 떠난 루소가 영국에 머물 수 있도록 도와주기도 했지만 결국에는 절교를 당했다는 에피소드도 있다.

드 국제를 군주정과 공화정의 타협이라 파악했고, 전통적인 토지소유 계급과 신흥 부동산소유 계급에 대해서도 각각의 역할을 인정하며 양자의 공존을 도모했다.

이러한 흄에게 정의란 무엇이었을까? 정의를 어디까지나 인공적인 것이라 파악한 흄은, 정의를 유지하는 것은 이성이 아닌 정념이라고 보았다. 인간은 나름의 욕구를 채우기 위해 사회를 만들지만, 사회를 꾸려가면서 그에 걸맞은 습관을 형성한다. 소유권 역시 타인의 재산에는 손대지 않는다는 '암묵적 관행'convention으로서 형성되었다. 그렇게 해야 사회도 원만하게 유지된다고 생각하고서 사람들이 따르는 것이 정의이지, 명시적 계약에 따른 것은 아니다.

정부의 역할은 소유권을 존중하고 정의를 집행하는 데 있으나, 사람들이 정부를 따르는 것도 계약이 있기 때문은 아니다. 원시 계약의 존재를 부정한 흄은 모든 정부의 기초는 사람들의 의견에 있다고 보았다.

권력이 사회의 질서나 이해에 적합하다고 생각하는 한, 사람들은 기존 정부를 지지한다. 애당초 정복으로 성립된 군주정도 시간이 지나면서 국민에게 받아들여지게 된다고 흄은 생각했다. 모든 것은 역사상의 사실 문제에 불과하다고 한 점에서 그의 논의는 홉스나 로크와는 다른 것이었다. 오히려 흄은 종교전쟁을 극복한 근대의 군주정을 전제로 논의를 펼쳤던 것이다.

또한 그는 상업이나 학문의 발달을 긍정하고, 종교적 광신을 혐오했으며, 신앙에 휘둘리는 정념은 위험하다고 여겼다. 그런 까닭에 개인끼리의 애증관계나 종교적 신념에 기초한 당파를 부정했지만, 그러면서도 이익에 바탕을 두고 생겨난 당파는 용인했다.

자유로운 국가에서 당파는 으레 나타나기 마련이고, 특히 이익에 의한 대립과 경쟁은 자유를 지키는 데 도리어 유용하다. 이러한 흄의 논의는 그 후 정당긍정론으로도 이어졌다.

제7장

미국과 프랑스의 혁명

18세기는 정치적으로도 경제적으로도 발전을 거듭한 시대였으나, 뜻밖에도 세기말에 접어들며 두 차례의 혁명을 경험한다. 미국 독립혁명과 프랑스 혁명이 그것이다. 절대왕정 아래 더이상 대규모 내전은 일어나지 않으리라 여겼던 서양사회에서 왜 혁명이 일어난 것일까? 미국의 독립은 대서양을 사이에 두고 연합왕국을 형성하고 있던 영국의 질서를 뒤흔드는 대사건이었다. 군주가 존재하는 영국에서 독립한 미국은 독자적인 연방제 공화국을 창설하는데, 이를 주도한 건국의 아버지들의 사상은 『페더럴리스트』에 정리되어 있다. 한편, 프랑스 혁명 또한 당시 유럽의 외교나 문화의 중심국에서 일어난 혁명인 만큼 그 영향은 실로 지대했다. 프랑스 혁명에 영향을 끼쳤다고 거론되는 루소의 사상은 어떻게 형성된 것인가? 당시 지식인들은 혁명을 어떻게 받아들였는가?

1. 루소

『학문예술론』

장 자크 루소와 흄의 생애는 시기적으로 대부분 겹친다. 그러나 학문과 상업에 의한 사회 발전을 믿었던 18세기의 인물인 흄과 달리 문명사회에 대한 루소의 비판적 태도는 거의 시대착오적이라고도 할 수 있는 것이었다.

어린 시절에 『플루타르코스 영웅전』을 즐겨 읽은 루소는 고대 그리스의 스파르타나 로마를 동경했다. 시민은 가난했지만 그들에게는 자유를 위해, 조국을 위해 무기를 들고 싸울 수 있는 기개가 있었다. 루소는 이러한 기개를 덕vertu이라 불렀다.

그러나 학문과 예술이 발전하자 사치와 퇴폐가 횡행한다. 시민의 좋은 습속mœurs은 사라지고, 사람들은 겉치레만 신경쓰게 된다. 겉으로는 섬세하고 우아한 문명인의 외관을 보이지만 속으로는 추악한 정념을 감추고 있다. 덕이 사라지고 재능talent만 떠받드는 시대에 루소는 확실하게 등을 돌렸다.

루소는 디종 아카데미가 주최한 논문 공모전에 응모했다. '학문과 예술의 부흥은 습속의 순화에 공헌했는가'라는 주제에 대해, 루소는 『학문예술론』(1750)에서 "학문예술의 빛이 지상에 떠오르니 덕은 도망친다"고 답했다.

문제는 루소의 이런 반시대적 자세가 지닌 의미이다. 계몽사상이 문명사회를 통한 무지와 야만의 극복을 강조하고 고대사회를 한낱 과거의 일로 치부해버린 이 시대에 루소가 제기한 물음은 18세기식 문명에 근본적 반성을 촉구하는 것이었다.

루소에게 학문과 예술은 야심이나 자기애의 산물에 지나지 않았다. 문화의 세련됨은 인간을 자유롭게 하기는커녕 도리어 문명이라는 이름의 굴레를 씌워 인간 감정을 억압한다. 인간의 외관과 내면의 괴리를 문제시하고 투명한 커뮤니케이션의 가능성을 탐구한 루소는, 역설적으로 그 시대의 문제의식을 가장 첨예하게 드러냈다.

그 결과 마치 시대착오적인 것처럼 보였던 루소의 태도는 급진적인 정치비판으로 이어졌다. 동시대의 많은 사상가들이 계몽전제군주에게 타협적인 태도를 보인 것과 달리, 덕과 자유를 내세운 루소는 의연하게 혁명의 논리를 추구한다.

『인간 불평등 기원론』

논문 공모전이 또다시 계기로 작용했다. 이번 주제는 '인간 사이에 불평등은 왜 생겨나는가? 이는 자연법에 의해 정당화될 수 있는가?'였다. 사회의 불평등을 용인하고 자연법으로 정당화한 계몽사상가가 적지 않은 가운데, 루소는 『인간 불평등 기원론』(1755)에서 이를 정면으로 비판한다. 홉스, 로크나 후고 그로티우스(1583~1645)로 거슬러올라가 자연법론을 재검토하며 독자적인 사회이론을 구축했던 것이다.

루소가 제기한 비판의 핵심은, 이론가들의 자연상태론에 실은 문명사회에서 살아가는 사람들의 모습이 투영되어 있다는 점에 있었다. 예컨대 홉스는 자연상태가 전쟁상태라고 논하는데, 그 전제로 놓인 것은 타인과 자

루소(1712~1778)

장 자크 루소는 제네바의 시계공 집안에서 태어났다. 그의 유년기는 『고백』(1782~1789)에 상세히 나와 있다. 이윽고 16세 때 제네바를 도망치듯 떠나 각지를 방랑하다 프랑스에 정착했다. 음악으로 먹고살 생각에 파리로 옮겨가지만 생활은 어려웠고, 함께 살던 여인 테레즈와의 사이에서 다섯 아이를 낳았지만 모두 고아원에 보낸다. 그러던 중 디드로 등의 지기를 얻으며 『백과전서』의 항목 집필에도 참여했다. 그의 삶에서 전기가 된 것은 디종 아카데미의 논문 공모전이었는데, 루소는 뱅센 숲에서 돌연 착상의 영감을 받아 『학문예술론』을 집필했다고 한다. 정치적인 저작 외에도 베스트셀러가 된 소설 『신 엘로이즈』(1761)나 교육론인 『에밀』(1762) 등이 있다. 『에밀』의 내용 탓에 한동안 프랑스 바깥으로 피신할 수밖에 없게 되자 흄이 그를 영국에 머물게 해주기도 했다. 『폴란드 정부론』(1772)이나 『코르시카 헌법 초안』(1765) 등 정치와 깊은 관계가 있는 작품을 남겼고, 『고독한 산책자의 몽상』을 쓰던 중 사망했다.

신을 비교하며 허영심에 괴로워하는 개인이었다.

그러나 루소는 그와 같은 개인을 마치 파리나 런던에 사는 부르주아(시민계층)와 같다고 보았다. 말하자면 자연상태의 인간이 사회상태에 있는 개인의 정념을 표출하고 있다고 비판한 것이다.

그러면서 그는 자연상태를 사람과 사람 사이에 아무런 관계가 없는 완전한 고립상태로 생각했다. 물론 루소는 과거에 그러한 상태가 실제로 존재했다고 보지는 않았다. 하지만 현재의 상태를 적절히 판단하려면 그 어떤 관계성도 부정한 근원적인 자연상태를 상정할 필요가 있다고 여긴 것이다.

루소가 말하는 자연인이란 곧 미개인이다. 그들은 고립된 상태에서 생활하지만 자유롭고 평등하다. 그런 자연인은 어떠한 정념을 품고 있을까? 루소는 두 가지를 드는데, 하나는 자기보존에 대한 관심, 즉 '자애심'amour de soi-même이고, 또 하나는 동포의 고통에 대한 본능적 혐오, 즉 '연민의 정'pitié이다.

자연인은 이 두 가지 정념만을 지니고 있으며, 사교성을 갖추고 태어나지 않는다. 자연상태에서 사람과 사람의 접촉은 우발적으로 일어나며, 연민의 정도 있으므로 전쟁상태로 빠지는 일도 없었다.

하지만 그들은 동물과 달리 다양한 것들을 비교하고 선택하는 능력과, 상황을 개선해가는 자기완성 능력perfectibilité을 갖추고 있다. 이러한 능력들이 상호증폭을 거치며 인간을 둘러싼 상황은 점차 달라져간다. 마침내 정주하여 농업을 시작하고 야금술을 익힌 인간은 가족을 가지며 서로 접촉할 기회도 늘려간다. 그 결과 인간은 점차 서로 비교하기 시작한다. 종국에는 순수한 '자애심'과는 다른, 저마다 우월함을 추구하는 '이기심'amour propre을 품기에 이른다.

루소는 비교를 불행과 죄의 시작이라 보았다. 비교는 사람을 행복하게 만들어주기는커녕 타인의 시선에 속박당하게 만들기 때문이다.

이기심을 지닌 인간은 그때까지 서로 공유했던 토지에 선을 그어 사유재산제도를 만들었다. 결국 경쟁과 대립이 일상화되고 불평등이 사회에 정착한다. 연민의 정은 자취를 감추고, 오히려 끝없는 전쟁상태에 머무르게 된다. 이런 상황을 타개하기 위해 국가를 발명한 것은 가진 자들이었다. 그러나 그렇게 해서 탄생한 정치사회는 불평등을 바로잡기는커녕 오히려 그것을 유지했다. 자유롭게 태어났을 인간은 점차 속박당하고, 자신들의 손으로 만들어낸 것에도 속박당한다.

이러한 상태에 빠졌을 때, 인간에게 남은 선택지는 무엇일까? 또다시 자연상태로 복귀하여 숲으로 돌아가 고독한 생활을 시작하기란 불가능할 것이다. 그렇다면 현실의 정치사회와는 전혀 다른, 인간이 인간답게 살아갈 수 있는 정치사회를 새로이 구상해야 하지 않을까? 루소는 마땅히 있어야 할 질서를 만들기 위한 역전의 길을 모색했다.

『사회계약론』

루소가 그러한 과제에 매달려 내놓은 것이 『사회계약론』(1762)이다. 그는 먼저 권력의 정당성으로 문제를 좁혔다. 인간은 왜 복종해야만 하는 것인가?

자주 등장하는 주장이 가부장권家父長權에 의한 정당화이다. 이에 대해 루소는, 자식에 대한 부모의 지배는 자식을 위한 것이지만, 자식이 성장하면 부모와 같은 자유인이 되므로 적절하지 않다고 지적한다. 다음으로 실력 지배설과 관련해서는, 지배라는 사실은 그것을 정당화하는 어떠한 권리도 창출하지 않는다고 보았다. 나아가 사람들이 자신을 노예로 삼는 계약을 자진해서 맺었다는 식의 정당화에 대해서는, 노예계약은 인간의 본질에 반한다며 일축했다.

결국 복종을 정당화할 수 있는 것은 자유롭고 평등한 개인들에 의한 사

사회계약social contract

계약론과 관련한 서양의 사고를 살펴보려면, 유대 기독교에 나타난 신과 인민 사이의 계약, 중세 봉건사회에서 이루어진 통치자(군주)와 피통치자(신민) 사이의 지배-복종 계약이라는 발상까지 거슬러올라갈 수도 있다. 어떤 형태이든 그것이 계약인 이상, 당사자 사이에는 권리와 의무가 생기며, 이를 위반하면 계약 자체가 무효로 돌아간다는 사고가 공통으로 깔려 있다. 그러나 근대 사회계약론은 자연상태를 상정하여, 자유롭고 평등한 개인이 자신의 자연권을 좀더 확실히 하기 위해 계약을 맺는 점이 강조된다. 그 경우 그로티우스나 자무엘 폰 푸펜도르프(1632~1694)처럼 고전적인 통치계약론을 펼친 이들은 기존 군주의 존재를 전제로 삼았으며, 이때 군주 또한 계약의 한쪽 당사자가 되었다. 반면에 홉스 같은 이들은 사회계약에 의한 주권적 권력의 수립을 처음으로 논했다. 나아가 로크는 정부와 인민의 신탁관계 및 저항·혁명권을 강조했으며, 마침내 루소에 이르러 사회계약은 시민끼리 맺은 계약만을 가리키게 되었다. 이로써 군주는 계약의 당사자에서 완전히 배제되었다.

회계약뿐이다. 루소는 이렇게 결론지은 후 "모든 사람과 관계를 맺으면서도 자기 자신에게만 복종하고, 과거와 똑같이 자유로울 수 있는가?"라는 물음을 스스로에게 던진다.

그 답은 각인이 동등하게 자신과 그 권리를 공동체에 모두 양도하는 데 있었다. 그런 조건은 모든 구성원에게 동등한 이상, 복종의 조건을 부당하고 까다롭게 만들려고 할 사람은 누구도 없다. 또한 사회계약에 의해 성립되는 공동체에서는 집단으로서의 인민이 주권자가 되는데, 주권자의 명령에 따르는 것은 자기 자신의 의지에 따르는 것과 똑같다. 자신이 그 일원으로서 결정한 규범에 자발적으로 따르는 한, 사람들은 완전히 자유롭고 자율적일 것이기 때문이다.

이런 결합을 통해 사람들은 하나의 정신적 집합체를 꾸리고, 그렇게 만든 집합체와 완전히 일체화된다. 그 결과 각인은 이제 기존의 특수한 의지가 아닌, 집합체의 공동의 자아moi commun가 갖는 일반의지volonté générale에 복종하게 된다.

루소는 각 개인의 특수한 의지의 총화인 전체의지와 일반의지를 구별했다. 전체의지가 어디까지나 사익의 집계인 것과 달리, 일반의지는 인민 전체의 공통이익을 지향하는 것이라 이해했기 때문이다.

"일반의지는 언제나 옳으며, 언제나 공공의 이익을 지향한다"고 말한 루소는, 만일 자신의 특수한 의지와 일반의지가 어긋날 일이 생긴다면 일반의지에 대한 복종이 강제되어야 할 것이라고까지 주장했다. 그것은 '자유를 위한 강제'일 뿐이기 때문이다. 이러한 견해로 인해 훗날 루소야말로 전체주의의 시조라는 설도 등장하게 되었다.

사회계약에 동의한 모든 인간은 주권자임과 동시에 신민이 되어 불가분한 단일 주권 아래 일반의지가 구현된 것으로서의 법을 인민 스스로 만들어낸다는 것이 루소가 구상한 모델이었다. 루소의 관점이 올바른지 여부를 떠나, 그가 인민 주권의 가장 명확한 상을 제시한 것만은 분명하다.

남겨진 물음

그러나 『사회계약론』은 다양한 물음을 남겼다.

먼저 구체적인 기구론機構論이 있다. 주권자는 어디까지나 일반의지의 주체인 인민이라고 본 루소는, 법을 개별적 대상에 적용하는 정부에 대해서는 주권자와 구별하여 생각해야 할 것이라고 했다. 구체적으로는 왕정, 귀족정, 민주정, 혼합정체가 있다는 루소의 논의는 그러한 맥락에서 보면 전통적인 논의와 별로 다르지 않다.

또한 정부는 필요하기는 해도 어디까지나 특수의지라고 본 루소는 정부가 인민의 권리를 빼앗을 위험성을 지적하며 대표제를 부정했다. 그는 "영국인은 자유롭다고 하지만, 4년에 한 번 돌아오는 선거 때만 자유로울 뿐이다"라는 유명한 말을 남기기도 했는데, 그렇다면 어떻게 하여 일반의지가 분명하게 드러나는가에 대해서는 모호한 채로 두었다.

가장 미묘한 것은 '입법자'이다. 루소는, 일반의지는 언제나 틀리지 않지만 주권자인 인민은 이따금씩 실수를 저지른다는 것을 인정한다. 이 간극을 메우기 위해 루소는 반쯤은 초인적인 '입법자'를 도입한다. 고대 그리스에는 뤼쿠르고스나 솔론 같은 입법자가 있었는데, 루소는 이러한 예를 통해 이상적인 정치공동체를 위한 제도를 만들려고 했던 것이다.

그러나 제각기 다른 개인들을 하나의 전체로 통합하고, 자연의 인간을 도덕적인 존재로까지 끌어올리려 할 '입법자'로는 어떤 인물이 적당할까? 또한 '입법자'는 어떠한 강제력도 동원하지 않고 오로지 설득을 통해서만 인민을 이끈다고 하는데, 이것이 과연 가능한 일인가? 이렇듯 여러 가지 의문을 남긴 것이 『사회계약론』에서 '입법자'를 다룬 장이다.

게다가 루소는 '시민종교'religion civile가 필요하다고도 보았다. 사람들이 좋은 시민으로 탈바꿈하기 위해서는 일정한 정신적 기초가 필요하다고 생각한 것이다. 이에 루소는 신의 존재, 영혼의 불멸, 계약의 신성함을 믿는 태도가 불가결하다면서, 이를 국가의 시민종교로 삼자고 제안한다. 그러나 이러한 시민종교를 믿지 않는 자는 반사회적 존재로서 추방해야 한다는 루소의 논의는 그후 숱한 논의를 불러일으키기도 한다.

2. 미국 독립과 『페더럴리스트』

미국 독립혁명

1776년, 미합중국은 독립을 선언했다. 전년에 시작된 독립전쟁이 아직 끝나지 않은 상태였으나, 그때까지 영국의 식민지였던 13개 주가 드디어 독립국으로 향하는 길을 걷기 시작한 것이다.

미국 독립은 단순한 식민지 독립 이상의 의미를 지니고 있었다. 당시 영국은 잉글랜드와 스코틀랜드, 아일랜드, 북미 식민지로 이루어진, 말하자면 대서양을 가로지르는 연합왕국이었다. 그런 만큼 북미 식민지의 독립은 연합왕국의 양상 자체를 흔들어놓으면서 그 재편으로 이어질 수도 있는 대사건이었다.

더구나 독립한 미국은 국왕도 귀족도 존재하지 않는 공화국이었다. 그런 까닭에 미국이 영국으로부터 독립했다는 것은 곧 왕정에서 공화정으로의 이행을 의미했다. 미국의 독립은 종종 독립혁명이라고 불리는데, 미국 독립혁명은 실로 대서양에 걸친 영국제국의 혁명이었다.

하지만 식민지인들이 처음부터 독립 의지를 뚜렷하게 품고 있었던 것은 아니다. 독립하기 전, 대다수의 식민지인들은 스스로를 영국인이라 생각하고 있었다. 영국인이든 혹은 매사추세츠인이든, 미국인으로서의 의식은 아직 희박했다.

그러나 영국-프랑스의 7년전쟁(1756~1763)이 끝나자, 영국 정부는 식민지에 대한 간섭을 강화한다. 이에 식민지인들은 "대표 없이 과세 없다"며 반발했고, 특히 보스턴 차 사건 이후 긴장이 고조되다가 종국에는 무력충돌로 치달았다.

문제는, 이같은 식민지인들의 반영反英투쟁을 뒷받침한 사상적 근거였다. 토머스 제퍼슨(1743~1826)이 기초한 「미국 독립선언문」(1776)을 보면, 로크의 자연권에서 받은 영향이 뚜렷하게 나타난다. 그러나 미국을 독립으로 이끈 것은 로크의 사상만이 아니었다.

당시 나돌던 정치 팸플릿들에는 본국인 영국 반정부파의 주장이 짙게 반영되어 있었다. 앞에서도 자주 언급했듯이, 신해링턴파의 논지를 이어받은 지방파(☞제6장 3)는 정부가 관직이나 돈으로 의회에 영향력을 행사하는 것을 정치적 부패라며 격하게 비판했다. 이들의 주장은 본국 정부에 강한 불만을 품고 있던 북미 식민지인들에게 호소하는 바가 컸을 것이다.

그런데다 해링턴이나 신해링턴파가 제시한, 자유로운 토지보유자이자 덕 있는 시민과 그들이 세운 공화국이라는 모델은 미국에서 본국 이상으로 현실성을 띠고 있었다. 말하자면 공화주의 사상이 신대륙에서 꽃을 피운 셈이다.

토머스 페인

영국으로부터 독립할 것인가, 아니면 화해할 것인가? 망설임을 거듭하던 식민지인들을 지원한 인물은 사실 영국인이었던 사상가 토머스 페인(1737~1809)이다. 그가 독립 전야에 미국으로 건너가서 집필한 『상식』(1776)은 영국으로부터 독립해야 식민지인들에게 이익이 되리라는 새로운 상식common sense을 심어준 것이었다.

그때까지 연합왕국 내에서 불안정한 지위밖에 얻지 못했던 북미 식민지는 이렇게 해서 독자적인 정치사회 형성과 공화국 창설을 위한 길로 나서게 되었다. 정치적 저항을 위한 주장이 혁명을 위한 주장으로 탈바꿈한 것이다.

이 무렵 페인에 의한 영국 국제 비판은 큰 의미를 가졌다. 페인의 저작은 대륙의 여러 나라에 비해 자유의 나라로 여겨져온 영국의 이미지를 바꿔놓았고, 유럽 국가들은 하나같이 부패했고 전제정치로 전락할 위기에 처해 있다는 이해가 미국 사회에 확산되게 만드는 한 요인으로 작용했다.

페인에 따르면, 일찍이 영국의 자유를 지탱한 것은 덕 있는 인민이었다. 그러나 어느덧 영국에서도 왕의 의지가 그대로 법률이 되고 있다. 필요한 것은 왕이나 귀족을 배제한, 인민에 의해 선출된 의회가 통치하는 공화국이다. 이렇게 강조한 페인의 주장은, 더이상 고대의 공화정을 언급하지 않는다는 의미에서는 전통적인 공화주의와도 달랐다.

또한 프랑스 혁명을 비판한 에드먼드 버크에게 반론을 던질 목적으로 쓴 『인권』(1791~1792)에서, 페인은 단순한 민주정과 대의제를 구별한다. 공화국은 소국에서만 가능하다고 보았던 당시의 상식과 달리, 페인은 대의제와 민주정을 조합하면 대국에서도 공화국을 수립할 수 있다고 논했던 것이다.

나아가 페인은 "사회는 우리의 필요에서, 정부는 우리의 사악함에서 비롯된다"고 이야기했듯이, 사회와 정부를 명확하게 대비했다. 정부는 최선인 경우에도 필요악일 뿐이며, 정부에 의한 통제는 적으면 적을수록 좋다. 사악한 본국 정부로부터 독립하면 식민지인들의 자기 통치가 자연스레 질서를 창출하리라는 페인의 주장은 좀처럼 움직이려 들지 않았던 식민지인들을 사로잡을 강력한 선동력을 지니고 있었다.

제퍼슨

「미국 독립선언문」의 기초자이면서 미합중국의 제3대 대통령에 오른 이가 제퍼슨이다. 버지니아의 대농장주였던 제퍼슨은 영국 및 프랑스의 지식인들과 폭넓게 교류했고, 프랑스 공사를 지내던 시절에는 살롱에서도 활약한다.

그러나 미국 정치사상에서 제퍼슨이 기억되는 것은 독립자영농에 기반을 둔 공화국 사상 때문이다. 버지니아 땅을 사랑한 제퍼슨은 담배 농장으로 둘러싸인 언덕에 몬티첼로라는 이름을 붙이고, 그 언덕 위에 지은 저택에 머무는 것을 다른 무엇보다도 즐겼다. 워싱턴 정권에서도 알렉산더 해밀턴의 중앙집권적 정치에 반대하는 등 분권적이며 농본주의적인 공화국을 옹호한 사람이었다.

제퍼슨 사상의 특징은 정부에 대한 불신감과 인민의 자치능력에 대한 신뢰에 있었다. 로크의 자연권 사상의 신봉자인 제퍼슨은 사회가 세워지더라도 자연권은 개인에게 그대로 남아 있다고 생각했다.

정치적으로는 공화파의 지도자였던 제퍼슨은 연방정부로의 집권화를

해밀턴(1755~1804)

영국령 서인도제도에서 태어난 알렉산더 해밀턴은 가난 속에서 성장하여 고학으로 입신했다. 이 점에서는 미국 건국의 아버지라 불리는 인물들 중에서도 예외적인 존재이다. 정치적 저술가이자 변호사로 활약했고, 독립전쟁에 참전하여 군인으로서도 능력을 보였다. 이윽고 총사령관 조지 워싱턴의 부관이 되었으며, 이후 워싱턴을 후원자로 두고 정치적으로도 활약하게 된다. 필라델피아에서 열린 헌법회의를 주창했고, 작성된 합중국헌법을 각 주가 비준하게 하는 데 힘썼다. 특히 뉴욕 주에서 반대운동이 거셌기 때문에 이를 설득하기 위해 매디슨, 제이와 함께 『페더럴리스트』를 집필했다. 워싱턴 정권에서 합중국 초대 재무장관에 취임했고 연방파를 대표하는 정치가로 활약했으나 애런 버와의 결투에서 사망했다.

추진한 연방파에 맞서는 한편, 입법 권력에 의한 독재에 대해서도 경계를 늦추지 않았다. 버지니아에서도 종종 의회 다수파와 대립한 제퍼슨은 행정권과의 균형 등을 강조하면서 일관되게 삼권분립을 중시했다.

아울러 인민의 자치능력이라 해도, 그 전제는 어디까지나 독립자영농이었다. 토지에 기반을 두는 독립적인 시민이야말로 자유를 지킬 수 있다고 여긴 점에서 제퍼슨은 신해링턴파 사상의 계승자이지 순수한 민주주의의 옹호자는 아니었다. 그는 프랑스 혁명을 지지했으나, 혁명이 급진적으로 변모하는 데는 우려를 나타냈다.

참고로, 제퍼슨은 대통령 재임 시절에 나폴레옹으로부터 루이지애나의 광대한 토지를 사들여 미국 영토로 편입시켰다. 이로써 미국 영토는 2배로 커졌다. 프론티어 운동을 지속하는 미국을 '자유의 제국'이라 여긴 제퍼슨은 광대한 자유지의 존재야말로 공화국을 가능하게 하리라고 굳게 믿었던 것이다.

『페더럴리스트』

미국은 영국으로부터 독립을 쟁취했는데, 전쟁 종료는 곧 외적의 소멸을 뜻했다. 그런 까닭에 독립한 주들의 일체성은 약했고, 연합규약은 문자 그대로 독립국가 사이의 조약에 불과했다. 중앙정부인 연합회의의 재정 기반도 취약했고, 연합회의의 결의는 각 주에 대한 권고 수준에 그쳤다. 이대로라면 대내외적 위기에 제대로 대응할 수 없다. 이러한 위기감에서 연합규약을 개정하여 새로운 합중국헌법을 제정하려는 움직임이 나타났다.

그러나 갓 독립한 주들은 중앙정부의 강화에 경계심을 품었다. 영국 정부를 대신하여 새로운 중앙정부가 지배자로 올라선다면, 무엇을 위해 독립했는지 되물을 수밖에 없는 것이다. 이런 상황에서 신헌법 비준에 주저하는 여러 주들을 설득하기 위해 집필된 것이 『페더럴리스트』(1788)이다.

『페더럴리스트』는 해밀턴과 제임스 매디슨(1751~1836), 존 제이(1745~1829) 세 사람이 '퍼블리어스'Publius라는 공통의 필명으로 뉴욕의 신문에 게재한 연작논문을 모아 간행한 논문집인데, 글의 논조는 집필자에 따라 조금씩 달랐다.

해밀턴은 합중국을 정치적으로나 경제적으로나 하나의 국가로 만드는 것을 지향했다. 중앙은행을 설립하는 등 중앙집권화를 강력하게 추진하고

KEY WORD 22

다원주의pluralism

보댕의 주권론은 봉건적 할거상태를 극복하고 정치적 통일을 실현한 근대국가에 대응한 것이었으나, 이에 대한 도전이 없지는 않았다. 요하네스 알투지우스(1557~1638)는 정치사회를 다양한 중간단체의 결합체symbiosis로 여기고, 의사결정이나 자치를 작은 단위에 맡기며 그것을 좀더 큰 단위가 보완한다는 보완성의 원리를 제시했다. 이러한 알투지우스의 사상은 19세기 독일의 오토 기르케(1841~1921)를 통해 현대의 유럽 통합에까지 영향을 끼쳤다. 권력의 제한은 또다른 권력을 통해서만 가능하다고 본 몽테스키외의 권력분립론이나, 『페더럴리스트』의 당파 용인론 역시 정치적 다원주의의 원류이다. 20세기 초 영국에서는 어니스트 바커(1874~1960)나 해럴드 래스키(1893~1950) 같은 정치학자가 다원적 국가론을 펼치며 국가권력에 대한 교회, 대학, 조합과 같은 집단의 역할을 강조했다.

자 한 해밀턴은 상업에 의한 경제발전을 추구했으며 덕보다 이익을 중시했다. 제퍼슨을 비롯한 공화파는 이러한 해밀턴의 정책이 정치적 부패를 초래한다며 비판했는데, 이는 그야말로 궁정파 대 지방파의 대립이 재현된 격이었다.

매디슨은 합중국헌법의 주요한 집필자의 한 명이며, 해밀턴과 함께 헌법의 비준에 진력했으나, 그후로는 오히려 제퍼슨과 가까이 지내며 연방정부의 권한을 제한하는 데 힘썼다. 덕보다 이익을 중시하는 점에서는 해밀턴과 같았으나, 그는 이익의 균형에 기초하는 리버럴한 연방주의를 지향했다.

『페더럴리스트』의 목표는 몽테스키외의 권력분립론을 몽테스키외가 멀리한 공화정에 도입하는 것이었다. 아울러 몽테스키외에게 남아 있던 여러 신분 사이의 조화라는 혼합왕정적 측면을 불식하고, 순전히 기구상의 방안으로서 삼권분립을 제도화하려 했던 것이다.

『페더럴리스트』는 먼저 연방정부의 권력을 제한하기 위해 입법부를 둘로 나누어 서로 영향력을 상쇄시킨다는 구상을 제시했다. 그중 상원은 로마 원로원을 본떠서 'Senate'라 명명했다. 또한 행정권에는 거부권veto을 부여하여 독립성을 강화했고, 단임제였던 대통령의 임기를 길게 설정했다(이로 인해 당시에는 선거왕정이라는 비판도 있었다). 사법권에 위헌입법심사권을 부여한 것도 입법부의 권력을 억제할 목적에서였다.

당파 용인론도 『페더럴리스트』의 특색 중 하나이다(제10편). 자기희생의 덕이 공화정을 떠받친다고 본 몽테스키외와 달리, 매디슨은 공화국에 당파는 당연히 생겨나는 것이어서 이를 억압하기보다는 오히려 허용해야 한다고 주장했다.

특히 국토가 넓은 미국에서는 이익도 의견도 다양하기 마련이라, 단일하면서 항상적인 다수파의 지배는 성립되기 어렵다. 대표제와 연방제를 조합하면 당파의 해악을 피할 수 있다고 생각한 매디슨의 논의는 훗날 정치적 다원주의로도 이어진다.

3. 프랑스 혁명과 버크

프랑스 혁명의 충격

신대륙에서 공화정이 수립된 지 얼마 지나지 않아, 유럽 대륙의 왕정을 대표하던 프랑스도 격동의 시대를 맞이한다. 재정파탄에 처한 왕권이 증세를 위해 약 170년 만에 삼부회를 소집하는데, 이로써 프랑스는 혁명의 길로 들어섰던 것이다.

문명사회로 향하는 발전의 선두에 섰던 프랑스에서 혁명이 일으킨 충격은 엄청났다. 그때까지 프랑스의 일체성을 상징해온 왕이 처형당하고, 전통적인 왕권의 정통성은 부정되었다. 역사의 연속성은 프랑스에서 커다란 단절을 경험한 셈이다.

혁명정권에 요구된 것은 질서의 안정화만이 아니었다. 새로운 권력의 정당화 근거를 어디에서 찾고, 어떻게 역사를 재개할 것인가? 이러한 과제가 혁명정권을 짓눌렀다. 그런 의미에서 보자면, 혁명 후 기독교를 대신하여 '이성의 제전'이 행해지고 새로운 역법이 채택된 것도 결코 우연이 아니다.

새로운 공화국을 세우는 데 참조한 것은 역시 고대 로마였다. 미국에서도 공화정 로마를 모델로 한 단임제 대통령과, 원로원을 본뜬 상원, 그리고 민회에 해당하는 하원을 설치했는데, 프랑스 혁명의 경우는 국제론보다는 공화국을 지탱할 덕이나 조국애를 강조했다.

혁명이 급진화하는 가운데 탄생한 공화국은 전통적인 왕권의 정통성을 부정함으로써 국가 존재의 무근거성과 맞닥뜨리게 된다. 종래의 왕국을 구성한 신분이나 단체의 질서를 해체하고 개인들에 의한 사회계약을 강조하게 된 것도 그 때문이다. 1791년에는 자유로운 결사활동을 금지하는 르샤플리에법도 제정되었다.

그 어떤 중간단체도 부정되며 모든 사회적 유대로부터 밀려난 개인들로 이루어진 공화국. 이러한 공화국을 지탱할 만한 덕이나 조국애 같은 정신적 요소를 강조한 자코뱅파의 지도자들이 루소의 이론에 가까워진 것은 나름의 필연적 귀결이기도 했다.

대개는 루소의 사상이 프랑스 혁명의 원인으로 작용했다고 이야기하는데, 오히려 혁명이 일어난 후 취약한 정통성으로 고민에 빠진 지도자들이 사후적으로 루소를 재발견했다고 보아야 할 것이다.

아울러 프랑스 혁명은 보수주의가 고민해야 할 주제를 제공했다. 과연 사회적 연결망으로부터 분리된 추상적 개인들이 사회를 창출할 수 있는가? 문명사회의 발전을 부정하고, 혁명으로 시간적 단절을 초래할 수 있는가? 이러한 과제에 답하면서 보수주의의 초석을 다진 이가 에드먼드 버크였다.

『현대의 불만의 원인』

18세기 중엽의 영국은 오랫동안 계속된 휘그당의 지배 아래 정치적 안정과 경제적 발전을 이루었다. 경쟁관계에 있던 부르봉 왕조의 프랑스에 대해 차츰 우위를 점한 것도 이 시기이다.

그러면서 명예혁명이야말로 중요한 단 하나의 혁명이며, 이 혁명에 의해 자유로운 국제가 확립되었다는 휘그 사관史觀이 형성된다. 버크 역시 휘그 사관 전통에 크게 기여한 인물이었으나, 휘그당 정치가로서 정계에 입문한 그는 조지 3세가 의회에 개입하려는 움직임을 목도한다.

독일에서 건너가 영국 왕위를 계승한 하노버 왕조의 왕들은 영어를 사용할 줄 몰랐던 사정도 있고 해서 영국 정치에 무관심했다. 이와 달리 영국에서 태어난 조지 3세는 친정親政을 결의하고 의회에 대한 영향력을 확

버크(1729~1797)

아일랜드 더블린에서 태어난 에드먼드 버크는 문학과 미학을 공부했으며 『숭고와 미의 근원을 찾아서』(1757)를 통해 문단에 등장한다. 휘그당의 영수 로킹엄 후작의 비서가 된 것을 계기로 정치에 입문한 그는 1765년에 영국 하원의원에 당선되며 로킹엄 휘그(휘그당의 한 파벌)로서 활약한다. 미국 독립 문제와 관련해서는, 그때까지 실질적으로 대표되지 않았다는 이유로 그 독립에 호의적인 입장을 취했다. 또한 『현대의 불만의 원인』을 집필하여 조지 3세를 비판하고 의회의 독립을 강조했다. 아일랜드 출신인 까닭도 있어서 영국제국의 동요와 재편으로 고심하는 정치가 인생을 살았고, 유권자들에게 "나는 영국의 의원이지 선거구의 의원이 아니다"라고 발언한 '브리스틀 연설'로도 유명하다. 프랑스 혁명 소식을 들었을 때 버크는 이미 고령이었지만 곧바로 『프랑스 혁명에 관한 성찰』을 집필하여 반론을 폈고, 이로써 보수주의 사상의 시조로 여겨지게 되었다.

대하려 했다. 정치가를 매수하여 '왕의 친구'King's Friends라 불린 궁정당宮廷黨을 꾸린 것도 그런 이유에서였다.

『현대의 불만의 원인』(1770)은 이러한 조지 3세의 시도가 영국 정치의 전통인 억제 균형을 무너뜨린다고 비판한 버크의 저작이다. 한때 왕은 실력으로 의회를 탄압하려 했으나, 이제는 다른 수단을 써서 의회를 지배하려 든다며 질타한 것이다. 그러면서 버크는 영국 국제의 형태를 재확인한다.

버크에 따르면 영국 국제는 세 가지 요소로 구성되어 있다. 첫째 요소는 군주정으로, 국가의 연속성을 담보한다. 그러나 군주정은 전제despotism여서는 안 되며, 어디까지나 관습에 따라야 한다.

둘째 요소는 귀족정이다. 다만 버크가 염두에 둔 것은 귀족원이 아니다. 그는 오히려 평민원에 기대를 걸었으며, 이런 점에서 버크의 견해는 전통적인 혼합왕정과는 다른 것이었다. 버크는 귀족원과 평민원의 억제 균형을 대신하여 도리어 정당제를 중시하게 된다.

버크가 강조한 것은 가문에 의한 귀족이 아니라 타고난 귀족natural aristocracy이다. 뛰어난 식견과 능력을 갖춘 자가 문자 그대로 'aristocracy'(뛰어난 자의 지배)로서 민중을 지배한다. 버크는 토지소유자뿐만 아니라 신흥 상공계급에도 주목했다.

셋째 요소는 민주정으로, 버크는 평민원을 선거로 뽑아야 한다고 주장했다. 하지만 그가 지지한 것은 어디까지나 민중을 위한 정치이지, 민중에 의한 정치는 아니었다.

의회·정당론

버크의 이같은 견해는 유명한 '브리스틀 연설'(1774년)에서도 드러난다. 버크에 따르면, 선거구별로 선출된다고 해도 의원은 어디까지나 국민 전체의 대표이지 선거구의 대표가 아니다. 일단 선출되고 나면, 의원은 선거구의 이해관계를 떠나 널리 국민을 아우르는 시야를 갖고 행동해야 한다는 것이다.

또한 의원은 끝까지 자신의 사상과 신조에 따라야 하며, 선거민이 의회를 구속하는 일이 벌어져서는 안 된다. 의원은 위임받은 존재도, 대리하는 존재도 아니다. 따라서 잦은 선거도 바람직하지 않다. 버크는 인구가 극단적으로 줄어든 이른바 부패 선거구를 바로잡는 데도 소극적이었다.

영국 국제의 본질은 인민의 이익을 실현하기 위한 엘리트들의 통치에 있으며, 그 열쇠는 의회가 쥐고 있다. 의회는 왕과 민중의 매듭에 해당한다. 그러한 이상, 왕과 민중 둘 다에게서 독립되어 있어야 한다. 의회가 민중의 감정을 적절히 반영하기 위해서라도, 왕의 영향력으로 인한 부패는 사라져야 한다. 이렇게 생각한 버크는 끝까지 의회의 독립을 강조했다.

버크는 정당론에서도 커다란 발자취를 남긴다. 전통적으로 정치에서의 당파나 파벌은 부정적으로 받아들여졌다. 당파party란 문자 그대로 부분의 이익이며, 공공의 이익보다도 자신들의 개별 이익을 실현하고자 하는 존재로 여겨져온 것이다.

그러나 당파에 대한 이해는 흄에 이르러 크게 바뀐다. 흄은 자유로운 국가에는 당파가 존재하기 마련이며, 이를 부정하면 오히려 자유도 사라진다고 보았다. 이를 계승한 『페더럴리스트』(☞제7장 2)는 국가가 충분히 크면 도리어 이해관계나 의견이 좀더 다양해져 당파의 폐해를 막을 수 있다고 주장했다.

버크 또한 이같은 논의의 계보에 속한다. 버크에게 정당은 영국 국제에서 정치적 균형을 유지하는 존재였다. 그의 정의에 따르면, 정당이란 공통의 원칙이나 원리로 맺어진, 국가의 이익을 실현하기 위한 인간집단이었다. 여기에서 부분의 이익으로 여겨진 당파는 근대적 의미에서의 정당으로 성질이 크게 달라진 것이다.

지금까지 살펴본 바와 같이 버크의 의회론이나 정당론은 전통적인 영국 국제의 구조개혁을 지향하는 것이며, 인민주권론과는 성질을 달리하

보수주의Conservatism

보수주의의 시조라 불리는 버크가 프랑스 혁명으로 충격을 받고 『프랑스 혁명에 관한 성찰』을 집필한 것처럼, 급진적인 혁명이나 개혁에 반대하며 과거로부터 내려온 전통의 연속성을 각별히 중시하는 사상·운동이 보수주의이다. 하지만 혁명으로 인해 특권을 잃은 귀족을 중심으로 형성된 반동세력이 혁명 이전의 구체제로 회귀하고자 한 것과 달리, 보수주의는 역사의 변화와 그에 따르는 점진적 개혁의 필요성을 인정한다. 또한 역사적인 변화를 의식하고서 기존의 가치나 습관, 제도, 사고방식을 자각적으로 선택하고 애써 견지하고자 하는 점에서, 단순히 익숙한 것을 좋아하고 변화를 꺼리는 전통주의와도 구별된다. 그러나 그후의 역사에서는 '보수적 혁명'이라는 용어법도 등장하는 등 본래의 말뜻에 변화가 나타난다(원래 '보수'와 '혁명'은 양립할 수 없다). 무모한 혁명을 억제할 필요성을 지적으로 정당화하는 것이야말로 보수주의의 본래 모습일 것이다.

는 것임을 알 수 있다. 이처럼 영국 국제를 위해 싸워온 정치가 버크가 만년에 조우한 일이 바로 프랑스 혁명이었다.

『프랑스 혁명에 관한 성찰』

프랑스 혁명의 소식을 접한 영국 여론은 사뭇 호의적이었다. 일부에서는 프랑스처럼 영국도 개혁을 해야 한다는 의견이 나타날 정도였다. 이에 버크는 혁명 직후인 1790년에 『프랑스 혁명에 관한 성찰』을 서둘러 발표한다. 마치 전염병과도 같이 퍼져가는 프랑스 혁명의 열기에 맞서 영국 국제를 철저히 옹호하고자 한 것이다.

인간은 결코 백지 상태로 태어나지 않는다. 사회적 동물인 인간은 습관을 익히면서 비로소 인간이 된다. 버크는 여기서 선입견prejudice이라는 단어를 사용한다. 문자 그대로 따져보면, 미리 판단하는 것을 가리키는 이 단어는 어떤 사회에서 역사적으로 정착된 관점이나 사고방식을 의미한다. 인간은 이러한 선입견 없이는 무엇 하나 판단할 수 없으며, 올바르게 행동하지도 못한다.

사회도 역사 속에서 형성되는 것인데, 각국의 국제는 관습prescription을 통해 확립된다. 국가는 사회계약에 의해 수립되는 것이 아니며, 시간의 경과와 함께 자연스럽게 성장해온 산물이다. 인간의 자유 역시 그 틀 안에서만 존재할 수 있고, 선입견이나 관습을 제거한 자연상태란 한낱 무질서이자 야만일 뿐이라고 버크는 잘라 말했다.

그는 사람들이 누리는 권리 역시 구체적인 내용을 지니며 각국의 역사적 전통에 의해 하나하나 확립된 것이 진정한 권리라고 보았다. 그러므로 영국인의 권리는 있어도, 추상적인 인간의 권리 따위는 있을 수 없다. 그런데도 프랑스 혁명은 추상적인 개인의 권리를 내세우며, 역사적으로 구축되어온 국제의 복잡한 구조를 파괴해버렸다고 버크는 비판한다.

영국인의 권리가 명예혁명에 의해 회복된 것과 달리, 프랑스 혁명은 정치적으로 뛰어난 지혜도 없이 벼락출세한 자들이 일으킨 혁명에 지나지 않는다고 버크는 지적했다. 그에게 프랑스 혁명의 지도자들은 민중을 능숙하게 이끌기는커녕 도리어 그들에게 영합하고 치자와 피치자의 일치를 면죄부로 삼아 파괴를 일삼은 이들로 비쳤다.

물론 버크는 모든 변화를 부정하지는 않았다. 그는 오히려 타고난 귀족에 의한 끊임없는 개량을 누차 강조했다. 부단한 점진적 개량은 일국의 국제를 충실히 지킨다. 버크에게 프랑스 혁명은 철학자에 의한 혁명이었고, 너무나 사변적이고 형이상학적인 혁명이었다.

이처럼 버크의 보수주의는 단순한 전통주의나 과거 사회로의 회귀를 바라는 반동이 아니다. 그것은 오히려 프랑스 혁명이라는, 역사에 명확한 단절을 초래한 사건과 마주한 후 다시금 역사의 연속성을 강조하면서, 한 사회를 지탱하는 것이 무엇인지를 자각적으로 이해하려는 시도였다.

개인의 합의에 기초한 사회 형성이 단지 이론에 그치지 않고 실제로 하나의 국가를 바꿀 수 있게 된 시대에, 버크의 보수주의는 극히 근대적인 성격을 띠고 있었다.

제8장

19세기의 정치사상

프랑스 혁명의 충격이 채 가시지 않은 19세기 초, 정치사상은 새로운 국면으로 접어든다. 보수주의, 자유주의, 사회주의 같은 이데올로기가 형성된 것도 이 시기이다. 프랑스 혁명에 대한 평가의 차이가 이러한 시각차를 낳았다. 프랑스 혁명은 과연 일어나서는 안 될 일탈이었는가, 아니면 더 추구해나가야 할 인류의 이상인가? 가치로 인정해야 할 것은 과거의 전통인가, 개인의 자유인가, 아니면 불평등의 철저한 극복인가? 이러한 차이는 단순한 정치적 의견 대립에 머물지 않고 곧장 당파적 충돌로 이어진 근본적인 세계관의 대립이었다. 이러한 세계관의 대립에 의해 사회가 분열해가는 시대를 이데올로기의 시대라 부른다. 이데올로기와 이데올로기가 격렬하게 맞부딪친 19세기 사회에서, 현대를 살아가는 우리는 무엇을 배울 수 있을까? 현대사회는 과연 이데올로기 대립을 극복할 수 있을 것인가?

1. 헤겔

프랑스 혁명 비판

프랑스 혁명의 충격은 즉시 유럽 각국으로 퍼져나갔는데, 그것을 받아들이는 방식은 제각각이었다. 혁명이 일어난 직후 버크는 그 위험함을 서둘러 경고했는데, 그 전제는 자유로운 국제로서의 영국 전통에 대한 흔들림 없는 신뢰였다(☞제7장 3).

이와 달리 독일의 소국인 뷔르템베르크 공국에서 태어난 게오르크 빌헬름 프리드리히 헤겔은 프랑스 혁명에 대해 훨씬 양의적인 평가를 내렸다. 헤겔이 훗날 『독일헌법론』(1799~1802)에서 "독일은 이제 더는 국가가 아니다"라고 썼듯이, 당시 독일은 여러 란트Land로 갈라졌으며, 각 란트는 구태에서 벗어나지 못하고 있었다(여기에서 란트는 '방'邦이나 '주'州, '국가'를 뜻한다. 단순하게는 지방 단위의 행정구역이지만 란트마다 고유한 역사가 있으며 독일 역사에서는 행정적인 차원 이상의 의미를 지닌다—옮긴이).

이러한 상황에서 프랑스 혁명은 분명 획기적인 사건이었다. 혁명 소식을 접한 헤겔은 친구인 프리드리히 셸링(1775~1854)과 함께 '자유의 나무'를 심고 혁명가를 불렀다고 한다. 내셔널리즘에 의한 독일 통일을 꿈꾼 헤겔에게 프랑스 혁명은 '세계사적 사건'이었다.

앞에서도 언급했듯이, 헤겔은 인류의 역사를 자유의 실현 과정으로 파악했다. 따라서 헤겔에게 프랑스 혁명은 인간의 자유가 구체제와 정면으로 충돌하여 그 최종적 실현을 향해 커다란 한 걸음을 내딛은, 실로 근대사 최대의 사건이었다.

헤겔(1770~1831)

독일의 뷔르템베르크 공국에서 태어나 신학교에 들어간 헤겔은 학생 시절에 프랑스 혁명과 조우한다. 혁명 소식을 들은 헤겔은 친구들과 함께 열광했다고 한다. 나중에 자코뱅 독재나 그 공포정치를 알고는 혁명을 부정적으로 보게 되지만, 헤겔은 어디까지나 세계사적 사건으로서 프랑스 혁명이 지닌 의의를 줄곧 높이 평가했다. 예나에 입성하는 나폴레옹을 보고는 "말에 오른 세계정신이 지나간다"고 표현하기도 했다. 철학 연구에 매진하며 예나, 하이델베르크, 베를린 대학에서 교편을 잡았고, 『정신현상학』 『대논리학』(1812~1816) 『엔치클로페디』(1817, 1827, 1837) 『법철학』을 생전에 출간했다. 사후 그의 제자들에 의해 『철학사강의』(1833~1836)와 『역사철학강의』(1837) 등이 출간되었다. 독일 관념론을 대표하는 철학자이며, 그 영향은 헤겔 좌파로 출발한 카를 마르크스에까지 미쳤다.

그러나 프랑스 혁명이 역사의 필연이라 하더라도, 헤겔이 이 혁명에 대해 조금도 비판하지 않은 것은 아니다. 그는 오히려 프랑스 혁명이 비참한 공포정치로 막을 내린 이유를 문제로 삼았다.

공포정치는 혁명 과정에서 어쩌다 벌어진 우연이 아니다. 문제는 개인과 정치적 공동체의 관계에 있다는 것이 헤겔의 생각이었다. 루소의 일반의지 논의에서도 보이듯, 프랑스 혁명은 개인의 의지와 공동체의 의지를 너무 직접적으로 결부시켰다. 자코뱅파에 의한 공포정치도 자신들이야말로 인민의 의지를 대표하는 존재이며, 적대하는 자는 모두 인민의 적이라는 논리에 기초한 것이었다.

그러나 개인과 공동체의 관계는 훨씬 복잡한 것이 아닐까? 헤겔은 개인이 어떻게 하여 국가와 관계를 맺는지를 문제로 삼았다.

외면적 국가 비판

헤겔은 국가를 그저 개인의 이익을 실현하기 위한 수단으로 보는 입장을 비판하고, 그러한 이해방식을 외면적 국가라 불렀다. 정치사회의 성립을 개인의 소유권 보호에서 이끌어낸 사회계약론도 결국 국가와 개인을 분리된 것으로 보며 대립적으로 파악하고 있다. 그래서는 시간이 아무리 지난다 한들 국가와 개인의 깊고도 내면적인 관계는 발생하지 않는다고 헤겔은 생각한 것이다.

애당초 개인은 원자와 같이 여기저기 흩어져 존재하지 않는다. 개인과 전체를 포괄적으로 이해하는 개념으로서 헤겔은 '인륜'Sittlichkeit이라는 개념을 제시했다. 개인은 구체적인 사회제도나 조직 안에 자리해야 비로소 인간이 되며, 그와 같은 구체적인 사회적 관계들을 헤겔은 인륜이라 부른 것이다.

헤겔은 칸트(☞제6장 2)의 도덕철학을 출발점으로 삼았다. 자연계에 있는 인간 이외의 모든 존재는 자연의 법칙이나 본능에 수동적으로 복종한다. 그러나 인간만이 스스로 만든 법에 자발적으로 따를 수 있다. 루소의 영향을 받은 칸트는 자율로서의 자유야말로 인간에게 걸맞은 자유라고 생각했다.

물론 인간에게는 욕망이 있다. 그러나 단지 욕망에 휘둘리기만 한다면 결국에는 욕망의 노예일 뿐이며 자유는 아니다. 그저 욕망에 휩쓸리는 것이 아니라, 오히려 이성의 명령에 주체적으로 복종하는 것이 자유이다. 그러므로 이성의 지배와 인간의 자유는 결코 모순되는 것이 아니라 오히려 양립한다는 것이 칸트의 생각이었다.

그러면서 칸트는 도덕성Moralität과 적법성Legalität을 나누어 사고한다. 도덕성은 인간이 마음 깊은 곳에서부터 이성의 명령에 따른다는 의미로, 내면적인 의지의 순수함이 중요하다. 한편 적법성은 동기야 어떻든 일단 의무에 따르는 외면적인 행위의 올바름만이 문제가 된다.

칸트는 정치가 관여해야 할 것은 오로지 적법성에 있다고 보았다. 도덕성을 외면에서 강제할 수는 없으나, 도덕성의 전제가 되는 적법성을 강제할 수는 있다. 정치에서는 각인의 내면적인 도덕성과는 별개로 사람들이 질서 있는 공동생활을 영위하는 것이 우선 필요하다.

그 결과 칸트는 때때로 이념과 현실을 이항대립적으로 파악했다. 개인의 내면적인 도덕성이 어떻게 해서 객관적인 법과 결부되어 자유 이념을 구현해가는가? 칸트는 인류가 장기적으로는 이상적인 질서를 실현해나간다고 보았지만, 그 구체적인 과정에 관해서는 상론하지 않는다.

반면에 헤겔은 이념과 현실을 이항대립적으로 보지 않고, 오히려 이념이 현실에 구현되어가는 과정으로서 역사를 파악하려고 했다. 다시 말해 겉으로는 모순되는 것처럼 보이는 것들도 대립을 통해 좀더 높은 차원의 보편성을 실현해간다. 그는 이러한 사고를 변증법이라 불렀다. 역사는 변증법적으로 발전해가는 것이다.

시민사회civil society/bürgerliche Gesellschaft

어원을 살펴보면, 라틴어 'societas civilis'까지 거슬러올라간다. 이 말은 고대 그리스어 'politike koinonia'(정치적 공동체)를 라틴어로 옮겨적은 것인데, 폴리스나 키비타스와 비슷한 뜻으로 사용되었다. 중세에는 교회에 의한 종교적 질서를 의식해 봉건영주의 세속 질서를 가리키는 데도 쓰였다. 홉스나 로크 등은 자연상태와 대비하여 정부가 존재하는 사회상태를 지칭하기 위해 시민사회라는 말을 사용했으며, 이는 국가와 거의 같은 뜻인 '정치사회'를 의미했다. 이러한 용법은 18세기 이후 크게 바뀐다. 스코틀랜드 계몽주의 사상가들은 문명사회를 국가와 구별해서 논했는데, 이를 이어받아 헤겔은 주로 경제활동 영역으로서의 시민사회를 국가와는 명확하게 다른 영역으로 논했다. 나아가 20세기 후반에는 국가나 시장 영역과도 다른, 다양한 결사가 활약하는 영역으로서의 '새로운 시민사회론'이 등장한다.

시민사회

자유 이념이 구체적인 사회제도나 조직에서 구체화된 것을 인륜이라 부른 헤겔은 『법철학』(1821)에서 인륜을 가족, 시민사회, 국가라는 세 단계로 고찰했다. 개인이 어떻게 타자와 관계를 맺어가는지를 변증법적으로 정리하고자 한 것이 이 3단계론이다.

첫째 단계인 가족은 사랑으로 엮인 공동체이다. 자연적이고 직접적인 관계 속에서, 개인은 아직 주체와 객체의 분열을 경험하고 있지 않다. 그러나 개인은 이윽고 독립하며 가족 바깥으로 나서게 된다.

둘째 단계는 독립된 인격으로 거듭난 개인이 자기 이익을 추구하며 경제활동에 나서는 시민사회bürgerliche Gesellschaft이다. 각인은 스스로의 욕망에 기초하여 노동하고, 그러한 개인들의 노동이 복잡한 상호의존 관계를 형성한다. 헤겔은 시민사회를 '욕망의 체계'라 불렀다.

헤겔은 스코틀랜드 계몽주의의 정치경제학(☞제6장 3)을 통해 이러한 근대사회의 전망을 얻었다. 헤겔은 개인과 국가의 내면적 관계를 중시하는 점에서 분명 루소의 사상을 계승하고 있다. 그러나 루소가 문명사회에 등을 돌리고 개인의 욕망과 공공심을 대립하는 것으로 파악했다면, 헤겔은 오히려 '욕망의 체계'인 시민사회에서 출발하여 국가와 관계를 맺는 것을 생각했던 것이다.

노동을 중시한 것도 헤겔의 특징이다. 헤겔은 『정신현상학』(1807)에서 인간에게 노동이 어떠한 의미인지를 논한다. 헤겔에 따르면 인간은 노동에 의해 외계에 있는 대상에 작용하며, 그 대상을 가공함으로써 생산물을 얻는다. 이는 노동을 통해 자신의 욕망을 대상화하는 것을 의미하는데, 그 생산물을 소유함으로써 인간은 자기를 확인한다.

욕망을 지닌 개인은 노동을 통해 경제적 분업의 네트워크에 편입되며, 경제법칙을 따른다. 그러나 헤겔은 이러한 시민사회가 중대한 문제를 내포하고 있다고도 생각했다. 왜냐하면 시민사회는 빈곤을 비롯한 사회문제를 초래하고 개인의 생존을 위협하게 되기 때문이다.

시민사회는 사법에 의해 개인의 소유권이나 안전을 보장하려고 한다. 하지만 국가를 수단으로서 파악하는 외면적 국가를 비판한 헤겔은 사법만으로는 시민사회의 모순을 진정으로 극복할 수 없다고 여겼다.

경찰행정, 직업단체, 국가

거기에서 헤겔이 주목한 것이 경찰행정Polizei과 직업단체Korporation이다. 경찰행정은 자본주의가 초래하는 사회문제를 경제정책이나 규제를 통해 해결하고, 직업단체는 개인을 '제2의 가족'으로서의 단체로 통합한다. 곤궁한 상태로 뿔뿔이 흩어져 있는 개인들을 배려하고 개인과 국가를 매개하는 것이 경찰행정과 직업단체의 역할이었다.

이러한 단계를 거쳐서 헤겔은 드디어 보편성을 실현할 국가를 논하는데, 칸트가 이상의 국가로서 공화정을 내세운 것과 달리 헤겔은 입헌군주정에 주목한다. 그 배경에는 시민사회의 특수이익을 대표하는 의회가 이대로라면 보편성을 실현할 수 없으리라는 헤겔의 판단이 깔려 있었다.

헤겔은 직업단체를 기반으로 선출된 의원으로 구성되는 하원과, 토지소유 귀족으로 구성되는 상원을 조합하여 입법권으로 하고, 이를 군주권이나 집행권에 의해 통제하는 구상을 했다. 헤겔이 보편성의 주체로 생각한 것은 어디까지나 국가의 통일성을 체현하고 최종적인 의사결정의 주체가 되는 군주권과, 시민사회의 이해들로부터 중립적인 관료에 의한 집행권이었다.

이렇듯 헤겔은 입법권, 집행권, 군주권이 서로 억제하며 균형을 잡는다고 파악하지 않고, 삼권을 유기적으로 연대하고 협력하는 것으로 본다. 또한 의회에는, 시민사회의 이해관계를 국가에 전달하는 것이 아니라, 오히려 국가의 보편적 이익으로 시민사회를 교화할 것을 기대했다.

헤겔에게 가족, 시민사회, 국가로 발전하는 인륜 체계는 개인이 보편적인 것을 깨닫고 전체 속에서 자신의 위치를 자각해가는 과정이었다. 헤겔은 정작 군주나 관료를 보편적 신분이라고 보았는데, 그런 의미에서 그를 정치적 자유를 논한 사상가라고 말하기는 어렵다.

그러나 헤겔이 이상으로 삼은 것은 입헌군주정이며, 이를 전제적 군주정과는 구별한다. 의회의 공개를 중시하고, 프랑스 7월혁명이나 영국의 선거법 개정에도 지대한 관심을 쏟은 헤겔은 분명 독일의 정치적 근대화를 지향한 사상가였다.

참고로, 헤겔은 국가를 대외적 측면에서도 고찰했다. 대외적 측면에서 보았을 때, 국가란 군사·외교를 통해 다른 국가들에 대항하는 존재이며, 국가는 다른 국가와의 관계를 통해 비로소 국가가 된다.

저마다 세계적인 사명을 짊어진 민족이 흥망을 거듭함으로써 세계사는 앞으로 나아가며, 그 결과 세계정신은 자유를 향해 자기를 전개해나간다. 헤겔은 이렇게 세계사를 전망했다.

2. 토크빌과 밀

프랑스 혁명과 자유주의의 탄생

프랑스 혁명은 결국 자코뱅 독재로 귀결되었고, 테르미도르의 쿠데타로 종지부를 찍었다. 하지만 그후로도 정치적 불안이 계속되어, 나폴레옹의 제정과 부르봉 왕조의 왕정복고, 나아가 7월혁명과 2월혁명으로 이어졌다.

이 과정에서 가일층의 평등화를 실현하기 위해 혁명을 이어가야 한다는 급진파와, 혁명을 부정하고 전통과 신분제 질서를 옹호하는 보수·반동

세력의 대립이 뚜렷해졌다. 그러나 양자 사이에서 이윽고 제3의 세력이 나타난다.

이 입장은 소유권 확립을 비롯한 혁명의 기본적 의의는 인정하지만, 공포정치를 초래한 혁명 과정을 비판하면서 더이상의 혁명도 부정한다. 말하자면 "혁명을 끝낼" 것을 주장한 이 세력은 자유주의라 불리게 된다.

자유주의 세력의 과제는 루소의 사상과 프랑스 혁명이 가져온 충격을 어떻게 받아들일지에 관한 것이었다. 개인의 자유와 권리 실현을 목표로 삼아 이를 위해 인민 주권을 지향한 프랑스 혁명은 왜 공포정치로 빠져들고 말았는가? 이러한 문제를 파고들면서 자유주의자들은 루소에 주목했다.

이 시기를 대표하는 자유주의자로 뱅자맹 콩스탕(1767~1830)이 있다. 콩스탕은 '고대인의 자유와 근대인의 자유'라는 주제의 강연(1819년)에서 "루소에게 자유의 심정은 있었어도 자유의 논리는 없었다"고 비판했다.

콩스탕은 루소의 문제점에 대해 다음과 같이 지적한다. 즉, 루소는 '고대인의 자유'와 '근대인의 자유'의 차이를 이해하지 못했으며, 그 결과 근대사회에서 고대적인 자유를 추구하는 식의 시대착오를 범하고 말았다는 것이다.

분명 고대 그리스의 폴리스 시민에게는 민회에 출석하여 공적인 의사결정에 참여하는 일이 자유였을지도 모른다. 그러나 상업이 발달하고 생산활동에 분주한 근대사회의 개인에게는 사적인 생활을 평온히 누리는 쪽이 더 중요하다.

애당초 문제의 설정방식이 적절하지 않았다. 개인의 자유에서 중요한 것은 주권의 소재가 아니라 주권이 미치는 범위이기 때문이다. 설령 인민이

KEY PERSON 25

토크빌(1805~1859)

프랑스의 명문귀족 가문에서 태어난 알렉시 드 토크빌은 재판관의 길로 들어섰으나 가족이 충성을 맹세한 부르봉 왕조와, 1830년 7월혁명으로 탄생한 신왕조 사이에서 곤경에 빠진다. 청년 토크빌이 그런 상황에서 벗어나고자 택한 것이 교도소 시찰을 구실로 삼은 미국 방문이었다. 가까운 친구 보몽과 함께 9개월 동안 미국 각지를 돌아본 토크빌은 민주적 사회의 도래야말로 인류의 필연적 운명이라는 통찰을 얻는다. 귀국 후 『미국의 민주주의』를 써서 일약 문명을 떨친 토크빌은 이윽고 하원의원에 선출되어 정치가의 길을 걷는다. 1848년 2월혁명 때는 신헌법 초안 작성에 참여하고, 바로 내각에서는 외무장관에 임명된다. 나폴레옹 3세의 쿠데타로 정계를 은퇴한 후 프랑스 혁명의 원인을 역사에서 찾는 또 하나의 대표작 『구체제와 대혁명』(1856)의 집필에 몰두했고, 2월혁명에 대한 회상록도 남겼다.

주권자가 되었다고 하더라도 그 인민의 주권이 너무 강대하면 의미가 없다. 주권자가 누구이든 주권이 미치는 범위를 한정하여 개인의 자유의 영역을 확보해야 했던 것이다.

어떤 의미에서 콩스탕은 개인과 정치적 공동체의 화해라는 루소의 이념을 부정한 셈이 된다. 이렇듯 민주주의와의 긴장관계에서 개인의 자유를 포착하는 관점이야말로 이 시기의 자유주의를 낳게 되었다.

토크빌

콩스탕의 문제의식을 계승한 이가 바로 알렉시 드 토크빌이다.

토크빌은 '다수자의 폭정'tyrannie de la majorité이나 '민주적 전제'despotisme démocratique 같은 말을 사용했는데, 이는 전통적인 'tyrannie'나 'despotisme'의 개념을 군주가 아닌 다수자나 민주주의와 연결한 것이다. 더구나 민주적 사회에서도 개인의 자유가 억압당할 때가 있다. 토크빌은 자유에 대한 새로운 위험성을 지적한 것이다.

프랑스 귀족 가문에서 태어난 토크빌은 잭슨 대통령이 통치하던 시절의 미국을 방문했고, 프랑스로 돌아온 후 『미국의 민주주의』(제1권 1835년, 제2권 1840년)를 집필했다. "미국에서 미국 이상의 것을 발견했다"는 토크빌이 눈으로 확인한 것은 민주주의였다.

여기에서 토크빌은 고대 그리스 이래로 정체政體를 분류하는 용어 중 하나인 '민주주의'(민주정)를 사용한다. 그때까지 민주주의란 다수자가 지배하는 정체로, 때때로 중우정치와 동일시되면서 부정적 의미로 쓰이는 경우가 태반이었다.

그러나 토크빌은 민주주의야말로 신의 섭리이며 인류의 미래라고 보았다. 이 경우 토크빌이 말하는 민주주의는 단순한 정체 분류의 하나가 아니라 평등한 개인들로 이루어진 사회상태를 가리킨다. 신분제 질서가 지배하는 아리스토크라시(귀족정) 사회는 필연적으로 민주주의 사회로 이행한다고 토크빌은 논했다.

이처럼 토크빌의 민주주의는 정체 분류로 그치는 것이 아니었다. 그것은 사회상태이며 시대구분이기도 했다. 그는 이러한 의미의 민주주의를 자신의 정치학의 핵심으로 삼았다. 공화정보다는, 평등을 강하게 함의하는 민주주의라는 용어를 고른 것이다.

토크빌이 민주주의를 긍정적 의미로 사용한 것은, 정치를 고찰하면서 고대 로마는 거의 언급하지 않고 오히려 미국을 중요한 참고 대상으로 삼은 것과 더불어 서양 정치사상사에서 하나의 중요한 전환점이 되었다.

민주주의 사회의 위험성

그러나 토크빌은 미국의 민주주의를 이상적이라 논하지는 않았다. 도리어 민주주의 사회에는 고유의 위험성이 있어 이를 어떻게 극복할 것인지가 토크빌의 과제였다.

다만 평등한 개인들로 이루어진 사회가 때때로 무질서에 빠지는 데 경고를 보낸 보수주의와 달리, 토크빌은 권력의 집중이 곧 민주주의 사회 고유의 위험성이라 여겼다. '다수자의 폭정'이나 '민주적 전제'는 바로 그의 우려를 나타내는 표현이었다.

민주주의 사회에서 전통적 권위는 부정되지만, 대신에 사회 다수자의 의견이 힘을 갖는다. 또한 사람들의 관심사가 부와 재산의 추구로 옮겨가면서 사회의 가치는 물질적 쾌락으로 균질화된다. 그 결과 일원화된 여론에는 일찍이 없던 권위가 실리게 된다.

게다가 개인은 전통적인 사회에 존재하던 관계를 잃고 자기 안에 틀어박힌다. 토크빌은 이를 이기주의와 구별하여 개인주의라 불렀는데, 그러한 개인은 타자와 협력하기보다는 오히려 절대화한 권력의 '부드러운 전제'에 기꺼이 복종한다.

그러나 이제 전통적인 신분제 사회로 돌아가는 일은 불가능하다. 그렇다면 민주주의를 전제 쪽으로 처박지 않고 자유와 양립시킬 길은 없는 것인가? 토크빌은 그 열쇠를 미국에서 발견했다.

첫째는 자치이다. 미국에는 뉴잉글랜드 지역을 중심으로 타운십이라 불리는 자치 전통이 있었다. 주민들은 지역문제에 직접 관여하는 자치를 통해 주변에서 일어나는 일들로부터 공공의 이익을 알게 된다. 토크빌은 일반인들의 일상적인 실천이 미국의 민주주의를 지탱한다고 보았다.

둘째는 자발적 결사voluntary association이다. 민주주의 사회에서 전통적인 관계는 사라졌다. 이를 다른 것으로 채워야만 인간이 고독해지지 않는다. 토크빌은 자발적 결사의 기술에 주목했다. 미국에서 사람들은 다양한 목적을 위해 결사를 꾸린다. 토크빌은 개인주의를 극복할 열쇠를 결사에서 찾아낸 것이다.

셋째는 종교이다. 토크빌이 보기에 전통적인 사회에서 밀려난 개인은 아무래도 현재에 집중하기 마련이다. 곧바로 초월적인 종교와 연결되지 않는다 하더라도, 어떻게 하면 인간에게 장기적인 관점을 안겨줄 수 있을까? 종교는 결코 자유와 모순되지 않으며, 오히려 평등사회에서 사람과 사람을 잇는 자원이 될 수 있는 점에 토크빌은 주목했다.

밀

토크빌과 동시대의 영국을 살았던 이가 존 스튜어트 밀(1806~1873)이다. 토크빌과도 교류했던 밀은 『자유론』(1859)에서 개인에게 자유가 어떠한 의미를 지니는지, 나아가 국가나 사회가 개인에게 행사하는 권력의 한계, 도덕적으로 정당한 한계는 어디까지인지에 대해 고찰했다.

청년기의 밀은 아버지 제임스 밀(1773~1836)에게 이끌려 공리주의Utilitarianism의 젊은 수재로 출발했다. 제러미 벤담(1748~1832)이 제창한 윤리학설인 공리주의는 사회의 최대다수의 최대행복을 목적으로 하며, 모든 정책이나 개인의 행위는 이 목적에 대한 공헌으로 가늠할 수 있다고 주장한다.

그러나 밀은 곧 이러한 견해에 의문을 품게 되었다. 특히 20대에 들어 정신적 위기를 겪고부터는 윌리엄 워즈워스(1770~1850) 등의 낭만주의 문학을 즐겨 읽었고, 나아가 빌헬름 폰 훔볼트(1767~1835) 등의 독일 사상도 가까이 했다.

이렇게 해서 도덕적으로 중요한 것들을 모조리 쾌락과 고통이라는 척도로 환원하는 데 반발하게 된 밀은 인간의 쾌락에는 질적인 구별이 존재하며, 오히려 개인의 다양성이나 개성이야말로 가치 있는 것이라 생각하게 되었다.

밀은 『자유론』에서 자유는 개인의 발전에서 불가결한 것이라고 논했다. 모든 것을 가르치고 이끄는 대로 따를 뿐, 스스로 판단할 일이 없는 개인의 능력은 결코 성장하지 않는다. 타인에게 위해를 가하지 않는 한, 개인은 자기가 좋아하는 것을 이룰 자유를 갖고 있다. 그러한 자유를 부정하는 사회에 진보란 있을 수 없다고 밀은 논했던 것이다.

그는 토크빌과 마찬가지로 국가만이 개인의 자유를 위협한다고 생각하지 않았다. '다수자의 폭정'을 비판하는 한편, 의견의 다양성을 인정하지 않고 개인을 예속시키는 사회의 동질화 압력을 고발했다. 또한 정치에 참

자유주의 Liberalism

자유주의란 극히 다의적인 개념이며, 단일한 정의는 내리기 어렵다. 권력제한이나 정치참여의 계기를 중심으로 하는 정치적 자유, 소유권 보장이나 시장의 역할을 강조하는 경제적 자유, 관용이나 활발한 표현활동을 중시하는 사상·신조의 자유 등 다양한 요소를 내포한다. 단어 자체는 19세기 초에 생겼으나 그전의, 이를테면 로크의 사상도 이따금 자유주의의 이름 아래 거론되곤 한다. 게다가 자유주의의 성립에 선행하는 자유 개념을 논하는 경우도 있다. 개인의 자유나 권리를 옹호하는 점에 본질이 있음은 틀림없지만, 이뿐이라면 다른 여러 사상에서도 충분히 찾아볼 수 있다. 개인이란 국가에 앞서는 존재이고, 국가는 개인의 권리를 실현하기 위해 있다고 주장하는 사회계약론, 근대국가의 성립을 전제로 복잡한 권력균형을 통해 권력억제를 꾀하는 권력분립론, 민주주의와 개인의 자유 사이의 긴장관계를 날카롭게 지적하는 포스트 프랑스 혁명의 사상이야말로 고유한 의미에서의 자유주의 사상이라 할 수 있을 것이다.

여함으로써 사람들이 공공의 현안을 익힐 수 있는 정치교육의 효과에도 주목했다. 개인의 자기도야에 의한 능력의 개화에 기대를 품은 것이다.

따라서 밀은 선거권 확대에 적극적인 태도를 보였고, 특히 여성의 선거권을 남들보다 먼저 주장한 것으로도 유명하다. 『대의정부론』(1861)에서는 선거나 투표의 구체적인 형태, 의회의 제도적 틀에 대해 논한다.

다만 그 책에서 밀은 사람들이 정치에 참여함으로써 얻을 수 있는 교육효과를 강조하는 한편, 교육을 받은 인간에게는 좀더 많은 표를 주어야 한다는 복수투표제를 제안하거나, 반대로 생활보호자나 문맹자에게는 선거권을 주어서는 안 된다고 하는 등 엘리트주의적인 주장도 펼친다.

또한 전문가로 구성되는 입법위원제를 제안하는 데서도 알 수 있듯이, 밀은 의회의 입법 능력에 의문을 품고 있었다. 밀은 프로이센의 경우와 같은 관료제를 높게 평가하는 등 단순한 참여민주주의자와는 다른 면도 갖고 있었다.

『경제학원리』(1848)를 집필하는 등 경제학자로서도 중요한 역할을 해낸 밀은 자유방임주의를 긍정하면서 당시의 사회문제에도 적극적으로 파고들었다. 그리고 사회주의에 점차 관심을 갖게 되면서, 훗날 페이비언 협회로 이어지는 영국 사회민주주의의 선구가 되기도 했다.

3. 사회주의와 마르크스

사회문제와 사회주의

18세기 후반, 영국에서 시작된 산업혁명은 19세기 들어 유럽 대륙으로 퍼져나간다. 프랑스에서도 7월왕정기에 산업혁명이 시작되었고, 영국에 이어 공업국의 지위를 확립했다.

그러나 산업화의 진전에는 빛과 어둠이 따랐다. 도시빈민층의 증대와 그 처지의 악화는 실로 산업화의 이면을 상징하는 것이었다. '빈곤'이나 '사회문제' 같은 말이 주목받는 가운데, 빅토르 위고의 『레 미제라블』(1862)은 빈곤으로 비참한 처지에 몰린 사람들을 주인공으로 한 소설이었다.

여성이나 아이들도 포함하여 대중 차원에서 나타나는 빈곤의 확대를

사회주의Socialism

한마디로 사회주의라 해도 단일한 정의가 존재하는 것은 아닌데, 이 점은 자유주의나 보수주의의 경우와 마찬가지다. 19세기에 분출한 빈곤이나 계급대립 같은 사회문제를 극복하기 위해서는 사회 전반의 변혁이 필요하다는 입장을 총칭하는 것이 사회주의이다. 그러나 마르크스나 엥겔스가 그전의 초기 사회주의자를 '공상적 사회주의'라 부르며 자신들이야말로 '과학적 사회주의' 즉 '공산주의'라고 지칭하면서 사회주의 내부의 대립이 심해졌다. 운동 면에서 살펴보자면 프롤레타리아 독재의 기치를 내걸고 혁명을 주도하는 공산당의 역할을 강조한 볼셰비즘과, 노동자에 의한 좀더 분권적인 사회변혁을 지향한 아나르코생디칼리즘이 격하게 대립했다. 또한 공산주의가 자본주의와 의회주의를 기본적으로 부정하는 것과 달리, 사회민주주의는 자본주의를 전제로 의회제 민주주의를 통한 사회개량에 뜻을 두었다.

어떻게 받아들여야 할까? 사람들은 프랑스 혁명을 떠올렸다. 프랑스 혁명은 억압당한 사람들의 해방을 지향했지만, 그후 도리어 경제적·사회적인 불평등이 확대되었다. 그렇다면 프랑스 혁명에는 어딘가 부족한 점이 있었던 것이 아닐까?

프랑스 혁명은 분명 정치적으로는 사람들을 자유롭고 평등한 시민으로 만들고, 경제적으로도 소유권을 확립하는 등 자본주의가 발전할 수 있는 길을 열어주었다. 하지만 정치적이고 경제적인 해방이 곧 인간의 전면적인 해방을 의미하지는 않는다.

정부의 형태를 바꾸고 시장을 도입했다고 해서 빈곤이나 사회문제가 해결되는 것은 아니다. 그렇다면 필요한 것은 좀더 근원적인 해결이 아닐까? 이 대목에서 '사회'가 주목을 받는다. 정치적인 지배-복종 관계나 경제적인 거래관계와도 다른, 사람과 사람이 맺는 관계들의 총체. 이런 의미의 '사회'에 대한 근본적 개혁이 시대의 과제로 떠올랐다.

이러한 관점에서 보면, 문명사회는 결코 풍요로운 사회가 아니었다. 실제로는 빈곤이 심화되고 자본가와 노동자의 계급대립이 날로 격화되었다. 애당초 문명사회의 근저에 깔려 있는 에고이즘이나 물질주의에 문제가 있었던 것이 아닐까? 이런 문제들을 방치하는 한, 도덕적 퇴폐는 필연적일 수밖에 없지 않은가? 이러한 문제의식이 사회주의의 여러 사상을 낳았던 것이다.

이렇게 하여 등장한 초기 사회주의 사상의 대부분은 훗날 마르크스나 프리드리히 엥겔스(1820~1895)에 의해 '공상적 사회주의'로 불리게 된다. 구체적인 실현방법을 결여한 까닭에 '공상적'이라고 간주된 이들 구상은 결코 견고하지 않고 서로 모순되기도 했지만, 19세기에 사회변혁의 다양한 전망을 제시한 것이었다.

생시몽과 푸리에

생시몽(1760~1825)은 산업사회의 도래를 인류 역사의 전환점이라 보았다. 군사적·봉건적인 사회는 이제 과거의 것이며, 이제부터는 평등한 개인들이 평화를 유지하는 가운데 생산물을 관리한다. 인간에 의한 인간의 지배는 필요없어질 것이라고 생시몽은 생각했다.

그러나 단순한 자유방임주의로는 경제적인 무질서를 초래할 뿐이다. 이제는 에고이즘에 의한 개인주의 사회를 뛰어넘어 보편적인 공동사회를 실현해야 한다. 그럴 수 있으려면 전체적인 시야를 가진 경제 엘리트가 필요하다고 생시몽은 강조했다.

생시몽이 구상하기로는, 중앙집권 아래 사회가 마치 하나의 공장처럼 운영되며, 정치문제는 소멸하고 모든 것이 기술적인 문제로 그칠 것이었다. 또한 빈곤이나 사회문제를 해결하기 위해 필요한 것은 잘 조직된 질서이며, 에고이즘을 극복할 수 있는 것은 새로운 윤리적 공동체일 뿐이었다.

생시몽의 사상에는 기술관료적technocratic 측면과 종교적 측면이 있었다. 자신의 제자들이 제2제정기에 운하나 철도 건설 등으로 활약하는 가운데, 생시몽은 『신기독교』(1825)를 집필하며 새로운 시대에 걸맞은 기독교를 구상해나갔다.

산업사회에 대해 기본적으로는 긍정적이었던 생시몽과 달리, 샤를 푸리에(1772~1837)는 훨씬 엄격한 입장을 취했다. 생시몽식의 산업주의는 과학적인 망상이라며 비판한 푸리에는, 산업사회나 문명사회는 노동의 세분화나 빈곤, 부당한 경쟁이나 사기를 초래할 뿐이라고 생각했다.

중앙집권적인 생시몽에 비해 푸리에는 좀더 분권적인 유토피아를 그렸다. 그는 사람들이 서로 대립하는 정념을 억압하지 않고 도리어 해방시켜, 노동을 쾌락으로 바꿔놓는 것을 중요하게 여겼다. 그는 그 열쇠를 팔랑주phalange라는 소규모의 생산과 소비 협동체(이상적인 정원은 1,620명)에서 찾았다.

많은 사람들은 푸리에의 구상을 그저 별난 것으로만 받아들였으나, 팔랑주에 기초한 그의 협동체 만들기는 프랑스 이외의 나라들에서도 확대되었다. 비영리 협동 활동인 아소시아시옹Association 활동의 원점이 된 것도 푸리에의 사상이었다.

오언과 프루동

영국의 로버트 오언(1771~1858)은 직접 공장을 운영하는 경영자 입장에서 산업혁명의 현실을 목도하고 사회개량을 꿈꾸기 시작했다. 사회의 목적은 인간의 지적·육체적·정신적 개선에 있는데, 시장에서 벌어지는 경쟁은 인간을 도덕적으로 개선하지 못한다. 그렇게 생각한 오언은 노동자를 위한 새로운 사회론과 교육론이 필요하다고 보았다.

환경이 인간의 성격에 커다란 영향을 미친다고 생각한 오언은, "인간은 자유로운 주체다"라는 명목 아래 모든 것을 노동자의 자기책임으로 돌렸을 때 도리어 사회의 분열과 대립이 심해진다고 보았다. 거기에서 오언은 자신이 경영하는 뉴래너크의 방적공장에서 생산과 노무의 과학적 관리를 꾀하는 한편, 노동조건이나 복리후생을 개선함으로써 노동자의 근로의욕을 고취하고자 했다.

교육을 통한 사회개혁에도 큰 관심을 가진 오언은 아동노동을 금지하는 공장법 제정에 힘썼으며, 공장에 아이들을 위한 부속학교를 세웠다.

오언은 노동자 협동조합을 만들 구상도 했다. 상호이익을 위해 노동과 자본을 결합하고, 생산·관리·분배의 협동관리를 실현함으로써 새로운 도덕적·윤리적 질서를 확립하고자 한 것이다.

그후 오언은 미국으로 건너가 뉴하모니라는 이름의 협동체 설립도 시도한다. 자본가 입장에서 드러낸 온정주의적 개량주의라는 지적도 자주 받지만, 자신의 구상을 실험하며 실천에 옮기려고 애쓴 인생이었다.

피에르 조제프 프루동(1809~1865)은 오언과 달리 가난한 직인의 아들로 태어나 독학으로 정치학이나 경제학을 익혔다. 각지에서 수업을 쌓으며 숙련공으로 거듭난 그의 경력은 자유로운 교환에 의한 소생산자의 사회라는 질서 구상으로 이어진다.

자신의 저서 『소유란 무엇인가』(1840)에서 "소유는 도둑질이다"라는 명제를 제시해 화제에 오른 프루동은 사적 소유를 완전히 부정하지는 않았다. 노동자가 자신이 생산한 것을 값이 비싸서 살 수 없는 현상을 비판한 프루동은 각 개인의 자주성이 올바르게 사회화되는 것을 지향했다. 단순한 공유는 오히려 각자의 고유성을 부정하는 것으로 보고 일축했다.

각자가 이질적이며 다양하기 때문에 그 사이에서 교류나 교환이 발생한다. 프루동이 지향한 것은 교환을 매개로 각자의 개성이 점차 풍부해지는 사회주의였다. 그가 제시한 연합의 원리는, 저마다 독립을 이루며 진정으로 합리적인 교환이 이루어질 때 질서가 창출된다는 내용이었다.

프루동은 노동의 조직화를 중시했다. 개인들을 자율적인 생산자의 소집단으로 조직화하고, 그러한 노동자의 협동조직이 연합하게 만들면 종국에는 국가를 사멸시키는 것도 가능하다. 이러한 프루동의 사상은 아나르코생디칼리즘(무정부주의적 조합주의)의 이론적 지주가 되었다.

마르크스

헤겔 좌파로 출발한 카를 마르크스가 프랑스 혁명에서 발견한 것은 '시민'과 '인간'의 분열이었다. 사람은 시민으로서 정치적 공동체에 참여하는

마르크스(1818~1883)

유대계 독일인 가정에서 태어난 카를 마르크스는 대학에서 철학을 공부하며 헤겔 좌파의 영향을 받았다. 나중에 저널리스트가 되었으나 주필을 맡았던 『라인 신문』이 탄압을 받자 프랑스로 이주했다가 결국에는 영국 런던에서 생을 마감한다. 그 사이에 프리드리히 엥겔스와 손잡고 『공산당선언』(1848), 『독일 이데올로기』(1845~1846)를 집필했다. 엥겔스는 마르크스를 물심양면으로 지원했으며, 마르크스 사후에는 그의 유고 정리와 간행에 힘썼다. 2월혁명과 나폴레옹 3세의 쿠데타를 계기로 『루이 보나파르트의 브뤼메르 18일』을 썼고, 훗날의 파리코뮌에 관해서도 『프랑스 내전』(1871)을 발표한다. 제1인터내셔널에 참여했으나, 영국에서는 경제학 연구에 전념하여 그 성과를 『자본론』으로 정리했다(생전에 간행된 것은 1867년의 제1권뿐이다). 철학, 정치학, 경제학을 넘나들며 연구활동에 매진했고, 정치적으로도 지대한 영향을 끼쳤다.

한편, 경제활동의 주체로서 스스로의 욕망을 추구한다.

헤겔은 이를 국가와 시민사회의 대립으로 파악하고, 종국에는 '욕망의 체계'로서의 시민사회를, 좀더 높은 차원의 보편성을 실현하는 국가가 극복한다고 생각했다. 그러나 마르크스에게 이는 무리한 이야기였다. 헤겔이 군주나 관료를 특수한 이해를 뛰어넘은 존재로 그린 점이야말로 논의의 비현실성을 드러내는 것이라고 마르크스는 생각했다.

마르크스는 정치적 해방만으로는 불충분하며 필요한 것은 인간의 해방이라고 보았다. 거기에서 중요한 것은 국가가 아닌 시민사회 자체의 근본적 개혁이었다. 이렇게 생각한 마르크스는 동시대의 사회주의자가 곧장 윤리적 고찰로 향한 것과 달리 오히려 인간의 노동과 생산활동 자체에 주목했다.

인간은 "도구를 만드는 동물"Homo Faber이며, 노동을 통해 자연을 변화시키고 물품을 만들어낸다. 그러한 의미에서 인간에게 자유로운 생산이란 생산활동을 통해 만든 생산물 속에서 스스로의 활동의 의미를 찾는 데 있다.

그러나 현실의 시민사회에서 노동자는 욕망의 체계에 매몰되어 자신의 노동력을 일개 상품으로서 내다팔 뿐이다. 생산물 속에서 자신을 확인하기는커녕 도리어 거기서 소외되기 일쑤다.

인간은 자기 자신의 노동을 스스로의 것으로 삼지 못하고, 오히려 자신이 만들어낸 것에 종속된다. 게다가 노동은 자기실현으로서의 노동이 아니라 그저 생명을 유지하기 위한 수단으로 전락했다. 여기에서 인간의 소외를 발견한 마르크스는, 문제의 근원은 노동의 상품화에 있으며 이는 사유재산제와 표리일체라고 생각했다.

그러면 마르크스는 인간해방의 전망을 어떻게 구체적으로 그렸는가? 마르크스가 제시한 것은 계급투쟁이라는 전망이었다. 역사를 끊임없는 계급투쟁의 과정으로 이해한 그는, 유산계급인 부르주아와 자신의 노동력을 상품으로서 팔 수밖에 없는 프롤레타리아의 대결이 임박했다고 보았다.

궁지에 몰린 프롤레타리아가 부르주아에게서 권력을 탈취하고(프롤레타리아 독재), 생산수단을 국유화함으로써 계급대립의 역사는 종말을 고한다.

계급대립이 사라지면 정치권력은 쓸모없어지며, 생산물 관리만이 남게 되리라고 마르크스는 예언했다.

마르크스는 자신의 입장을 공산주의Communism라 불렀다. 시민과 개인, 국가와 시민사회의 모순을 뛰어넘어야 진정한 공동성을 실현할 수 있다고 한 마르크스의 예언은 20세기 사회주의혁명과 그 체제붕괴에 의해 어느 면에서는 실현되고 어느 면에서는 배반당한 것인지도 모른다.

종장

20세기의 정치사상

민주주의의 세기

20세기는 민주주의의 세기였다. 앞서 언급했듯이 서양 정치사상의 역사에서 민주주의라는 단어가 반드시 긍정적 의미로만 쓰인 것은 아니다. 원래 '민중demos의 지배'를 의미한 이 단어는 이따금 숫자에 기대는 중우정치와 동일시되어 부정적인 함의와 더불어 입에 오르내렸다. 공화정이 "공공의 이익이 지배하는 정치"라면 민주주의는 "사회의 다수를 점하는, 가난한 사람들의 이익이 지배하는 정치"일 따름이었다.

그러나 민주주의의 이념에 대한 평가는 20세기에 급격히 달라진다. 양차 세계대전이 중대한 계기로 작용한 것인데, 제1차세계대전이 끝나자 전쟁으로 무너진 독일제국이나 오스트리아-헝가리 제국 외에 러시아에서도 혁명이 일어나 제정이 역사의 뒤안길로 사라졌다. 군사력뿐만 아니라 경제력을 포함한 일국의 모든 것이 전쟁에 투입되는 총동원체제의 시대에, 제국은 더이상 버티지 못했던 것이다.

제2차세계대전의 경우에는 민주주의와 전체주의의 대결이라는 의미부여가 이루어졌는데, 이는 특히 도중에 참전한 미국에 의해 강조되었다. 독일의 나치즘, 이탈리아의 파시즘, 그리고 일본의 군국주의는 '전체주의' Totalitarianism라는 개념 아래 총괄되었던 것이다. 그리고 냉전이 시작된 후에는 이 전체주의에 소련의 스탈린주의가 덧붙게 된다.

전시에는 전장에 보낼 병사들은 물론이고 후방에서 공장노동에 종사하는 여성들을 포함해 국민 대다수가 전쟁수행을 위해 동원되었다. 이는 결과적으로 선거권 확대로 이어진다. 전쟁에 공헌하는 이상, 정치적 발언권도 인정되어야 한다. 기이하게도 고대 그리스의 경우와 닮은 논리에 의해 전쟁과 민주주의가 결부되었던 것이다.

이렇게 하여 민주주의의 정당성은 급속히 높아졌다. 오늘날 가장 독재적인 국가조차 독재의 목적은 민중의 이익 실현에 있으며 자신들이야말로 진정한 민주주의를 체현하고 있다고 주장한다. 민주주의 이념을 부정하는 체제가 지구상에서 사실상 자취를 감춘 것은 20세기의 일이었다고 할 수 있다. 하지만 그만큼 무엇을 가리켜 민주주의라 하는지가 모호해진 것 또한 틀림없다.

한편 정치참여가 급격하게 확대된 상황의 의미에 대해서도 관심이 커졌다. 사람들은 정말로 정치적인 문제들을 이해하고 적절한 판단을 내릴 수 있는가? 민주주의의 주체인 민중의 능력을 두고 또다시 물음이 제기된 것이다. 이와 관련하여 매스미디어의 확대에 따른 프로파간다(선전)나 정치적 조작이 문제시되었다.

그중에는 조지프 슘페터(1883~1950)처럼 인민에게는 정치를 판단할 능력이 없으며, 중요한 것은 오히려 정치적 엘리트가 인민의 투표를 획득하기 위해 경쟁하는 것이라는 엘리트 민주주의론을 펼친 이들도 나타났다. 민주주의의 정당성이 높아짐에 따라, 인민의 통치능력에 대한 회의적 시선도 강해진 것이다.

모호해진 민주주의 개념을 두고는 별도의 다른 개념을 제시하려는 시도도 나타난다. 로버트 달(1915~)은 '폴리아키'Polyarchy라는 개념을 새로 만들어 문제를 명확히 하고자 했다(로버트 달은 2014년 2월 타계했다—옮긴이). 그에 따르면 폴리아키는 두 개의 축으로 이루어진다.

먼저 한쪽에서는 언론, 집회와 결사의 자유, 그리고 정권을 둘러싼 경쟁성이 중요하다. 달은 이를 '자유화' 혹은 '공적 이의제기'라 불렀다. 다른 한쪽에서는 정치참여의 정도, 즉 선거권을 지닌 사람들의 비율이 중시된다. 달은 이를 '참여' 혹은 '포괄성'으로 자리매김했다.

두 개의 축은 서로 독립되어 있으며, 어느 한쪽이 발전해도 다른 한쪽은 뒤처진 채로 머무는 일도 있다. 달은 두 개의 축을 조합하여 다양한 정치체제를 세울 수 있다고 주장했다. 민주주의를 자처하는 갖가지 체제들을 실증적으로 분류하기 위한 연구도 그후로 발전해나갔다.

정치란 무엇인가?

민주주의의 세기인 20세기에 정치는 과연 어떠한 것으로 이해되었을까? 정치의 의미를 근원적으로 재검토한 사상가로 카를 슈미트(1888~1985)와 한나 아렌트(1906~1975)를 들 수 있다.

두 사람의 사상가가 '정치란 무엇인가'에 대해 근원적으로 되물은 것은 안정되어 있는 것처럼 보인 19세기의 질서가 맥없이 무너지는 것을 지켜봤기 때문이다.

19세기적 질서란 적어도 서양을 중심으로 하는 국가들에서는 국민국가 체제가 확립되고, 각국 내부에서는 정당에 의한 대의정치가 기능하며, 자유무역 체제와 금본위제에 의해 각국의 경제가 조정된다는 것을 골자로 한다.

이러한 질서를 전제로 국가보다는 오히려 각종 사회집단에 주목하고, 그러한 집단 사이의 이해 조정이 바로 정치의 본질이라는 관점이 등장한다. 영국 등을 중심으로 발전한 다원국가관이 그것이다. 그러나 정치란 그와 같은 집단 사이의 이해 조정에 진력하는 것일까? 제정이 무너진 후 극도의 혼란에 빠진 독일에서, 슈미트는 『정치적인 것의 개념』(1932)을 집필하며 이 물음에 정면으로 맞섰다.

사회란 결코 저절로 조정되는 것이 아니다. 오히려 정치의 본질은 우적友敵관계에 있는 것이 아닐까? 이것이 슈미트 나름의 결론이었다.

분명 평상시라면 사회는 의회제나 시장 메커니즘을 매개로 다양한 집단의 이해 조정에 의해 움직일지도 모른다. 모든 문제는 타협으로 처리할 수 있는 것처럼 보이기도 한다. 그러나 일단 전쟁이나 혁명상황이 되면 사태는 달라진다. 말하자면 예외상황에서는 누가 친구이고 누가 적인지가 사활적인 의미를 갖게 된다.

슈미트는 이것이 바로 '정치적인 것'의 본질이라고 했다. 이 구별을 모호하게 하면 국가는 멸망할 수밖에 없다. 그는 예외상황에서 정치적 결단을 내리는 자야말로 주권자라고 논했다.

이런 슈미트와는 전혀 다른 이해를 보인 인물이 아렌트이다. 정치에 관해 아렌트는 『전체주의의 기원』(1951)에서 19세기적 질서가 무너진 후 서로 고립된 대중을 정치적 프로파간다로 동원한 것은 이데올로기에 기초한 단일정당이었다고 말한다. 테러(공포정치, 숙청정치)가 지배하는 전체주의의 시대란 마치 정치가 모든 것을 지배하는 듯한 시대였다.

그러나 정치란 진정 그러한 것인가? 아렌트는 고대 그리스로 거슬러올라가 정치의 본래 의미를 되묻는다. 아렌트는 『인간의 조건』(1958)에서 인간의 영위를 노동labor, 작업work, 행위action로 나누어 사고했다.

그날그날의 양식을 구하기 위한 일상적인 '노동', 한 번뿐인 개성적인 작품을 남기기 위한 '작업'이 모두 인간과 생산물의 관계에 중점을 두는 것이라면, 아렌트가 제3의 카테고리로서 제시한 '행위'란 인간이 언어를 매개로 다른 개인과 만나는 것을 가리킨다. 아렌트는 실로 이 행위에서 정치의 본래 의의를 발견했던 것이다.

아렌트에게 정치의 본질은 복수성複數性에 있었고, 이 복수성을 부정하는 전체주의가 지배한 20세기는 정치가 지배한 시대가 아니라 정치가 모습을 감춘 시대에 지나지 않았다.

자유주의의 전환

전체주의가 문제로 떠오른 20세기는 인간의 자유란 무엇을 의미하는지를 다시금 캐묻게 된 시대이기도 하다. 이사야 벌린(1909~1997)의 논문 「자유의 두 개념」(1958)은 20세기에 자유 개념이 지닌 다의성을 잘 보여준다.

벌린은 콩스탕의 '고대인의 자유와 근대인의 자유'(☞제8장 2)도 참조하며 새로이 '소극적 자유'와 '적극적 자유'의 구별을 제시한다. 소극적 자유란 무엇보다도 강제의 결여를 가리킨다. 사람이 자신의 의지를 실현하고자 할 때 방해받지 않는 것, 간섭받지 않는 것이 자유이다. '무엇을 하는가'를 묻지 않고, 어디까지나 방해의 유무만을 문제로 삼았다는 의미에서 형식적인 자유의 정의라고도 할 수 있다.

반면에 적극적 자유란 자유의 좀더 실질적인 측면에 주목한 것이다. 이를테면 칸트는 인간이 있는 그대로의 자기 욕망에 따라 움직이지 않고 자신의 이성이 내리는 명령에 자발적으로 따르는 것이 자율이며 자유라고 논했다(☞제6장 2). 이처럼 있는 그대로의 자아(저차원의 자아)를 마땅히 그래야 할 자아(고차원의 자아)에 의해 통제하는 것이 적극적 자유이다.

벌린에 따르면, 프랑스 혁명 때의 자코뱅파나 러시아 혁명 당시의 공산주의자는 이러한 의미에서 적극적 자유의 실현을 꾀한 것이었다. 그러나 그들의 시도는 비참하게 끝났다. '마땅히 그래야 할 자아'에 의한 '있는 그대로의 자아' 통제라는 모델은 이따금 독재 정당화로 이어졌다. 이에 벌린은 적극적 자유가 도리어 자유의 부정과 연결된다면서 소극적 자유를 옹호했다.

여기에는 소극적 자유조차 존중받지 못한 20세기의 시대경험이 배경에 깔려 있었다. 러시아 제국이 지배하는 라트비아에서 태어난 벌린은 어린 시절에 영국으로 이주했는데, 그의 논의에는 자신이 직접 느낀 것들이 담겨 있었는지도 모른다.

드디어 복지국가 시대가 도래하여 국가의 역할이 점차 확대됨에 따라 자유주의의 의미도 달라진다. 즉, 국가의 역할을 좁은 의미에서의 치안유지나 안전보장으로 국한하는 19세기적 '야경국가'관 대신에, 국가가 사회보장을 통해 국민의 생활안정을 꾀하는 '복지국가'가 발전해나간 것이다.

이러한 변화를 이론적으로 지원한 경제학자가 영국의 존 메이너드 케인스(1883~1946)이다. 케인스는 자유방임적 시장경제의 한계를 강조하고, 사회주의에 대항하기 위해서도 정부가 공공투자 등을 통해 경제를 적극적으로 자극할 필요가 있다고 강조했다. 1929년에 미국에서 시작된 세계대공황이 케인스의 견해에 설득력을 불어넣어주었다.

그 결과 개인의 경제적·사회적 조건을 개선하기 위해 정부가 적극적인 역할을 맡는 것이 자유를 부정하는 것은 아니라는 사고가 대두한다. 개인의 자유를 실현하기 위해 국가의 역할을 적극적으로 옹호하는 입장을 가리켜 자유주의Liberalism라 부르게 되었다. '작은 정부'를 기치로 내건 자유주의가 '큰 정부'로 입장을 크게 전환한 것이다.

물론 이러한 자유주의 개념의 변질에 대한 반발도 나타난다. 특히 동서냉전기에 서방국가들이 저성장 국면으로 접어들면서 '큰 정부'의 기능 부전이나 비효율성이 거론된 1970년대에 고전적인 자유주의 부흥의 움직임이 강해졌다. 이런 움직임을 대표하는 이가 프리드리히 하이에크(1899~1992)이다.

케인스와도 논쟁을 벌인 하이에크는 계획경제의 비효율성을 비판하고, 오히려 19세기의 애덤 스미스나 흄으로 거슬러올라가서 본래의 자유주의를 회복해야 한다고 주장했다. 그는 각 개인이 저마다 지닌 지식을 마음먹은 대로 사용하는 것이 곧 자유라고 생각했다. 따라서 계획경제 아래에서 정부가 마치 전능자인 양 사회 전체를 통제하려 드는 것은 비효율적일 뿐만 아니라 '예속의 길'이기도 했다.

하이에크 같은 이들에 의해 부흥을 맞이한 고전적 자유주의 사상은 그 후 '신자유주의'라 불리게 된다. 오히려 20세기적 자유주의 쪽이 새롭다고 여긴 하이에크에게는 아이러니한 사태였으나, 자유주의의 이해에 대해서는 지금도 논의가 계속되고 있다.

정치사상의 현재

그렇다면 현재의 정치사상에서 제기되는 물음은 어떠한 것일까? 논점은 다양하지만 우선은 권력론, 정의론, 제국론 이렇게 세 가지로 좁혀서 이야기해보자.

오늘날에는 국가나 좁은 의미의 사회뿐만 아니라 여태껏 권력이 반드시 작용한다고는 여겨지지 않았던 영역에서도 권력이 작동한다고 인정하기에 이르렀다. 이를테면 루이 알튀세르(1918~1990)는 가족, 학교, 매스미디어 등 사회 곳곳에서 '국가의 이데올로기 장치'를 발견했다.

미셸 푸코(1926~1984) 또한 『감시와 처벌: 감옥의 역사』(1975)에서 근대의 새로운 권력 형태를 논했다. 푸코에 따르면, 사람들은 학교나 공장 등 사회 도처에서 끊임없이 감시당하며 훈련받고 있다. 그 결과 외부로부터 강제되지 않아도 사람들은 어느새 자발적으로 권력의 지시에 따라 행동하게 된다. 사람들을 자각이 없는 채로 복종하게 만드는 새로운 권력의 움직임 앞에서, 과연 자유는 가능할까? 이것이 현대 권력론의 최대 쟁점이다.

현대의 권력론이 사회에 촘촘히 깔려 있는 미시적 권력의 네트워크에 주목하는 것이라면, 다양한 개인들로 이루어지는 현대 사회의 기본적 틀에 관해 거시적으로 구상하는 것이 현대 정의론이다.

존 롤스(1921~2002)의 『정의론正義論』(1971)은 그때까지 영미권의 정치철학에서 지배적이었던 공리주의(☞제8장 2)에 도전함으로써 현대 정치철학 부흥의 초석이 된 저작이다. '최대다수의 최대행복'을 사회가 실현해야 할 선善이라 정의하고, 이 선의 실현을 기준으로 개인들의 행위나 정책을 평가하려고 하는 공리주의와 달리, 롤스는 정의를 강조하며 '선에 대한 정의의 우위'를 주장했다. 롤스는 그 이유로 사회 전체의 행복 증진을 위해 개인의 권리를 희생해서는 안 된다는 것, 그리고 특정한 선 관념에 의거하여 사회의 기본적 규칙을 설정해서는 안 된다는 것을 지적한다.

그렇다면 사회에서 갖가지 경우에 따라 다양한 선 관념을 갖고 있을 개인들이 공히 합의할 수 있는 사회의 기본적 원리란 어떤 것일까? 롤스는 두 가지 원리를 제시한다. 기본적 자유에 대한 개인들의 평등한 권리가 제1원리, 그리고 공정한 기회균등 아래(공정한 기회균등의 원리) 사회에서 가장 혜택받지 못하는 사람들의 처지를 개선하는 한에서만(격차원리) 경제적·사회적 불평등이 인정될 수 있다는 것이 제2원리다.

이처럼 롤스에 의한 정의의 정식화를 계기로 다양한 논쟁이 펼쳐진다. 롤스가 사회적 약자에 대한 정부의 재분배를 긍정하자, 로버트 노직(1938~2002)은 『아나키에서 유토피아로』(1974)를 집필하여 로크의 소유권 이론으로 거슬러올라가 사회에 대한 국가의 개입을 최소화하라고 주장했다.

또한 찰스 테일러(1931~)나 마이클 샌델(1953~) 등은 롤스가 정의의 원리를 추출할 때 사용한 방법론을 비판하며, 개인이 처한 구체적인 사회적 상황을 고려하지 않고서는 사회의 그 어떤 기본적 규칙도 논할 수 없다고 주장했다. 샌델은 롤스의 추상적인 개인관을 '무연고적 자아'라 비판했는데, 이러한 그들의 입장은 공동체주의Communitarianism라 불리게 된다.

마지막으로, 마이클 하트(1960~)와 함께 『제국』(2000)을 써서 화제를 모았던 안토니오 네그리(1933~)에 관해서도 언급하고 싶다. 푸코 등이 제시한 현대 권력론을 이어받은 네그리 등은 냉전이 종언을 고한 후의 세계에서 새로운 네트워크형 권력이 퍼져가고 있다고 지적했다. 주권국가의 권력과는 다른 탈영역적인 권력의 작용을 네그리는 '제국'이라 불렀다.

흥미로운 것은 제국주의와 구별하여 제국을 논하고자 하는 그들의 논의에, 이 책에서도 검토한 제국론이 흘러들어 있다는 점이다. 근대 주권국가가 최후를 맞이하고 있는 것처럼 보이는 지금, 하나의 문명 아래 세계를 통합하고자 하는 고전적 제국이 부활할 가능성은 있는 것인가? 네그리 등이 이따금 현대의 혼합정체론(☞제1장 3, 제2장 1)을 언급하는 점과 더불어, 서양 정치사상의 전통이 현재에도 여전히 눈앞의 상황을 독해하는 데 의의를 지니고 있음을 알 수 있다.

후기

지난날 동학한 선배이자 작고한 후쿠다 아리히로福田有広 씨가 이렇게 말한 적이 있다. "우노 씨는 토크빌을 전공하고 있어서 좋겠어요." 이 말을 들은 순간 무슨 뜻인지 곧장 이해가 되지 않아 어리둥절했던 것을 지금도 기억하고 있다.

후쿠다 씨는, 정치사상이란 어떤 사상가가 이전 시대 사상가의 책을 읽고, 다음에는 그 어떤 사상가가 쓴 책을 다음 시대의 사람이 또 읽는 식의 반복일 뿐이라고 했다. 그는 17세기 잉글랜드의 사상가 토머스 홉스나 제임스 해링턴을 연구했는데, 내가 연구하는 알렉시 드 토크빌은 19세기 인물이다. 그래서 통사를 강의할 때 17세기에서 19세기까지는 좀 편하겠다는 뉘앙스였던 것 같다.

당시에 후쿠다 씨가 한 말의 의미를 내가 제대로 이해했을지 다소 미심쩍기는 하다. 하지만 그후 연구를 진행하면서 한편으로 서양 정치사상사 강의도 하게 되었는데, 그 과정에서 후쿠다 씨의 말이 무슨 의미였는지를 절절히 느끼기 시작했다. 그리고 나 역시 고전을 부단히 다시 읽는 과정의 끝자락에 서 있음을 자각하게 되었다.

물론 선학들의 중후한 '읽기'에 비하면 나의 이해가 얼마나 얕은지를 통감하는 나날들이었다. 그렇지만 과거로부터 내려온 '읽기'의 전통에 닿아 있다는 느낌에 기뻤으며, 그런 마음을 젊은 학생들에게 전할 수 있기를 줄곧 바랐다.

이 책은 내가 2012년 릿쿄 대학 법학부에서 비상근 강사 신분으로 진행한 '유럽 정치사상사' 강의의 경험을 토대로 한 것이다. 강의를 들었던 모든 학생의 반응이 책 곳곳에 배어 있을 것이다. 어디가 재미있고 어디가 잘 이해되지 않는지 이야기해준 모든 분들에게 감사의 뜻을 전한다.

나는 도쿄 대학 법학부에서 사사키 다케시佐々木毅 선생의 정치학사 강의를 수강한 것이 계기가 되어 서양 정치사상사 연구의 길에 들어섰다. 당시에 교재로 사용된 책은 후쿠다 간이치福田歓一 선생의 『정치학사』(도쿄 대학 출판회)였다. 도쿄 대학에서는 아루가 히로시有賀弘 선생의 강의도 들었다. 이러한 환경에서 서양 정치사상사를 배울 수 있었던 것은 나에게 큰 행운이었음을 새삼 느낀다. 강단에 선 후로는 사사키 다케시, 스미 세이이치鷲見誠一, 스기타 아쓰시杉田敦 이렇게 세 분이 쓴 『서양 정치사상사』(호쿠주北樹출판)를 교재로 사용하는 일이 잦았다.

그런 맥락에서 보자면, 지금 내 손으로 새로이 서양 정치사상사 교재를 쓰는 의미가 어디에 있을지 불안한 마음이 크다. 세상에는 이미 좋은 교재가 많이 나와 있고, 이 책에 쓴 것들은 대부분 사사키 선생을 비롯한 여러 선생의 강의나 교과서에서 뽑아 쓴 것에 불과하다. 나만의 독창적인 부분이 있는지 따져묻는다면, 솔직히 말해서 답이 궁하다.

그렇지만 만용을 부려가며 이 책을 쓴 것은(적어도 지금, 한 사람의 저자가 서양 정치사상사의 교과서를 쓰는 일은 실로 '만용'일 것이다) 서양 정치사상사의 '읽기' 전통에 나 또한 보잘것없으나마 합류하고픈 마음에서다. 아무리 변변찮다 하더라도, 오늘을 살아가는 한 사람으로서 '나는 서양 정치사상사의 전통을 이렇게 받아들였다' 하는, 말하자면 하나의 증언으로서 이 책을 집필했다. 이 책을 계기로 한 사람이라도 더 많은 이들이 이런 전통에 동참하고픈 마음을 먹게 된다면, 저자로서 그보다 더한 기쁨은 없을 것이다.

이미 언급했듯이, 세상에는 뛰어난 서양 정치사상사 교과서가 많다. 이 책 또한 그 학은에 많은 것을 빚지고 있다. 참고한 책들은 많지만(그 일부를 '인용·참고문헌'에 정리해두었다), 그중에서 단 하나만 힘주어 언급하려고 한다. 위에서 이야기한 바 있는, 고 후쿠다 아리히로 씨의 '정치학사 강의 프린트'가 그것이다.

후쿠다 씨는 도쿄 대학 법학부에서 진행한 정치학사 강의에 심혈을 기울였는데, 이를 위해 학생용 '정치학사 강의 프린트'를 만들어 계속해서 손을 보았다. 나는 후쿠다 씨의 강의를 들은 적은 없으나, 그에게서 여러 번 받은 이 '정치학사 강의 프린트'가 큰 도움이 되었다(지금 수중에 있는 것은 1998년 여름학기와 2003년 가을학기용이다). 개인적으로도 가깝게 지냈던 후쿠다 씨에게 각별히 감사의 말을 전하고 싶다.

이 책은 유히카쿠有斐閣 서적편집 제2부의 세이카이 야스시青海泰司와 이와타 다쿠야岩田拓也 두 사람의 열의가 없었다면 결코 빛을 보지 못했을 것이다. 두 사람은, 교과서란 학學을 궁구한 연륜 있는 연구자가 쓰는 것이라고 생각하는 나를 몇 번이고 찾아와서는 진중하게 설득하고 또 설득했다. 아직 미비한 이 책에도 나름의 장점이 있으리라고 지금은 그렇게 믿을 수밖에 없겠다. 지면의 끝을 빌려 감사의 마음을 전한다.

독서 안내

이 책을 읽고 나서 서양 정치사상사를 좀더 폭넓고 깊이 있게 공부해보려 할 경우에는 어떤 책들을 읽으면 좋을까? 먼저 2천년 이상 이어져온 서양 정치사상사를 한눈에 꿸 수 있는 시야를 제공하는 사사키 다케시佐々木毅, 『민주주의라는 이상한 시스템』(ちくまプリマー新書, 2007)은 이해하기 쉬운 입문서다. 후쿠다 간이치福田歓一, 『근대 정치사상: 그 현실적·이론적 전제들』(岩波新書, 1970) 역시 근대 정치사상을 관통하는 사고의 원리를 명확하게 제시한다. 다소 전문적이기는 하지만, 한자와 다카마로半澤孝麿, 『유럽 사상사에서의 '정치'의 위상』(岩波書店, 2003)은 '자유'나 '비정치적인 것'의 개념을 논함으로써 서양 정치사상사를 가로지르는 모티프를 시사한다. 나아가 후지와라 야스노부藤原保信, 『자유주의의 재검토』(岩波新書, 1993[백산서당, 2005])는 자유주의라는 테마에 입각하여 근대 정치사상을 폭넓게 다룬다. 버나드 크릭Bernard Crick, 『민주주의』(添谷育志·金田耕一 옮김, 岩波書店, 2004/원저 2002)도 작은 책이지만 공화주의와 민주주의의 관계를 대담하게 논하고 있어 유익하다.

정치사상사의 방법론 쪽에서도 여러 논의가 축적되어왔다. 대표적인 책으로 퀜틴 스키너Quentin Skinner, 『사상사란 무엇인가: 의미와 맥락』(半澤孝麿·加藤節 편역, 岩波書店, 1990/원저 1988)이 있다. 고전을 읽을 때 문장text과

문맥context의 관계를 어떻게 이해해야 할지에 대한 논쟁은 지금도 계속되고 있다. 오가사와라 히로치카小笠原弘親·이이지마 쇼조飯島昇藏 엮음, 『정치사상사의 방법』(早稲田大学出版部, 1990)은 현대의 대표적인 방법론적 고찰을 소개하고 있어 유익하다. J. G. A. 포칵John Greville Agard Pocock, 『덕·상업·역사』(田中秀夫 옮김, みすず書房, 1993/원저 1985)는 18세기 영국 정치사상사에 나타난, 덕에서 상업으로의 관심의 전환을 논하면서 방법론적으로도 중요한 문제를 제기한다. 아울러 이제는 고전으로 자리잡은 카를 만하임의 『이데올로기와 유토피아』(高橋徹·徳永恂 옮김, 中公クラシックス, 2006/원저 1929[김영사, 2012])는 사상과 그것을 담당하는 사회적 주체의 문제를 다루며, 지금도 여전히 필독 문헌이다.

프롤로그

현재 서양 정치사상사의 주요한 틀은 정치적 인문주의나 공화주의인데, 이와 관련한 가장 기본적인 텍스트는 역시 J. G. A. 포칵, 『마키아벨리언 모멘트: 피렌체 정치사상과 대서양권의 공화주의 전통』(田中秀夫 외 옮김, 名古屋大学出版会, 2008/원저 초판 1975[전2권, 나남, 2011])이다. 르네상스기에 피렌체에서 부활한 고전적 정치학 전통이 17세기의 잉글랜드, 그리고 대서양을 건너 신대륙에 전해지는 '터널 히스토리'의 파노라마는 실로 웅대하다. 나아가 퀜틴 스키너, 『근대 정치사상의 기초: 르네상스, 종교개혁의 시대』(門間都喜郎 옮김, 春風社, 2009/원저 1978[『근대 정치사상의 토대 1』, 한길사, 2004; 『근대 정치사상의 토대 2』, 한국문화사, 2012]) 역시 인문주의 전통의 관점에서 근대 정치사상을 재해석한 결정적 저작이다. 스키너가 '신新로마 이론'을 제창한 『자유주의 이전의 자유』(梅津順一 옮김, 聖学院大学出版会, 2001/원저 1998[푸른역사, 2007])와 함께 읽으면 좋을 것이다.

제1장

고대 그리스에 관해서는 수많은 책들이 나와 있는데, 정치에 한정해서 보자면 모시스 핀리Moses I. Finley, 『민주주의: 고대와 현대』(柴田平三郎 옮김, 講談社学術文庫, 2007/원저 1973)가 압축적이면서도 고대와 근대의 민주주의를 대비적으로 논하는 고전으로서 여전히 유익하다. 고대 민주정치의 실태에 관해서는 하시바 유즈루橋場弦, 『언덕 위의 민주정: 고대 아테네의 실험』(東京大学出版会, 1997)이나 사와다 노리코澤田典子, 『아테네 민주정: 목숨을 건 8인의 정치가』(講談社選書メチエ, 2010) 같은 역사학 분야 저작도 흥미로울 것이다. 로마를 비롯해 고대 정치사상을 개관하는 데는 사사키 다케시, 『되살아나는 고대사상: 「철학과 정치」 강의 I』(講談社学術文庫, 2012)이 중요하다.

제2장

고대 로마에 관해서도 문헌이 늘어나고 있다. 입문용으로는 아오야나기 마사노리青柳正規, 『로마제국』(岩波ジュニア新書, 2004)이 읽기 쉬울 것이다. 본격적으로 살피고자 한다면 테오도르 몸젠Theodor Mommsen, 『로마의 역사』(전4권, 長谷川博隆 옮김, 名古屋大学出版会, 2005~07/원저 1854~85[『몸젠의 로마사』, 푸른역사, 2014년 현재 제2권까지 출간])나 에드워드 기번Edward Gibbon, 『로마제국 쇠망사』(전10권, 中野好夫 외 옮김, ちくま学芸文庫, 1995~96/원저 1776~88)에 도전

해보기 바란다. 역사소설이기는 하지만 시오노 나나미塩野七生, 『로마인 이야기』(전43권, 新潮文庫, 2002~11[한길사, 전15권, 1995~2007])도 재미있다. 다카다 야스나리高田康成, 『키케로: 유럽의 지적 전통』(岩波新書, 1999)은 서양 정치사상사에서 키케로, 나아가서는 로마적 전통이 지니는 중요성을 분명하게 드러내준다.

제3장

기독교와 중세 유럽에 관해서도 흥미로운 책들이 셀 수 없이 많다. 통사를 훑으려면 크슈쉬토프 포미안Krzysztof Pomian, 『[증보] 유럽이란 무엇인가: 분열과 통합의 1500년』(松村剛 옮김, 平凡社ライブラリー, 2002/원저 1990)이 커다란 전망을 열어줄 것이다. 중세의 성속聖俗 권력의 대립에 관해서는 사사키 다케시, 『종교와 권력의 정치: 「철학과 정치」 강의Ⅱ』(講談社学術文庫, 2012)가 유익하다. 기독교에서 나타나는 정통과 이단의 관계는 복잡하지만 호리코메 요조堀米庸三, 『정통과 이단: 유럽 정신의 저류』(中公文庫, 2013)는 그 고전이며 지금도 여전히 흥미롭게 읽을 수 있다. 중세 단체론團體論의 발전을 탐구한 에른스트 H. 칸토로비치Ernst Hartwig Kantorowicz, 『왕과 두 개의 신체: 중세 정치신학 연구』(上·下, 小林公 옮김, ちくま学芸文庫, 2003/원저 1957)는 중세적 사고의 심오함을 엿볼 수 있게 해준다.

제4장

르네상스에 관한 고전으로는 지금도 야코프 부르크하르트Jakob Burckhardt, 『이탈리아 르네상스의 문화』(上·下, 柴田治三郎 옮김, 中公文庫, 1974/원저

1860[한길사, 2003])가 필독 문헌이다. 다만 본문에서도 지적한 것처럼, 이른바 르네상스 사관은 현재 크게 흔들리고 있다. 이보다 앞선 르네상스에 관해서는 이토 슌타로伊東俊太郎, 『12세기 르네상스』(講談社学術文庫, 2006)가 이해하기 쉽게 설명하고 있다. 르네상스와 종교개혁의 관계를 살피려면 에른스트 트뢸치Ernst Troeltsch, 『르네상스와 종교개혁』(内田芳明 옮김, 岩波文庫, 1959/원저 1913)이 고전으로 꼽히는데, 앞서 언급한 스키너, 『근대 정치사상의 토대』가 연구의 현황을 잘 보여준다.

제5장

17세기 잉글랜드의 정치사상에 관해서는 앞서 언급한 포칵, 『마키아벨리언 모멘트』를 계기로 휘그 사관을 비롯한 종래의 역사관이 크게 달라졌다. 그러나 청교도주의 사상과 민주주의 사상의 관계를 고찰한 알렉산더 D. 린지Alexander Dunlop Lindsay, 『〔증보〕 민주주의의 본질: 영국 민주주의와 청교도주의』(永岡薫 옮김, 未來社, 1992/원저 1943)나, 소유에 바탕을 두는 개인주의 관념에 주목한 크로포드 B. 맥퍼슨Crawford Brough Macpherson, 『소유적 개인주의의 정치이론』(藤野渉 외 옮김, 合同出版, 1980/원저 1962[인간사랑, 1991]) 등은 저마다의 관점에서 17세기를 독해한 것으로서 오늘날에도 시사하는 바가 많다.

제6장

18세기의 정치사상이야말로 최근 수십 년 사이에 연구 상황이 가장 극적으로 변한 주제라고 할 수 있다. 위르겐 하버마스Jürgen Habermas, 『공공성의

구조 전환: 시민사회의 한 범주에 대한 연구 〔제2판〕』(細谷貞雄·山田正行 옮김, 未來社, 1994/원저 초판 1962[『공론장의 구조 변동』, 나남, 2004])는 카페나 살롱 같은 18세기 공공 공간의 발달을 논한 고전적 저작이다. 근래 들어 계몽사상 분야에서도 공화주의와의 관계가 중요하게 떠오르고 있는데, 연구 상황을 개관하는 데는 이슈트반 혼트István Hont·마이클 이그나티에프Michael Ignatieff 엮음, 『부와 덕: 스코틀랜드 계몽주의에서의 경제학의 형성』(水田洋·杉山忠平 감역, 未來社, 1991/원저 1983)이나, 다나카 히데오田中秀夫, 『공화주의와 계몽: 사상사의 시야에서』(ミネルヴァ書房, 1998)가 유익하다.

제7장

미국사 해석을 둘러싸고 오늘날에는 이른바 공화주의적 해석이 유력해지고 있다. 그러한 변화의 계기로도 작용한 한나 아렌트, 『혁명에 관하여』(志水速雄 옮김, ちくま学芸文庫, 1995/원저 1963[『혁명론』, 한길사, 2004])를 읽기 바란다. 또한 공화주의의 관점에서 미 연방 대법원의 판례사와 경제논쟁을 독해하는 마이클 샌델Michael J. Sandel, 『민주정의 불만』(上·下, 金原恭子·小林正弥 감역, 勁草書房, 2010/원저 1996[『민주주의의 불만』, 동녘, 2012])도 흥미롭다. 루소와 프랑스 혁명에 관해서도 이루 헤아릴 수 없이 많은 저작들이 나와 있지만, 여기서는 뤼시앵 좀Lucien Jaume, 『덕의 공화국인가, 개인의 자유인가: 자코뱅파와 국가 1793~94』(石埼学 옮김, 勁草書房, 1998/원저 1990)를 언급해두고 싶다. 보수주의에 관한 문헌도 무수히 많지만 로버트 니스벳Robert Nisbet, 『보수주의: 꿈과 현실』(富沢克·谷川昌幸 옮김, 昭和堂, 1990/원저 1986[이후, 2007])이 유익하다.

제8장

19세기의 갖가지 이데올로기를 개관하기란 쉽지 않은 일인데, 이매뉴얼 월러스틴Immanuel Wallerstein, 『탈사회과학: 19세기 패러다임의 한계』(本田健吉·高橋章 감역, 藤原書店, 1993/원저 1991[『사회과학으로부터의 탈피』, 창비, 1994]) 등이 거시적 전망을 얻는 데 도움이 될 것이다. 자유주의의 역사에 관해서도 수많은 저작이 있으나, 존 그레이John Gray, 『자유주의』(藤原保信·輪島達郎 옮김, 昭和堂, 1991/원저 초판 1986) 등이 참고가 된다. 현대의 정치철학자 존 롤스John Rawls·새뮤얼 프리먼Samuel Freeman 엮음, 『롤스 정치철학사 강의』(Ⅰ·Ⅱ, 斎藤純一 외 옮김, 岩波書店, 2011/원저 2007) 중 19세기를 다룬 부분도 흥미롭다. 사회주의 사상사를 살피려면 에드먼드 윌슨Edmund Wilson, 『핀란드 역으로: 혁명의 세기의 군상』(上·下, 岡本正明 옮김, みすず書房, 1999/원저 1940[이매진, 2007])이 생기 넘치게 서술하고 있어 재미있다.

종장

20세기 정치사상에 관해서는 앞으로도 계속 탐구해나가야 할 것이다. 20세기에 관한 역사적 개관을 얻으려면 에릭 홉스봄Eric Hobsbawm, 『20세기의 역사: 극단의 시대』(上·下, 河合秀和 옮김, 三省堂, 1996/원저 1994[『극단의 시대: 20세기 역사』, 전2권, 까치, 1997])를 추천하고 싶다. 사사키 다케시, 『정치학은 무엇을 사고해왔는가』(筑摩書房, 2006)와 오노 노리아키小野紀明, 『20세기의 정치사상』(岩波書店, 1996)은 현대 일본을 대표하는 정치사상사가가 쓴 통찰력 있는 20세기론이다. 세기말의 냉전 종언에 관해서는 프랜시스 후쿠야마Francis Fukuyama, 『역사의 종말』(上·下, 渡部昇一 옮김, 三笠書房, 1992/원저

1992[한마음, 1997])이 화제가 된 바 있다. 그의 판단은 얼마간 일렀던 듯하나, 이 책 자체는 나름의 재미를 지니고 있다.

인용·참고문헌

* 구하기 쉬울지를 염두에 두고, 경우에 따라 문고판이나 번역서를 소개했다.
여러 종의 번역서를 참조한 경우에는 각각을 /로 나누어 병기했다.
원서의 발행년도는 각 번역서 말미에 [ ]로 묶어 표시했다.

•통사

シェルドン·S. ウォーリン, 『政治とヴィジョン』(尾形典男·福田歓一·佐々木武·有賀弘·佐々木毅·半澤孝麿·田中治男 譯), 福村出版, 2007[1960]

小笠原弘親·小野紀明·藤原保信, 『政治思想史』, 有斐閣 Sシリーズ, 1987

川出良枝·山岡龍一, 『西洋政治思想史: 視座と論点』, 岩波書店, 2012

佐々木毅·鷲見誠一·杉田敦, 『西洋政治思想史』, 北樹出版, 1995

田中治男, 『西欧政治思想』, 岩波書店, 1997

福田歓一, 『政治学史』, 東京大学出版会, 1985

藤原保信·飯島昇藏 編, 『西洋政治思想史』 I·II, 新評論, 1995·96

山岡龍一, 『西洋政治理論の伝統』, 放送大学教育振興会, 2009

•개론서·논집

岩田靖夫, 『ヨーロッパ思想入門』, 岩波ジュニア新書, 2003

古賀敬太 編, 『政治概念の歴史的展開』 第1~6巻, 晃洋書房, 2004~13

佐々木毅 編, 『自由と自由主義: その政治思想的諸相』, 東京大学出版会, 1995

佐々木毅, 『よみがえる古代思想: 「哲学と政治」講義 I』, 講談社学術文庫, 2012

佐々木毅, 『宗教と権力の政治: 「哲学と政治」講義Ⅱ』, 講談社学術文庫, 2012
福田有広·谷口将紀 編, 『デモクラシーの政治学』, 東京大学出版会, 2002
福田歓一, 『近代政治原理成立史序説』, 岩波書店, 1971

• 1차 문헌

프롤로그

ヘーゲル, 『歴史哲学講義』 上·下(長谷川宏 譯), 岩波文庫, 1994[1837]

제1장

ヘロドトス, 『歴史』 上·中·下(松平千秋 譯), 岩波文庫, 1971~72
トゥーキュディデース, 『戦史』 上·中·下(久保正彰 譯), 岩波文庫, 1966~67/トゥキュディデス, 『歴史 1』(藤縄謙三 譯)·『歴史 2』(城江良和 譯), 京都大学学術出版会, 2000~03/トゥキュディデス, 『歴史』 上·下(小西晴雄 譯), ちくま学芸文庫, 2013[前5世紀]
ホメロス, 『イリアス』 上·下(松平千秋 譯), 岩波文庫, 1992
ホメロス, 『オデュッセイア』 上·下(松平千秋 譯), 岩波文庫, 1994
ソポクレース, 『アンティゴネー』(呉茂一 譯), 岩波文庫, 1961[前442?]

플라톤

プラトン, 『ソクラテスの弁明 クリトン』(久保勉 譯), 岩波文庫, 1964
プラトン, 『国家』 上·下(藤沢令夫 譯), 岩波文庫, 1979[前380?]
プラトン, 『ゴルギアス』(加来彰俊 譯), 岩波文庫, 1967[前380?]
プラトン, 『法律』 上·下(森進一·池田美恵·加来彰俊 譯), 岩波文庫, 1993

아리스토텔레스

アリストテレス, 『政治学』(山本光雄 譯), 岩波文庫, 1961/『政治学』(牛田徳子 譯), 京都

大学学術出版会, 2001[前322?]
アリストテレス,『ニコマコス倫理学』上·下(高田三郎 譯), 岩波文庫, 1971~73/『ニコマコス倫理学』(朴一功 譯), 京都大学学術出版会, 2002

제2장

헬레니즘과 로마

リーウィウス,『ローマ建国史』上(鈴木一州 譯), 岩波文庫, 2007[前320?]
ポリュビオス,『歴史』全4巻(城江良和 譯), 京都大学学術出版会, 2004~13

제정 로마의 정치사상

キケロー,「国家について」,『キケロー選集8』(岡道男 譯), 岩波文庫, 1999[前51?]
キケロー,「法律について」,『キケロー選集8』(岡道男 譯), 岩波文庫, 1999[前52~前43?]
キケロー,『義務について』(泉井久之助 譯), 岩波文庫, 1961/「義務について」,『キケロー選集9』(中務哲郎·高橋宏幸 譯), 岩波文庫, 1999[前44?]
タキトゥス,『ゲルマーニア』(泉井久之助 譯), 岩波文庫, 1979/『ゲルマーニア アグリコラ』(国原吉之助 譯), ちくま学芸文庫, 1996[98?]
タキトゥス,『年代記: ティベリウス帝からネロ帝へ』上·下(国原吉之助 譯), 岩波文庫, 1981[109?]
タキトゥス,『同時代史』(国原吉之助 譯), ちくま学芸文庫, 2012[105~108?]
セネカ,『生の短さについて 他二篇』(大西英文 譯), 岩波文庫, 2010[50?]

아우구스티누스

アウグスティヌス,「自由意思」,『アウグスティヌス著作集』第3巻(泉治典 譯), 教文館, 1989[387~389, 391~395]
聖アウグスティヌス,『告白』上·下(服部英次郎 譯), 岩波文庫, 1976[397~400]
アウグスティヌス,『神の国』全5巻(服部英次郎·藤本雄三 譯), 岩波文庫, 1982~91[413~426?]

제3장

유럽 세계의 성립

ボエティウス, 『哲学の慰め』(畠中尚志 譯), 岩波文庫, 1950/『哲学の慰め』(渡辺義雄 譯), 筑摩叢書, 1969[1473]

12세기 르네상스와 스콜라 철학

トマス·アクィナス, 『神学大全』 全45巻(高田三郎·山田晶·稲垣良典 他譯), 創文社, 1960~2012[1265~73]

제4장

마키아벨리

マキアヴェッリ, 『君主論』(河島英昭 譯), 岩波文庫, 1998/マキアヴェリ, 『君主論』(池田廉 譯), 中公クラシックス, 2001/ニッコロ·マキアヴェリ, 『君主論』(佐々木毅 譯), 講談社学術文庫, 2004[1532]

マキアヴェッリ, 『ディスコルシ: 「ローマ史」論』(永井三明 譯), ちくま学芸文庫, 2011[1531]

マキアヴェッリ, 『フィレンツェ史』 上·下(斎藤寛海 譯), 岩波文庫, 2012[1525]

종교개혁

マルティン·ルター, 『キリスト者の自由 聖書への序言 新譯』(石原謙 譯), 岩波文庫, 1955[「キリスト者の自由」: 1520, 「聖書への序言」: 1522]

J. カルヴァン, 『キリスト教綱要』(久米あつみ 譯), 教文館, 2000/ジャン·カルヴァン, 『キリスト教綱要 改譯版』 全4篇(渡辺信夫 譯), 新教出版社, 2007~09[1536]

제5장

홉스

ホッブズ, 『リヴァイアサン』 全4巻(水田洋 譯), 岩波文庫, 1982·85·1992/『リヴァイアサン』 I·II(永井道雄·上田邦義 譯), 中公クラシックス, 2009[1651]

ホッブズ,『市民論』(本田裕志 譯), 京都大学学術出版会, 2008[1642]
ホッブズ,『人間論』(本田裕志 譯), 京都大学学術出版会, 2012[1658]

해링턴
ハリントン,『オシアナ』(世界大思想全集 社会·宗教·科学思想篇 2)(田中浩 譯), 河出書房新社, 1962[1656]

로크
ジョン·ロック,『完譯 統治二論』(加藤節 譯), 岩波文庫, 2010[1690, 底本: 1713]

제6장
몽테스키외
シャルル·モンテスキュー,『法の精神』上·中·下(野田良之·稲本洋之助·上原行雄·田中治男·三辺博之·横田地弘 譯), 岩波文庫, 1989[1748]
モンテスキュー,『ローマ人盛衰原因論』(田中治男·栗田伸子 譯), 岩波文庫, 1989[1734]

계몽사상
イマヌエル·カント,『啓蒙とは何か 他四篇』(篠田英雄 譯), 岩波文庫, 1974/『永遠平和のために/啓蒙とは何か 他3篇』(中山元 譯), 光文社古典新譯文庫, 2006[「啓蒙とは何か」: 1784]
ヴォルテール,『哲学書簡』(林達夫 譯), 岩波文庫, 1980/『哲学書簡 哲学辞典』(中川信·高橋安光 譯), 中公クラシックス, 2005[1734]
ヴォルテール,『寛容論』(中川信 譯), 中公文庫, 2011[1763]
ディドロ=ダランベール 編,『百科全書: 序論および代表項目』(桑原武夫 譯編), 岩波文庫, 1995[1751~72]

스코틀랜드 계몽주의

バーナード·マンデヴィル, 『蜂の寓話: 私悪すなわち公益』(泉谷治 譯), 法政大学出版局, 1985[1705]

アダム·スミス, 『国富論』 全4巻(水田洋 監譯, 杉山忠平 譯), 岩波文庫, 2000~01[1776]

アダム·スミス, 『道徳感情論』 上·下(水田洋 譯), 岩波文庫, 2003[1759]

デイヴィッド·ヒューム, 『政治論集』(田中秀夫 譯), 京都大学学術出版会, 2010[1752]

デイヴィッド·ヒューム, 『道徳·政治·文学論集』(田中敏弘 譯), 名古屋大学出版会, 2011[1741~42]

제7장

루소

ジャン=ジャック·ルソー, 『学問芸術論』(前川貞次郎 譯), 岩波文庫, 1968[1750]

ジャン=ジャック·ルソー, 『人間不平等起源論』(本田喜代治·平岡昇 譯), 岩波文庫, 1972/『人間不平等起源論 社会契約論』(小林善彦·井上幸治 譯), 中公クラシックス, 2005/『人間不平等起源論』(中山元 譯), 光文社古典新譯文庫, 2008[1755]

ジャン=ジャック·ルソー, 『社会契約論』(桑原武夫·前川貞次郎 譯), 岩波文庫, 1954/『社会契約論』(作田啓一 譯), 白水Uブックス, 2010/『社会契約論/ジュネーブ草稿』(中山元 譯), 光文社古典新譯文庫, 2008[初版 1762]

미국 독립과 『페더럴리스트』

トーマス·ペイン, 『コモン·センス 他三篇』(小松春雄 譯), 岩波文庫, 2005[1776]

A. ハミルトン=J. ジェイ=J. マディソン, 『ザ·フェデラリスト』(斎藤眞·中野勝郎 譯), 岩波文庫, 1999[1788]

프랑스 혁명과 버크

エドマンド·バーク, 『フランス革命の省察』(半澤孝麿 譯), みすず書房, 1997/『フランス革命についての省察』 上·下(中野好之 譯), 岩波文庫, 2000[1790]

第8장

헤겔

ヘーゲル,『法の哲学』1·2(藤野渉·赤沢正敏 譯), 中公クラシックス, 2001/G. W. F. ヘーゲル,『法権利の哲学: あるいは自然的法権利および国家学の基本スケッチ』(三浦和男 譯), 未知谷, 1991[1821]

ヘーゲル,『精神現象学』上·下(樫山欽四郎 譯), 平凡社ライブラリー, 1997/『精神現象学』(長谷川宏 譯), 作品社, 1998[1807]

ヘーゲル,『歴史哲学講義』上·下(長谷川宏 譯), 岩波文庫, 1994[1837]

토크빌과 밀

トクヴィル,『アメリカのデモクラシー』全4巻(松本礼二 譯), 岩波文庫, 2005~08[1835·40]

J. S. ミル,『自由論』(塩尻公明·木村健康 譯), 岩波文庫, 1971/『自由論』(斉藤悦則 譯), 光文社古典新譯文庫, 2012[1859]

J. S. ミル,『代議制統治論』(水田洋 譯), 岩波文庫, 1997[1861]

사회주의와 마르크스

プルードン,「所有とは何か」,『プルードン·セレクション』(河野健二 編), 平凡社ライブラリー, 2009[1840]

マルクス,『経済学·哲学草稿』(城塚登·田中吉六 譯), 岩波文庫, 1964/『経済学·哲学草稿』(長谷川宏 譯), 光文社古典新譯文庫, 2010[1844]

マルクス=エンゲルス,『共産党宣言』(大内兵衛·向坂逸郎 譯), 岩波文庫, 1971/『ドイツ·イデオロギー(抄), 哲学の貧困, コミュニスト宣言』(マルクス·コレクション Ⅱ)(今村仁司·三島憲一·鈴木直·塚原史·麻生博之 譯), 筑摩書房, 2008/カール·マルクス,『共産主義者宣言』(金塚貞文 譯), 平凡社ライブラリー, 2012[1848]

マルクス,『資本論』全9巻(向坂逸郎 譯), 岩波文庫, 1969~70/『資本論 第一巻』上·下(マルクス·コレクション Ⅳ·Ⅴ)(今村仁司·三島憲一·鈴木直 譯), 筑摩書房, 2005[1867·85·94]

종장

ロバート A. ダール, 『ポリアーキー』(高畠通敏·前田脩 譯), 三一書房, 1981[1971]
C. シュミット, 『政治的なものの概念』(田中浩·原田武雄 譯), 未來社, 1970[1932]
ハンナ·アーレント, 『全体主義の起源〔新裝版〕』 全3卷(大久保和郎·大島通義·大島かおり 譯), みすず書房, 1981[1951]
ハンナ·アレント, 『人間の条件』(志水速雄 譯), ちくま学芸文庫, 1994[1958]
アイザィア·バーリン, 『自由論〔新裝版〕』(小川晃一·小池銈·福田歓一·生松敬三 譯), みすず書房, 2000[1969]
F. A. ハイエク, 『隷屬への道〔新裝版〕』(ハイエク全集 I 別卷)(西山千明 譯), 春秋社, 2008[1944]
ミシェル·フーコー, 『監獄の誕生: 監視と處罰』(田村俶 譯), 新潮社, 1977[1975]
ジョン·ロールズ, 『正義論 改訂版』(川本隆史·福間聡·神島裕子 譯), 紀伊國屋書店, 2010[初版 1971. 底本: 1999]
ロバート·ノージック, 『アナーキー·国家·ユートピアー: 国家の正当性とその限界』(嶋津格 譯), 木鐸社, 1995[1974]
アントニオ·ネグリ=マイケル·ハート, 『〈帝國〉: グローバル化の世界秩序とマルチチュードの可能性』(水嶋一憲·酒井隆史·濱邦彦·吉田俊實 譯), 以文社, 2003[2000]

• 2차 문헌

프롤로그

クエンティン·スキナー, 『近代政治思想の基礎: ルネッサンス, 宗教改革の時代』(門間都喜郎 譯), 春風社, 2009[1978]
J. G. A. ポーコック, 『マキァヴェリアン·モーメント: フィレンツェの政治思想と大西洋圏の共和主義の傳統』(田中秀夫·奥田敬·森岡邦泰 譯), 名古屋大学出版会, 2008[1975]

제1장

고대 그리스의 정치와 철학

伊藤貞夫,『古代ギリシアの歴史: ポリスの興隆と衰退』, 講談社学術文庫, 2004

M. I. フィンリー,『民主主義: 古代と現代』(柴田平三郎 譯), 講談社学術文庫, 2007[1973]

플라톤

佐々木毅,『プラトンと政治』, 東京大学出版会, 1984

藤沢令夫,『プラトンの哲学』, 岩波新書, 1998

아리스토텔레스

岩田靖夫,『アリストテレスの倫理思想』, 岩波書店, 1985

岩田靖夫,『アリストテレスの政治思想』, 岩波書店, 2010

제2장

헬레니즘과 로마

高田康成,『キケロ: ヨーロッパの知的傳統』, 岩波新書, 1999

J. ブライケン,『ローマの共和政』(村上淳一·石井紫郎 譯), 山川出版社, 1984[1975]

제정 로마

青柳正規,『ローマ帝國』, 岩波ジュニア新書, 2004

기독교의 탄생

荒井獻,『イエスとその時代』, 岩波新書, 1974

아우구스티누스

柴田平三郎,『アウグスティヌスの政治思想: 『神國論』研究序説』, 未來社, 1985

제3장

유럽 세계의 성립

鷲見誠一,『ヨーロッパ文化の原型: 政治思想の視點より』, 南窓社, 1998

A. P. ダントレーヴ,『政治思想への中世の貢獻』(友岡敏明·柴田平三郎 譯), 未來社, 1979[1939]

オットー·ブルンナー,『ヨーロッパ: その歴史と精神』(石井紫郎·石川武·小倉欣一·成瀬治·平城照介·村上淳一·山田欣吾 譯), 岩波書店, 1974[1968]

クシシトフ·ポミアン,『增補 ヨーロッパとは何か: 分裂と統合の1500年』(松村剛 譯), 平凡社ライブラリー, 2002[1990]

堀米庸三,『正統と異端: ヨーロッパ精神の底流』, 中公文庫, 2013

増田四郎,『ヨーロッパとは何か』, 岩波新書, 1967

J. B. モラル,『中世の政治思想』(柴田平三郎 譯), 平凡社ライブラリー, 2002[1958]

토마스 아퀴나스

稲垣良典,『トマス·アクィナス』, 講談社学術文庫, 1999

稲垣良典,『トマス·アクィナス 〈神学大全〉』, 講談社選書メチエ, 2009

보편논쟁

山内志朗,『普遍論爭: 近代の源流としての』, 平凡社ライブラリー, 2008

제4장

마키아벨리

厚見恵一郎,『マキアヴェッリの擴大的共和國: 近代の必然性と「歴史解釋の政治學」』, 木鐸社, 2007

佐々木毅,『マキアヴェッリの政治思想』, 岩波書店, 1970

クェンティン·スキナー,『マキアヴェッリ: 自由の哲學者』(塚田富治 譯), 未來社, 1991[1981]

J. G. A. ポーコック,『マキアヴェリアン·モーメント: フィレンツェの政治思想と大西

洋圏の共和主義の傳統』(田中秀夫·奥田敬·森岡邦泰 譯), 名古屋大学出版会, 2008[1975]

종교개혁

有賀弘,『宗教改革とドイツ政治思想』, 東京大学出版会, 1966
木部尚志,『ルターの政治思想: その生成と構造』, 早稲田大学出版部, 2000
田上雅徳,『初期カルヴァンの政治思想』, 新教出版社, 1999
徳善義和,『マルティン·ルター: ことばに生きた改革者』, 岩波新書, 2012
トレルチ,『ルネサンスと宗教改革』(内田芳明 譯), 岩波文庫, 1959[1913]

종교전쟁

佐々木毅,『主權·抵抗權·寛容: ジャン·ボダンの國家哲學』, 岩波書店, 1973
清水尊大,『ジャン·ボダンと危機の時代のフランス』, 木鐸社, 1990

제5장

잉글랜드 내전

大澤麦,『自然權としてのプロパティ: イングランド革命における急進主義政治思想の展開』, 成文堂, 1995
Arihiro Fukuda, *Sovereignty and the Sword: Harrington, Hobbes, and Mixed Government in the English Civil Wars,* Clarendon Press, 1997

홉스

梅田百合香,『ホッブズ 政治と宗教:〈リヴァイアサン〉再考』, 名古屋大学出版会, 2005
川添美央子,『ホッブズ 人爲と自然: 自由意志論争から政治思想へ』, 創文社, 2010
鈴木朝生,『主權·神法·自由: ホッブズ政治思想と17世紀イングランド』, 木鐸社, 1994
高野清弘,『トマス·ホッブズの政治思想』, 御茶の水書房, 1990

リチャード・タック,『トマス・ホッブス』(田中浩・重森臣広 譯), 未來社, 1995[1989]
藤原保信,『近代政治哲學の形成: ホッブスの政治哲學』, 早稲田大学出版部, 1974

로크

加藤節,『ジョン・ロックの思想世界: 神と人間との間』, 東京大学出版会, 1987
中神由美子,『實踐としての政治, アートとしての政治: ジョン・ロックの政治思想の再構成』, 創文社, 2003
C. B. マクファーソン,『所有的個人主義の政治理論』(藤野渉・将積茂・瀬沼長一郎 譯), 合同出版, 1980[1962]
松下圭一,『ロック「市民政府論」を読む』, 岩波セミナーブックス, 1987

제6장

몽테스키외

押村高,『モンテスキューの政治思想: 自由の歴史的位相』, 早稲田大学出版部, 1996
川出良枝,『貴族の徳, 商業の精神: モンテスキューと専制批判の系譜』, 東京大学出版会, 1996

계몽사상

ポール・アザール,『ヨーロッパ精神の危機 1680~1715』(野沢協 譯), 法政大学出版局, 1973[1935]
ポール・アザール,『十八世紀ヨーロッパ思想: モンテスキューからレッシングへ』(小笠原弘親・小野紀明・川合清隆・山本周次・米原謙 譯), 行人社, 1987[1946]
エルンスト・カッシーラー,『啓蒙主義の哲學』(中野好之 譯), ちくま学芸文庫, 2003[1932]

스코틀랜드 계몽주의

犬塚元,『デイヴィッド・ヒュームの政治学』, 東京大学出版会, 2004
坂本達哉,『ヒュームの文明社會: 勤勞・知識・自由』, 創文社, 1995

イシュトファン·ホント=マイケル·イグナティエフ 編,『富と德: スコットランド啓蒙における經濟學の形成』(水田洋·杉山忠平 監譯), 未來社, 1991[1983]

제7장

루소

小笠原弘親,『初期ルソーの政治思想』, 御茶の水書房, 1979
川合清隆,『ルソーとジュネーヴ共和國: 人民主權論の成立』, 名古屋大学出版会, 2007
J. スタロバンスキー,『ルソー: 透明と障害〔新裝版〕』(山路昭 譯), みすず書房, 1993[1957]
R. ドラテ,『ルソーとその時代の政治學』(西嶋法友 譯), 九州大学出版会, 1986[1970]
福田歓一,『ルソー』, 岩波現代文庫, 2012
吉岡知哉,『ジャン=ジャック·ルソー論』, 東京大学出版会, 1988

미국 독립과 『페더럴리스트』

中野勝郎,『アメリカ連邦體制の確立: ハミルトンと共和政』, 東京大学出版会, 1993

프랑스 혁명과 버크

岸本広司,『バーク政治思想の形成』, 御茶の水書房, 1989
岸本広司,『バーク政治思想の展開』, 御茶の水書房, 2000
小松春雄,『イギリス保守主義史研究: エドマンド·バークの思想と行動』, 御茶の水書房, 1961

제8장

헤겔

權左武志,『ヘーゲルにおける理性·國家·歷史』, 岩波書店, 2010
チャールズ·テイラー,『ヘーゲルと近代社會』(渡辺義雄 譯), 岩波書店, 2000[1979]
藤原保信,『ヘーゲル政治哲學講義: 人倫の再興』, 御茶の水書房, 1982
ヨアヒム·リッター,『ヘーゲルとフランス革命』(出口純夫 譯), 理想社, 1966[1957]

M. リーデル, 『ヘーゲルにおける市民社會と國家』(フィロソフィア双書13)(池田貞夫·平野英一 譯), 未來社, 1985[1970]

토크빌과 밀

宇野重規, 『デモクラシーを生きる: トクヴィルにおける政治の再發見』, 創文社, 1998
関口正司, 『自由と陶冶: J. S. ミルとマス·デモクラシー』, みすず書房, 1989
田中治男, 『フランス自由主義の生成と展開: 十九世紀フランスの政治思想研究』, 東京大学出版会, 1970
堤林劍, 『コンスタンの思想世界: アンビヴァレンスのなかの自由·政治·完成可能性』, 創文社, 2009
松本礼二, 『トクヴィル研究: 家族·宗教·国家とデモクラシー』, 東京大学出版会, 1991
山下重一, 『J. S. ミルの政治思想』, 木鐸社, 1976

사회주의와 마르크스

藤田勝次郎, 『プルードンと現代』, 世界書院, 1993
田中拓道, 『貧困と共和國: 社會的連帶の誕生』, 人文書院, 2006

종장

小野紀明, 『二十世紀の政治思想』, 岩波書店, 1996
川崎修, 『アレント: 公共性の復權』(現代思想の冒険者たちSelect), 講談社, 2005
川本隆史, 『ロールズ: 正義の原理』(現代思想の冒険者たちSelect), 講談社, 2005

옮긴이의 말

정치의 본질에 대한 반성적 물음이 다시금 절실해지는 시절이다. 정치란 무엇인가? 올바른 정치의 내용은 무엇인가? 우리는 어떤 공동체를 원하는가? 우리가 원하는 공동체의 최고가치는 무엇인가? 우리는 어떤 가치에 따라 우리의 공동체를 조직해나갈 것인가?

정치의 본질에 대한 사유는 역사적으로 제약되어 있으며, 우리 시대의 질문들은 정치사상사로 불리는 정치적 사유의 발자취에 의해 이미 규정되어 있다. 따라서 그 질문들에 대한 답은 역사 속에서만 비로소 제시될 수 있을 것이다. 그런 의미에서 정치사상의 역사는 항상 다시 쓰이고 다시 읽혀야 한다.

이 책은 무엇보다도 서양 정치사상사의 흐름을 한눈에 파악할 수 있게 해준다. 부담스럽지 않은 분량에 고대 그리스에서 20세기까지를 조리 있게 정리했기 때문에, 사상사나 철학사에 그리 많은 지식을 갖고 있지 않은 독자라도 별다른 부담감 없이 읽어나갈 수 있다. 이 책은 주요 사상가들뿐 아니라 민주주의, 계몽주의, 자유주의 등의 주요 사조들도 빠짐없이 짚고 있다. 게다가 중요한 테마나 개념에 대해 별도로 자세히 소개함으로써, 자칫 평면적 서술에 그치기 쉬운 개설서에 의미 있는 입체감을 부여한다. 책 말미의 '독서 안내'도 충실한 편이다.

그러나 이 책을 한낱 정치사상사의 주요 논점들을 알기 쉽게 정리한 책 정도로만 여긴다면 그 가치의 절반밖에 알아차리지 못한 것이다. 저자 우노 시게키는 특유의 철학적 고찰을 바탕으로 서구의 정치사상사를 개성적으로 재구성하고 있다. 저자는 정치사상사를 다루는 자신의 관점을 세 가지로 요약하고 있다. 첫째, 정치사상의 역사를 특정 이념이나 가치의 자기발전으로 단순하게 규정하지 않는다. 그에게 사상사는 주요 사상가들이 쓴 고전들과 치열하게 대결해온 복합적 과정이다. 그래서 이념적 틀로 역사를 단순화하는 것이 아니라, 고전의 성립에 이어 그 고전의 해독과 그것을 통한 현실과의 대결, 그리고 다시 고전과의 대결, 나아가 이 대결을 통한 새로운 고전의 저술 등으로 이어지는 역동적 과정을 잘 보여준다. 둘째, 글로벌 히스토리 시대에 걸맞은 정치사상사 서술을 의식하는 한편, 유럽중심의 서술에 따른 지역성과 보편성 사이의 변증법적 긴장에 주목하면서 사상사를 전개해나간다. 셋째, 정치사상사와 정치철학의 긴밀한 연관을 고려한다. 저자의 말대로 "정치사상사에는 정치사상사의, 정치철학에는 정치철학의 고유한 사고법이 있기 마련"이어서 "양자를 안이하게 연결하려는 데는 신중을 기해야"겠지만, "양자를 따로 떼어놓고 논의를 전개하는 것 역시 생산적이지 않"다. 그래서 정치철학의 주요 개념들이 역사 속에서 어떻게 등장했고 어떤 변화를 겪었는지를 정밀하게 관찰한다.

저자는 이렇게 말한다. "현대를 살아가는 인간에게 정치사상사는 결코 마를 길 없는 앎의 원천이다. 매혹적인 고전의 세계로 독자 여러분을 안내하는 것이야말로 이 책의 가장 큰 목표이자 바람이다." 이 책은 서양 정치사상사에 대한 좀더 심도 있는 이해를 도와줄 디딤돌의 역할을 하지 않을까 기대된다.

책을 번역하는 과정에서 주위 분들에게 큰 도움을 받았다. 특히나 주요 용어와 표현 등에 대해서는 김수영 선생(독일 콘스탄츠 대학 철학박사, 현재 로도스출판사 대표)의 지적이 큰 힘이 되었다. 바쁜 와중에도 기꺼이 살펴봐주신 데 대해 깊이 감사한다. 아울러 여러모로 애써준 교유서가 관계자들에게도 감사의 인사를 전하고 싶다.

2014년 10월

신정원

사항 색인

【ㅇ】

【ㅊ·ㅌ】

【ㅍ】

【ㅎ】

인명·서명 색인

【ㅎ】

서양 정치사상사 산책

소크라테스에서 샌델까지

1판 1쇄 2014년 12월 12일
1판 4쇄 2022년 3월 30일

지은이 우노 시게키 | 옮긴이 신정원

편집 최연희 정소리 | 디자인 엄자영 이주영 | 마케팅 배희주 김선진
브랜딩 함유지 함근아 김희숙 정승민 | 저작권 박지영 이영은 김하림
제작 강신은 김동욱 임현식 | 제작처 영신사

펴낸곳 (주)교유당 | 펴낸이 신정민
출판등록 2019년 5월 24일 제406-2019-000052호

주소 10881 경기도 파주시 회동길 210
문의전화 031) 955-8891(마케팅), 031) 955-2692(편집), 031) 955-8855(팩스)
전자우편 gyoyudang@munhak.com

인스타그램 @gyoyu_books | 트위터 @gyoyu_books | 페이스북 @gyoyubooks

ISBN 978-89-546-2657-6 03160